ANTON RADL
1774 – 1852

MALER UND KUPFERSTECHER

Frankfurt am Main
2008

Wir danken folgenden Institutionen und Personen, die uns durch Leihgaben unterstützt haben:

Coburg, Kunstsammlungen der Veste Coburg (Klaus Weschenfelder, Dr. Christiane Wiebel)
Darmstadt, Hessisches Landesmuseum (Dr. Ina Busch, Dr. Mechthild Haas, Dr. Klaus-D. Pohl, Olivia Levental)
Frankfurt a. M., Galerie Fach (Bärbel Fach)
Frankfurt a. M., Freies Deutsches Hochstift – Goethe-Museum (Dr. Anne Bohnenkamp-Renken, Dr. Petra Maisak, Dr. Gerhard Kölsch)
Frankfurt a. M., Historisches Museum (Dr. Jan Gerchow, Dr. Wolfgang Cilleßen, Anja Damaschke, Martha Caspers, Marlit Schneider)
Frankfurt a. M., Kunsthandlung Julius Giessen (Jens Giessen)
Frankfurt a. M., Kunsthandlung J. P. Schneider jr. (Dr. Christoph Andreas, Dr. Eva Habermehl)
Frankfurt a. M., Städel Museum (Max Hollein, Dr. Sabine Schulze, Dr. Jutta Schütt, Stephan Knobloch, Michael Kolod, Ruth Schmutzler, Ute Wenzel-Förster)
Hamburg, Kunsthalle (Prof. Dr. Hubertus Gaßner, Dr. Jenns E. Howoldt, Dr. Ulrich Luckhardt, Dr. Andreas Stolzenburg, Mareike Wolf)
Karlsruhe, Staatliche Kunsthalle (Prof. Dr. Klaus Schrenk, Dr. Dorit Schäfer)
Koblenz, Mittelrhein-Museum (Dr. Mario Kamp, Edgar Ehmann, Mary Kattwinkel)
Konstanz, Antiquariat Patzer & Trenkle (Jürgen Patzer, Michael Trenkle)
Mainz, Galerie Brumme (Siegfried Brumme, Dörte Brumme)
Mainz, Landesmuseum (Dr. Isabella Fehle, Dr. Sabine Mertens, Dr. Norbert Suhr, Carmen McCoy)
München, Bayerische Staatsgemäldesammlungen (Prof. Dr. Reinhold Baumstark, Dr. Martin Schawe, Dr. Herbert W. Rott)
München, Kunstsalon Franke (Dr. Rolf Schenk, Catherine Franke)
Nürnberg, Germanisches Nationalmuseum (Prof. Dr. G. Ulrich Großmann, Dr. Hermann Maué, Dr. Rainer Schoch, Anja Löchner)
Regensburg, Museen der Stadt – Historisches Museum (Dr. Martin Angerer, Dr. Peter Germann-Bauer)
Weimar, Klassik Stiftung Weimar (Hellmut Th. Seemann, Dr. Hermann Mildenberger, Dr. Ernst-Gerhard Güse, Sabine Breuer, Petra Ehrhardt, Viola Geyersbach)
Wien, Albertina (Dr. Klaus Albrecht Schröder, Dr. Monika Dossi, Dr. Margarete Heck, Dr. Ingrid Kastel, Dr. Marie Luise Sternath)
Wiesbaden, Museum (Dr. Volker Rattemeyer, Wolfgang Füll, Olivia Merz)

sowie den privaten Leihgebern, die ungenannt bleiben wollen.

Weiter gilt unser Dank:

Bad Homburg, Eric Leonhardt
Bremen, Dr. Anne Buschoff, Theresa Knapstein, Thomas Schrader (Kunsthalle Bremen – Kupferstichkabinett)
Bremen, Hannelore Bade (Focke-Museum, Bremer Landesmuseum für Kunst und Kulturgeschichte)
Brüssel, Archives de la Ville / Archief van de Stad
Cölbe-Schönstadt, Jörg Lienaerts
Frankfurt a. M., Friedrich von Metzler, Ferdinand Watzl (Bankhaus Metzler)
Frankfurt a. M., Dr. Christoph Andreas, Dr. Eva Habermehl (Kunsthandlung J. P. Schneider jr.)
Frankfurt a. M., Dr. Evelyn Brockhoff, Volker Harms-Ziegler, Klaus Reinfurth, Sibylle Schwan (Institut für Stadtgeschichte)
Frankfurt a. M., Dr. Bernhard Wirth, Günter Kroll (Stadt- und Universitätsbibliothek Johann Christian Senckenberg)
Gründau-Rothenbergen, Dr. Jeannette Opalla
Karlsruhe, Heidrun Jecht M. A. (Badisches Landesmuseum)
Kassel, Prof. Dr. Gregor J. M. Weber (Staatliche Museen zu Kassel)
Lampertheim, Alfred Umhey
Lübeck, Dr. Brigitte Heise (Landesmuseum für Kunst und Kulturgeschichte Lübeck)
München, Dr. Stephan Klingen (Zentralinstitut für Kunstgeschichte)
München, Dr. Rainer Schuster (Auktionshaus Neumeister)
Rastatt, Dr. Kai Uwe Tapken (Wehrgeschichtliches Museum Rastatt)
Riga, Daiga Upeniece, Ingrida Raudsepa (Arzemju Mákslas Muzej)
Wien, Dr. Renate Trnek, Dr. Monika Knofler, Dr. Cornelia Reiter, Ferdinand Gutschi (Akademie der bildenden Künste Wien)
Wien, Dr. Wolfgang Kos, Dr. Ursula Storch (Wien Museum)
Wien, Dr. Rosemary Moravec-Hilmar (Österreichische Nationalbibliothek)
Wiesbaden, Anja Frommator

Inhalt

Anton Radl – Ein wenig beachteter Beobachter 7
Manfred Großkinsky

Kat. Nr. 1–2 28

Veredelte Wirklichkeit – Der Maler und Kupferstecher Anton Radl 31
Birgit Sander

Kat. Nr. 3–31 54

Anton Radl – Arbeitsbedingungen und Aufgabenfelder eines Kupferstechers in Frankfurt am Main um 1800 87
Claudia-Alexandra Schwaighofer

Kat. Nr. 32–45 102

Exkurs (Alfred Umhey): Militärszenen
Kat. Nr. 46–55 117

Exkurs (Birgit Sander): Graphik nach Bühnenbildern von Giorgio Fuentes (1756–1821)
Kat. Nr. 56–59 129

Die literarische und künstlerische Entdeckung des Taunus um 1770 bis 1840 135
„Der denkwürdige Taunus [...] ist werth besucht und besungen zu seyn"
Gerhard Kölsch

Kat. Nr. 60–77 158

Exkurs (Birgit Sander): Anton Radl und der Verlag von Friedrich Wilmans (1764–1830)
Kat. Nr. 78–93 179

Der Zeichner Anton Radl 201
Mareike Hennig

Kat. Nr. 94–109 218

Exkurs (Birgit Sander): Ideal und Wirklichkeit – Landschaftsmalerei im Rhein-Main-Gebiet gegen Ende des 18. Jahrhunderts
Kat. Nr. 110–115 237

Exkurs (Birgit Sander): Romantik und Realismus – Landschaftsmalerei im Rhein-Main-Gebiet nach 1800
Kat. Nr. 116–129 247

Anton Radl – Leben und Werk 263
Hilja Kemppainen, Birgit Sander

Literaturverzeichnis 280

Abbildungs- und Photonachweis 285

Abkürzungsverzeichnis 286

Personenregister 286

Anton Radl – Ein wenig beachteter Beobachter

Manfred Großkinsky

In der ersten Hälfte des 19. Jahrhunderts nimmt der gebürtige Wiener Anton Radl (1774–1852) eine Schlüsselposition in der Malerei des Rhein-Main-Gebiets ein. Das in seiner Zeit beispiellose Werk des Malers und Kupferstechers vermittelt mit seinen realistischen Landschaftsansichten und Genredarstellungen zwischen der idealistischen Malerei des 18. Jahrhunderts und der naturalistischen Freilichtmalerei des 19. Jahrhunderts. Während Radls annähernd 60jähriger Lebens- und Schaffenszeit in Frankfurt am Main vollzog sich eine grundlegende Umwertung in der bildenden Kunst. Das Landschaftsfach, im 18. Jahrhundert noch von untergeordneter Bedeutung, entwickelte sich im 19. Jahrhundert zum malerischen Experimentierfeld und zu der Gattung schlechthin. Im Laufe dieses Prozesses bildeten sich innerhalb der Landschaftsmalerei heterogene Tendenzen aus – eine entdeckte die Landschaft als Projektionsfläche und Resonanzraum subjektiver Vorstellungen und Befindlichkeiten, eine andere nahm die Landschaft als tatsächliche Gegenstandswelt wahr und widmete sich mit nüchternem Blick einer realistischen Landschaftsdarstellung. Für letztgenannte steht exemplarisch auch das Werk Anton Radls.

Während seiner Ausbildung in der renommierten Reproduktionswerkstatt des Frankfurter Kupferstechers Johann Gottlieb Prestel (1739–1808) kam Radl zunächst mit der idyllisch gestimmten Landschaftsauffassung eines Christian Georg Schütz d. Ä. (1718–1791) und seiner Werkstatt in der Tradition Claude Lorrains (1600–1682) in Berührung. Doch verschaffte er sich über die Schilderung aktueller, auch tagespolitischer Ereignisse einen Zugang zu realitätsbezogener Wahrnehmung und Wiedergabe. Dabei legte er durch ein intensives Freilichtstudium die künstlerischen Grundlagen für seine wirklichkeitsgetreuen Landschaftsansichten, mehrheitlich mit topographisch faßbaren Motiven aus Frankfurt (Abb. 1) und den umliegenden Gegenden, insbesondere dem Taunus, zu dessen künstlerischen Entdeckern Anton Radl zählt. Zunächst erweckten markante Kulturdenkmäler der Vergangenheit und beschaulich gelegene Ortschaften sein Interesse, bis sich in seinen Darstellungen schließlich der autonome pittoreske Natureindruck durchsetzte (Abb. 2). Zeitlebens prägte eine Orientierung an den niederländischen Meistern des 17. Jahrhunderts seine Wahrnehmung und Wiedergabe von Natur und Landschaft. Frei vom Repertoire mythologischer und religiöser Themen sowie von subjektiven Vorstellungen und Befindlichkeiten, konzentrierte sich sein geklärter Blick auf die Umwelt und ihre sachliche Erfassung. Blieb Radl konventionell in der kompositorischen Verankerung seiner Bildmotive, die seine Landschaftsdarstellungen wie Partien eines Landschaftsgartens im englischen Stil erscheinen lassen, so wies seine Vorliebe für Wirklichkeitswiedergabe und für heimische Motive in die Zukunft und schaffte erste Voraussetzungen für die Freilichtmalerei im fortschreitenden Jahrhundert. Diese Entwicklung sollte in der zweiten Jahrhunderthälfte mit der Kronberger Malerkolonie und Künstlern wie Anton Burger (1824–1905, Abb. 70), Philipp Rumpf (1821–1896, Abb. 103), Jakob Fürchtegott Dielmann (1809–1885, Abb. 33) ihren Höhepunkt finden.

Trotz der singulären Stellung Radls als Landschaftsmaler und seiner vorbildhaften Wirkung, die ihn in der Zuwendung zur heimischen Landschaft zum Vorbereiter der Kronberger Malerkolonie machte, blieb eine eingehende Beschäftigung mit seinem Leben und Werk bislang aus. Und das, obwohl bereits Johann Wolfgang Goethe in seiner 1816 erschienenen Abhandlung „Über Kunst und Altertum in den Rhein= und Main=Gegenden" auf den Künstler hingewiesen und in der Auseinandersetzung mit einem Künstler wie Radl „eine angenehme Pflicht der Kunstvorsteher" vermutet hatte.[1] Tatsächlich aber stieß Radls Œuvre in der kunsthistorischen Forschung auf eine geringe Wertschätzung. Einer unbefriedigenden Überlieferung an Archivalien steht immerhin ein überschaubares, nach derzeitigem Forschungsstand über 300 Werke – Aquarelle, Gouachen, Zeichnungen, Druckgraphik und Ölmalerei – umfassendes Œuvre gegenüber.[2] Möglicherweise aber scheint sich die kunsthistorische Disziplin selbst mit ihrer Kategorisierung der bildenden Künste in hohe und niedere Gattungen einer Beschäftigung mit Anton Radl im Wege gestanden zu haben. Da seine künstlerische Hinterlassenschaft ihn zum überwiegenden Teil als Vorlagengeber und Reproduktionsstecher auszeichnet, gehört er entsprechend einer antiquierten Auffassung von Kunstgeschichte zu den Vertretern einer weniger beachtenswerten Kunstgattung an. Seine quantitativ geringere Ölmalerei fand hingegen auf gelegentlichen lokalen und regionalen – sehr selten überregionalen – Ausstellungen Beachtung, die allerdings ohne Folgen blieb.

Eine Sichtung der Archivalien und der Literatur mag mit Blick auf Biographie und Œuvre die bisherige Rezeption aufzeigen. Dabei werden neben vielen kleineren Beiträgen vor allem die Ausführungen von Johann David Passavant (1787–1861), Frankfurter Kunstwissenschaftler und Städel-Inspektor, Philipp Friedrich Gwinner (1796–1868), Frankfurter Kunsthistoriker und Sammler, und Wilhelm Amandus Beer (1837–1907), Frankfurter Genremaler und Großneffe Radls, in den Fokus treten. Ihre Bedeutung resultiert aus ihrer Zeitzeugenschaft sowie aus ihrer Kenntnis einer heute nicht mehr erhaltenen autobiographischen Skizze von Anton Radl, die ihnen bei der Abfassung ihrer Beiträge im Original oder in Abschrift vorgelegen hat.

Quellen und Literatur zur Biographie

Unsere Kenntnisse zur Biographie des Künstlers stützen sich auf eine sehr dürftige Quellenlage – nur wenige handschriftliche Dokumente Radls, Urkunden und zeitgenössisches Schrifttum, wie Beiträge in der Frankfurter Tagespresse, in Lexika sowie Darstellungen zur Region Rhein-Main und zur bildenden Kunst in Frankfurt, stehen zur Verfügung. Entsprechend lückenhaft stellt sich der Lebenslauf des Künstlers.[3]

Die erhaltene marginale Korrespondenz Radls, beispielsweise an Goethe oder an Sophia Augusta von Gontard, bietet keine essentiell erhellenden Einblicke in seine Biographie.[4] Die drei Briefe an Goethe erweisen ihn als Bittsteller für die Vermittlung eines Gemäldes an den Herzog von Weimar, der an Gontard als Rechnungssteller für Einrahmarbeiten oder der an seinen geliebten Neffen, den Geiger Joseph Mayseder (1789–1863, Abb. 86), als kranken Mann in seinen letzten Lebenstagen.

Urkunden zur Wiener Familie Radl lassen sich in seiner Geburtstadt nicht mehr nachweisen. Lediglich der Biographie zu Mayseder, Sohn von Radls Schwester Anna (um 1760–1828) und des Malers Franz Mayseder (1747–1823), können einzelne Fakten entnommen werden, die über den familiären Hintergrund Radls spärliche Auskunft geben.[5] Der Vater Johann Georg (?–nach 1782), Sohn eines „Schaffers" aus dem böhmischen Koteschau, arbeitete als Reitknecht und Kutscher; die Mutter Eva Cortiquiss war Tochter des Bildhauers Dominik Cortiquiss. Die Familie wohnte auf der Wieden Nr. 276, damals noch Vorstadt, heute 4. Bezirk Wiens. Urkunden zur Frankfurter Familie Radl verwahrt seine Wahlheimat Frankfurt am Main, darunter ein sehr kurzes, wohl als Testament gedachtes Schriftstück hinsichtlich des Umgangs mit seinem Vermögen sowie die Abschrift eines künstlerischen Nachlaßinventars, das den gesamten Kunstbesitz Radls aufführt.[6] Ein nach seinem Tode ausgestelltes „Familien-Attestat" der Frankfurter Standesbuchführung vom 24. März 1852 faßt einige wichtige Daten zur Familie Radl zusammen[7]:

Abb. 1
Frankfurt, Mainufer, Graphit, Tusche, Kunstsammlungen der Veste Coburg

Abb. 2
Taunuslandschaft, Graphit, Wien Museum

Neben Namen und Beruf des Vaters überliefert diese Bescheinigung den Trautermin Radls am 1. April 1800 mit Prestels Werkstattmitarbeiterin Rosina Margaretha Hochschlitz (1770–1844) sowie die Namen und Lebensdaten der aus dieser Ehe hervorgegangenen drei Söhne und drei Töchter, von denen keiner das Säuglings- beziehungsweise Kindesalter überlebte.[8] Außerdem vermerkt ein Personaleintrag im Bürgerbuch vom 28. März 1800 die vom Frankfurter Senat am 18. März beschlossene Verleihung des Bürgerrechts an Radl sowie an die wenige Tage zuvor bereits verstorbene, erstgeborene Tochter Ursula Magdalena (1799–1800).[9]

Unsere Kenntnis der wichtigsten Fakten, mit denen sich Radls Lebensweg zwar nur in groben, immerhin aber in wesentlichen Zügen nachzeichnen läßt, verdankt sich dem Umstand einer „frühen Wiederentdeckung" des Künstlers, im Zuge derer schriftliche Äußerungen entstanden, die Auskunft über Radls Leben geben: Im November 1843 fand in den Räumlichkeiten des Städelschen Kunstinstituts in der Neuen Mainzer Straße eine Ausstellung mit Werken Radls statt. Die gezeigten Arbeiten – Landschafts- und Genredarstellungen – begeisterten nicht nur seine gleichaltrigen Künstlerkollegen, sondern vor allem die jüngere Künstlergeneration. Um die allgemeine Anerkennung gebührend zu dokumentieren, veranstaltete die Frankfurter Künstlerschaft zu Ehren Radls im „Augsburger Hof" am 17. Dezember 1843 ein Künstlerfest. Im Vorfeld dieser Feier veröffentlichte die „Didaskalia", belletristische Beilage des „Frankfurter Journal", die erste biographische Darstellung zu Anton Radl.[10] Dieser Artikel hatte Teile der Festrede vorweggenommen, die der Radl-Freund Karl Max Meyer am Festtag vortrug und mit welcher er über 70 Teilnehmer in Herkunft und Ausbildung, künstlerische Tätigkeit und Sammlerkreise sowie familiäre Angelegenheiten Radls einführte. Doch stammte dieser Vortrag nicht aus Meyers Feder, sondern er teilte lediglich „biographische Notizen mit, welche ihm [Meyer] auf sein Ansuchen unser Künstler über sein Leben dictirt hatte".[11] Den von Meyer verlesenen Text hatte Radl offensichtlich selbst verfaßt. Er wählte somit die aus seiner Sicht mitteilenswerten Fakten zu seiner Biographie im wesentlichen selbst aus und legte damit die grundlegenden Eckdaten zu seiner eigenen Künstlervita fest. Diese Feststellung ist insofern von Bedeutung, als daß sich auf diese „Autobiographie" alle nachfolgenden Abhandlungen zu und über Anton Radl beziehen – inklusive aller Ungenauigkeiten und den sich daraus ergebenden offenen Fragen.

Beispielsweise führte die „Autobiographie" als Tätigkeit des Vaters „Dekorateur und Zimmermaler" an, wohingegen die oben erwähnte amtliche Urkunde der Stadt Frankfurt – wohl auf Angaben Radls bei seiner Einbürgerung 1800 beruhend – die Berufsbezeichnung „Kutscher" festschreibt. Des weiteren ist die in diesem autobiographischen Text genannte Ausbildung „in der Zeichen=Akademie" nicht belegbar, mit ziemlich großer Wahrscheinlichkeit eine private Kunstlehranstalt und nicht, wie der Titel vielleicht suggerieren mochte, die 1692 gegründete Wiener Kunstakademie.[12] Ebenso läßt sich der in Brüssel lebende Freund seines Vaters, der Maler „Kormer", der Radl vorübergehend aufgenommen und Unterricht erteilt hatte, weder in Lexika noch in den Archiven der Stadt Brüssel nachweisen. Diese wenigen, kurz skizzierten Beispiele verdeutlichen, daß nicht alle aufgeführten Angaben der „Autobiographie" einer Überprüfung standhalten – eventuell ein Hinweis darauf, daß Radl die Anfänge seiner künstlerischen Laufbahn in einem günstigeren Licht erscheinen lassen wollte.

Den Verfassern der biographischen Beiträge zu Anton Radl aus dem Frankfurter Umkreis muß aufgrund umfangreicher Zitatpassagen die im Original nicht erhaltene Festrede zumindest als Abschrift vorgelegen haben. Somit basieren unsere Kenntnisse über Radls Lebensweg zum überwiegenden Teil auf autobiographischen Äußerungen.

Bereits das „Frankfurter Konversationsblatt" berief sich bei seiner zweiteiligen Berichterstattung des Künstlerfestes sowohl auf die wenige Tage zuvor von der „Didaskalia" referierte Zusammenfassung als auch auf die „Autobiographie".[13] Denn der unbekannte Autor zitierte die letzte Passage der von Meyer verlesenen Ausführungen in voller Länge – ein in Ich-Form vorgetragenes, moralisierendes und an die ethischen Wertvorstellungen und zwischenkünstlerischen Umgangsformen appellierendes Vermächtnis, oder, wie sich das Konversationsblatt ausdrückte, „eine väterliche Ansprache an die jüngern Künstler", die dann auch mit „Der Friede sey mit Euch!" endete.[14]

Die umfangreichsten biographischen Beiträge aber entstanden nach dem Tode Radls am 4. März 1852 und stammen – wie bereits einführend erwähnt – von Passavant, Gwinner und Beer. Da diese Personen mit dem Künstler befreundet beziehungsweise verwandt gewesen waren, fließen in das von Radl vorgegebene biographische Grundgerüst auch einige persönliche Erinnerungen der Autoren mit ein und bereichern und vertiefen so das Bild der nur schwer faßbaren Künstlerpersönlichkeit. Außerdem zitieren diese Autoren mehr oder weniger lange Auszüge aus der „Autobiographie", um durch die Ich-Form eine möglichst authentische Wirkung zu erzielen und dem Leser die Hauptperson auch emotional nahezubringen.

Johann David Passavant, Kunstwissenschaftler und Städel-Inspektor, verfaßte für das „Frankfurter Konversationsblatt" 1852 einen zweiteiligen Nachruf auf Anton Radl.[15] Dieser Beitrag gleicht in Gliederung und Duktus, in der Wortwahl bis hin zu Textbausteinen und ganzen Sätzen dem biographischen Part in der „Didaskalia" von 1843 – wörtlich oder mit Wortumstellungen.[16] Auch bezog sich Passavant nicht nur expressis verbis auf die „biographische Skizze seines Lebens […], die er seinem Freunde Karl Max Meyer in die Feder dictirte", sondern zitierte daraus längere Abschnitte.[17] Einen breiten Raum widmete er dabei den merkwürdigen Geschichten, die Radl während der Arbeit in der freien Natur erlebt hatte, so an der Donau, in Bergen bei Frankfurt, auf dem Sachsenhäuser Berg und mit einem Sammler aus Baden-Baden. Diese belustigenden Anekdoten, die auf Begegnungen zwischen dem Künstler und seiner Arbeit verständnislos gegenüberstehenden Personen beziehungsweise auf die Odyssee zweier seiner Sepiazeichnungen zurückgehen, gab Passavant in aller Ausführlichkeit als Beleg für „seinen heiteren Humor" wieder.[18] Außerdem charakterisierte er Radl „[…] als treuen Gatten und liebevollen und ernsten Mann […]"[19] und „So genügsam in seinen Ansprüchen, so bescheiden und liebevoll im Urteil, so heiter im Gemüt und gewandt im Leben […]."[20] Auch die Schicksalsschläge, die Radl hinnehmen mußte, wie den Tod aller seiner Kinder, den Schlaganfall und die schweren Krankheitsfolgen seiner Frau, deren Tod Passavant irrtümlich in das Jahr 1843 verlegte – tatsächlich starb sie 1844 –, und Radls eigene, durch körperliche Gebrechen und nachlassende Sehkraft bestimmten letzten Lebensjahre, ließ der Autor nicht aus. Daneben wiederholte er kleine Unrichtigkeiten, die bereits im Bericht der „Didaskalia" 1843 mit denselben Worten formuliert wurden: Die Trauung von Radl und Hochschlitz datierte er in das Jahr 1801 – statt 1800 –, außerdem gab er den Tod von „sieben", statt der dokumentarisch überlieferten sechs Kinder an.[21] Passavant schmückte seinen Text, um den auratischen und erzählerischen Gehalt zu steigern, mit pathetischen Formulierungen aus: Beispielsweise fügte er Radls Tatsachenbericht über seine Ankunft in Frankfurt am Main an einem kalten 1. Januar 1794 die Worte „die Haare weiß bereift" hinzu.[22]

Die „Didaskalia" von 1852 verwies dagegen in ihrem Nachruf auf ihre „kurze Darstellung seines Künstlerlebens, aus seinen eignen mündlichen Aeußerungen geschöpft", von 1843 und begnügte sich mit der Nennung weniger biographischer Eckdaten aus Radls Leben.[23] Über die menschliche

Abb. 3
Johann Heinrich Christian Rosenkranz: Der Frankfurter Grindbrunnen mit Lindengruppe, Öl auf Leinwand, Historisches Museum, Frankfurt a. M.

Seite des Künstlers, der bei seiner Ankunft in Frankfurt 1794 „keine Empfehlung hatte, als seine einnehmende Persönlichkeit"[24], vermerkte der unbekannte Schreiber, daß „sein einfacher, heiterer, biederer Charakter [...]" ihn als einen angenehmen Zeitgenossen auszeichnete.[25]

Zehn Jahre nach Radls Tod berief sich Philipp Friedrich Gwinner, Frankfurter Kunsthistoriker und Sammler, in seiner Darstellung zu Kunst und Künstlern in Frankfurt am Main bei der Wiedergabe der biographischen Details sowohl auf Passavants Ausführungen als auch auf die „Autobiographie".[26] Wie Passavant legte er die Quelle seiner Kenntnis offen: „Die hier gegebenen thatsächlichen Momente [Zitate] aus Radls Leben sind seinen eigenen aus Anlaß des erwähnten Festes von ihm einem Freunde in die Feder dictirten Mittheilungen entnommen."[27] Gwinners Ausführungen folgen im wesentlichen – von der Gliederung, über die Aufzählung derselben Fakten bis hinein in die teilweise wörtliche Übernahme der Formulierungen – der Darstellung des ein Jahr zuvor verstorbenen Passavants, ohne neue biographische Daten zu bieten. Hatte Passavant den Menschen Radl nur knapp charakterisiert, so gedachte Gwinner ihm etwas ausführlicher und lobte den Menschen mit den Worten: „Radl war ein anspruchsloses, heiteres Gemüth, ohne Falsch, eine echte Künstlernatur nach altehrenfester Weise, ohne alles äußerliche Aufblähen, wie man es so häufig findet, und doch seines Werthes sich bewußt, nie vorlaut im Urtheil, fremdes Verdienstes gerne anerkennend, verständig, gerade und ehrlich im Umgange, würdevoll und doch angenehm in seiner äußeren Erscheinung, ein munterer Gesellschafter, liebevoller Familienvater, beliebt bei Allen, die ihn näher kannten."[28]

Zum 50. Todestag Anton Radls veröffentlichte die „Frankfurter Zeitung" 1902 einen Nachruf von Wilhelm Amandus Beer, dem Großneffen und Schüler Radls.[29] Diese Zeilen, ein Auszug aus einer Rede Beers vor der „Frankfurter Künstlergesellschaft" am 18. Februar 1902, setzen sich aus seinen persönlichen Erinnerungen und aus der „Autobiographie" zusammen. Beers Hinweis auf diese Quelle, „die er [Radl] seinem Freunde Karl Max Meyer diktierte", diente der Qualität des Wahrheitsgehaltes und der Absicherung seiner Ausführungen. Wie Passavant 1852 zitierte Beer in größerem Umfang dabei auch Passagen der „Autobiographie", die bisher noch nicht in originalem Wortlaut wiedergegeben worden waren. Diese „Urtexte" vermitteln trotz einiger pathetisch formulierter Anekdoten den Eindruck einer mehr oder weniger sachlichen Schilderung und klingen der künstlerischen Solidität des Anton Radl angemessen.

Aufschlußreich sind darüber hinaus Beers Erinnerungen, die mit einigen noch unbekannten Informationen aufwarten: Dadurch erhält insbesondere des Künstlers Umfeld, das bis dato sehr allgemein als „vortreffliche Männer und Frauen"[30] beziehungsweise als „verschiedenartige[n] Kreise[n] der hiesigen Gesellschaft"[31] beschrieben worden war, durch Nennung einiger Namen schärfere Konturen. So zählten zu Radls näherem Freundeskreis seine beiden Lehrer Johann Gottlieb Prestel (Abb. 35) und Johann Ludwig Ernst Morgenstern (1738–1819), der berühmte, mit Goethe befreundete Arzt und Naturwissenschaftler Dr. Thomas von Sömmering (1755–1830), der Landschafts- und Architekturmaler Carl Theodor Reiffenstein (1820–1893), die Landschaftsmaler Carl Morgenstern (1811–1893, Kat. Nr. 128) und Eduard Wilhelm Pose (bei Beer irrtümlich Carl) (1812–1878), der Genremaler und Städel-Lehrer Jakob Becker (1810–1872), der 1837 bis 1838 in Frankfurt weilende Andreas Achenbach (1815–1910), der Bildhauer Eduard Schmidt von der Launitz (1797–1869), der 1844 bis 1847 in Frankfurt tätige Moritz von Schwind (1804–1871) und der erste Städel-Direktor Philipp Veit (1793–1877) sowie der Historienmaler Edward von Steinle (1810–1886). Außerdem fallen Namen wie Johann Heinrich Hasselhorst (1825–1904), Anton Burger (Abb. 70), Philipp Rumpf (1821–1896, Abb. 103), Johannes Christian Heerdt (1812–1878), Peter Becker (1828–1904), deren Beziehung zu Anton Radl sich durch eine mehr oder weniger ausgeprägte Schülerschaft auszeichnete. Weitere Recherchen erweitern diesen Kreis um die Namen Friedrich Joseph Ehemant (1804–1842)[32], Johann Nikolaus Hoff (1798–1873)[33], Johann Heinrich Rosenkranz (1801–1851, Kat. Nr. 124, Abb. 3)[34] und Ludwig Christian Wagner (1799–1839, Kat. Nr. 122, 123, Abb. 99)[35]. Radls Privatunterricht wurde gerne auch von den „Damen aus den ersten hiesigen Familien" in Anspruch genommen: Überliefert sind allerdings neben Rosa von Gontard nur eine Tochter der Familie von Holzhausen, möglicherweise Sophie von Holzhausen (1801–1865), und Rosette Städel geborene Willemer (1782–1845).[36] Dabei soll Radl, wie Beer aus eigener Erfahrung berichtete, gegenüber seinen Schülern „streng und scharf in seiner Kritik, jedoch dabei immer aufmunternd" gewesen sein.[37] Beer erinnerte sich, daß Radl „mir zwar mit Strenge aber in liebevollster Weise Unterricht gab", und zitierte seinen Onkel mit den Worten: „Die Zeichnung muß aussehen wie durch ein Kaleidoskop betrachtet, denn nur durch fleißiges und eingehendes Studium und genaue Kenntniß der Natur kannst Du dann auch Flüchtiges später gut machen!"[38] An dem Menschen Anton Radl, den Beer als katholisch, kaiserlich gesinnt und hochgewachsen beschrieb, schätzte der Neffe „sein edles und warmherziges sowie sein heiteres und geselliges Wesen".[39]

Beers Ausführungen geben aber auch einen kleinen Einblick in Radls privaten Wohnbereich im Hinterhaus der „Friedbergergasse 31", zweites Obergeschoß (Abb. 4, 103).[40] Hier lebte der Künstler mit seiner Familie seit 1800 in einer Mietwohnung, an die er sich im Dachbereich ein Atelier – oder wie Radl zu sagen pflegte „seine Werkstatt und sein Tusculum" – hatte anbauen lassen: „Zu diesem gelangte man

Abb. 4
Ausschnitt aus dem Frankfurter Stadtplan von 1832 mit der Friedberger Gasse, Institut für Stadtgeschichte, Frankfurt a. M.

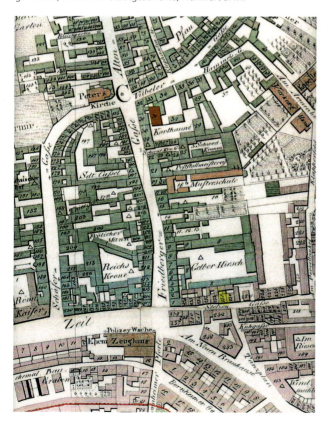

Abb. 5
Carl Morgenstern: Das Prehnsche Kunstkabinett, 1829, Aquarell, Historisches Museum, Frankfurt a. M., Graphische Sammlung

durch einen großen Saal, der bis an die Decke mit Bildern, theils von ihm, theils mit solchen alter Meister und guten Copieen behängt war. Auf Consolen zwischen den Fenstern waren Abgüsse nach Antiken aufgestellt."[41] Die Schilderung des Raumes erinnert an die bekannten Frankfurter Sammlungsräume des 18. Jahrhunderts, deren traditionell mehrreihige Hängung aber auch noch für das 19. Jahrhundert überliefert ist. Als bekanntestes Beispiel hierfür mag das Prehnsche Kunstkabinett dienen, 1829 von Carl Morgenstern dargestellt (Abb. 5), und eine ungefähre bildliche Vorstellung von Radls – wenn auch bescheideneren – Galerie erlauben. Zu seiner Kollektion gehörten Gemälde und Aquarelle, Gouachen und Tuschzeichnungen, Radierungen und Kupferstiche sowie Aquatintablätter von eigener Hand als auch von anderen Meistern, die eine Nachlaßakte im Institut für Stadtgeschichte Frankfurt am Main verzeichnet.[42] Die Auflistung vermerkt beispielsweise Druckgraphik nach Thomas Gainsborough (1727–1788), Meindert Hobbema (1638–1709), Jan Miense Molenaer (um 1610–1668), Peter Paul Rubens (1577–1640) oder Leonardo da Vinci (1452–1519), meist gestochen von bekannten Vertretern ihres Faches wie Auguste-Gaspard-Louis Desnoyers (1779–1857), Jakob Felsing (1802–1883), Christian Haldenwang (1770–1831), Jacobus Neeffs (1610–nach 1660) sowie Johann Gottlieb (1739–1808) und Maria Katharina (1747–1794) Prestel. Durch Erbfolgen wurden diese Werke aus dem Zusammenhang gelöst.[43]

Da die Autoren – „Frankfurter Konversationsblatt", Passavant, Gwinner und Beer – bei der Abfassung ihrer Texte sich teilweise unterschiedlicher, teilweise aber auch identischer Zitatpassagen bedienten, lassen sich größere Partien der „Autobiographie" rekonstruieren und mit ziemlich großer Wahrscheinlichkeit auch in die richtige Abfolge bringen. Außerdem erlaubt die Summe aller in den verschiedenen biographischen Darstellungen abgehandelter Themen auch die nicht als Zitat wiedergegebenen Passagen der „Autobiographie" zu benennen.

Im Gegensatz zu den Beiträgen von Passavant, Gwinner und Beer können der nachfolgenden – auch der für die lokale und regionale Kunst des 19. Jahrhunderts maßgeblichen – Literatur keine weiteren Erkenntnisse zur Biographie des Künstlers entnommen werden. Diese Autoren berufen sich vielmehr auf die Vorgängerliteratur, übernahmen – ohne ei-

gene Recherchen anzustellen – die bekannten Fakten und damit auch die Fehler und tradierten so über Jahrzehnte eine nahezu gleichlautende biographische Darstellung.[44]
Und selbst eine der wichtigsten Publikationen zur Frankfurter Kunstgeschichte, von Heinrich Weizsäcker und Albert Dessoff 1907/09 als zweibändiges, darstellendes und lexikalisches Werk veröffentlicht, wiederholte die bei Passavant und Gwinner aufgeführten Fakten und reicherte diese lediglich um den Verbleib einzelner Werke in Privatbesitz an.[45] Umso bedauerlicher, da mit dem Zweiten Weltkrieg wichtige Archivalien, wie beispielsweise das Archiv und die Kunstsammlung der Frankfurter Künstlergesellschaft, unwiederbringlich verloren gingen.[46]

Rezeption Radls
Nachdem Johann Gottlieb Prestel in seinem Verkaufskatalog von 1806 seinem Mitarbeiter Radl „une manière grande, une touche spirituelle" zugesprochen und ihm eine große Karriere vorausgesagt hatte[47], erfolgte bereits 1809 eine erste lexikalische Erwähnung des 35jährigen Künstlers (Abb. 6). Johann Georg Meusels „Teutsches Künstler-Lexikon" führte den „Mahler und Kupferstecher" mit zehn Werken auf, wobei Prestels Verkaufskatalog von 1806 als Quelle diente.[48] Daher konnte Meusel bei der Aufzählung der genannten Stadt-, Burg- und Schloßansichten (Kat. Nr. 32, 35, 36, 37, 40, 42, 45, Abb. 36), für die Radl die Vorlagen als Zeichnung oder Gouache geliefert hatte (Abb. 7), hinsichtlich der Umsetzung der Motive in eine Druckgraphik genau nach dem jeweiligen Arbeitsanteil differenzieren – als Prestel-Bearbeitung, als Bearbeitung unter Prestels Leitung oder als alleinige Leistung Radls in „Prestelischer Manier". Der wenn auch knappe lexikalische Artikel Meusels belegt zumindest, daß die Kunstwelt auf das Schaffen des jungen Landschaftsdarstellers aufmerksam geworden war.

Johann Wolfgang Goethe, selbst leidenschaftlicher Landschaftszeichner, äußerte sich 1816 in „Über Kunst und Altertum in den Rhein= und Main=Gegenden" mit einem Kurzbeitrag zur Kunst Anton Radls. Während eines Frankfurtbesuches 1815 sah er in der Kollektion des Sammlers Johann Georg Grambs, die „alle Erwartungen übersteigt", unter anderen auch Werke von Anton Radl.[49] Goethe lobte dessen „Aquarellzeichnungen" als „höchst schätzbare".[50] Aufschlußreich allerdings ist die Beschränkung seiner Aufmerksamkeit auf die Werke „Gegenden um Frankfurt sowie anmutige Täler des Taunusgebirges vorstellend", denn bekanntermaßen besaß Grambs auch zwei ländliche Genredarstellungen Radls, denen seine besondere Vorliebe galt. Zwar schätzte Goethe Genreszenen, wie am Beispiel des Werkes von Johann Conrad Seekatz (1719–1768) überliefert, doch spiegelten diese niemals die Lebensrealität, sondern das aufklärerische Ideal eines einfachen, natürlichen und unverdorbenen Menschentums. Dagegen entsprachen die dokumentarischen und reportageartigen Schilderungen der von Radl erlebten und daher sehr authentischen ländlichen Kirchweih- (Kat. Nr. 8) und Kirmesszenen (Kat. Nr. 7) nicht dem Kunstverständnis des Weimarer Dichterfürsten. Für ihn bedeutete die Auseinandersetzung mit Kunst eine geistige Überhöhung der Realität und diese hatte sich im Bilde entsprechend niederzuschlagen. Insofern versteht sich sein vermeintlich kritischer Einwand zu Radls Landschaftsansichten „obwohl nach der Natur" gemalt vielmehr als eine Steigerung seiner Anerkennung, daß nämlich die Landschaften „an geschmackvoller Wahl des Gegenstandes, an kunstmäßiger Austeilung von Licht und Schatten sowie der Farbe nichts zu wünschen übriglassen". Goethe charakterisierte damit Radl als einen Landschaftsdarsteller, der sich am Naturvorbild orientierte, seine Motive aber in das tektonische und koloristische Kompositionsgefüge der klassischen Landschaftsmalerei einbettete, so daß sich Naturtreue und Kunstanspruch in idealer Weise verklammerten. Derselben Kunstauffassung verpflichtet zeigt sich auch der ge-

Abb. 6
Ursula Magdalena Reinheimer: Profilbildnis Anton Radl, um 1805, Pastell, Verbleib unbekannt

Abb. 7
Gallustor, vor 1802, Gouache, Freies Deutsches Hochstift – Frankfurter Goethe-Museum, Frankfurt a. M.

plante, aber nie ausgeführte Goethe-Tempel vor der Frankfurter Stadtsilhouette am nördlichen Mainufer (Abb. 8), den Radl 1821/22 nach einem Entwurf des Architekten Friedrich Rumpf (1795–1867) als Tuschzeichnung in Szene setzte. Die Verknüpfung von zeitgenössischer Stadtlandschaft und klassischem Architekturzitat, aber auch die Gegenüberstellung antiker und mittelalterlicher Formensprache, überhöhte die Wirklichkeit mit den Mitteln der Kunst in klassizistischem Sinne.

Goethe, den die Radl-Werke im Besitz Grambs' nicht unbeeindruckt gelassen hatten, konnte 1823 dann auch eine Probe von Radls Ölmalerei kennenlernen. Als der Künstler den Dichter um Vermittlung seiner Kunst an den Herzog von Weimar bat, forderte Goethe ihn auf, ein Ölbild zu schicken:

„[…] weil ich längst wünschte von Ihren größeren Arbeiten, etwas zu sehen, da mir die kleineren, wornach in Kupfer gestochen ist, gar wohl gefallen haben […]".[51] Das Gemälde „Taunuslandschaft mit Kronberg" (Kat. Nr. 72) schien jedoch den fürstlichen Erwartungen nicht zu entsprechen und wurde zurückgeschickt.

Unter ganz anderen Voraussetzungen betrachtete Anton Kirchner – Frankfurter Pfarrer, Politiker und Geschichtsschreiber – in seiner historisch-topographischen Darstellung zu Frankfurt und der Region von 1818 den Künstler Anton Radl, den er in dem Kapitel „Neuerer Zeitraum der Kunstgeschichte von Frankfurt" als „Landschaftszeichner, Maler und Kupferstecher" einführte.[52] Dabei konzentrierten sich seine Ausführungen mehrheitlich auf Radls zeichnerische und druckgraphische Produktion, was nicht weiter verwundert, stattete doch der Verlag Gebrüder Wilmans sein zweibändiges Werk mit 25 Illustrationen nach Vorlagen von Anton Radl aus (Kat. Nr. 80, 80a, Abb. 9). Er würdigte Radl als quasi Nachfolger von Johann Gottlieb Prestel, dessen Technik der Aquatinta der Schüler meisterhaft fortführte, und ließ somit an dessen Kunstfertigkeit und damit gleichzeitig auch an der Qualität der Illustrationen zu seiner eigenen Publikation keinen Zweifel. Kompositorisches Geschick, An- und Beschaulichkeit sowie Naturtreue der Darstellungen kamen Kirchners unterhaltsam beschreibender Lektüre entgegen. Ebenso aber schätzte er an Radls Werken den dokumentarischen Charakter. Er erwähnte in diesem Zusammenhang diejenigen Druckgraphiken und Gouachen (Kat. Nr. 56–59, Abb. 94), die nach Theaterkulissen des Giorgio Fuentes (1756–1821) für das Frankfurter Stadttheater entstanden waren und die die „vergänglichen" Bühnenbilder der Nachwelt überlieferten. Diese Werke zählte Kirchner, neben der „Mondnacht" (Abb. 37) und dem „Sonnenuntergang" (Abb. 87) nach Aert van der Neer (1603–1677) sowie den Rheindarstellungen nach Christian Georg Schütz d. J. (1758–1823, Kat. Nr. 79, Abb. 45, 46), „unter Radl's vorzügliche Arbeiten".[53] An Radls Gouache- und Ölmalerei, von der er explizit die niederländisch anmutenden Genreszenen aufführte, schätzte er die Komposition und die realistische Schilderung, außerdem versah er diese Werke mit dem Attribut „seltnem Ausdruck" – offensichtlich meinte er damit die originäre, unverwechselbare Handschrift des Künstlers.

Erst über ein Vierteljahrhundert nach Goethes lobenden und erwartungsvollen Worten sollte 1842 mit dem Beitrag in Naglers Künstlerlexikon ein kurzer zusammenhängender Abriß zu Radls künstlerischer Tätigkeit erscheinen.[54] In Kenntnis aller bis dato vorliegenden Veröffentlichungen zu und mit Radls graphischer Produktion – erkenntlich an der von Goethe stammenden, leicht variierten Formulierung „Gegenden um Frankfurt, anmuthige Talansichten des Taunusgebirges" – äußerte sich dieser nach Meusel zweite lexikalische Artikel aber erstmals auch kurz zur Ölmalerei des Künstlers. Danach hatte sich Radl seit den 1820er Jahren vermehrt der Malerei in Öl gewidmet und zahlreiche zeitintensive Auftragsarbeiten erfüllt. Wie der Autor berichtete, fanden „seine mit Figuren und Thieren staffirten Landschaften den vollen Beifall des kunstliebenden Publikums […]"[55], was nicht nur die gestiegene Bedeutung des Faches gegen Mitte des 19. Jahrhunderts, sondern auch die Wahrnehmung von Radls Ölgemälden in einer breiteren Öffentlichkeit belegt. Und dennoch hob eine angehängte Werkliste der elf „vorzüglichsten" Kupferstiche – vier Nummern nach Vorlagen anderer Künstler (Kat. Nr. 32–34, 79) und sieben Nummern nach eigenhändig ausgearbeiteten Motiven (dar-

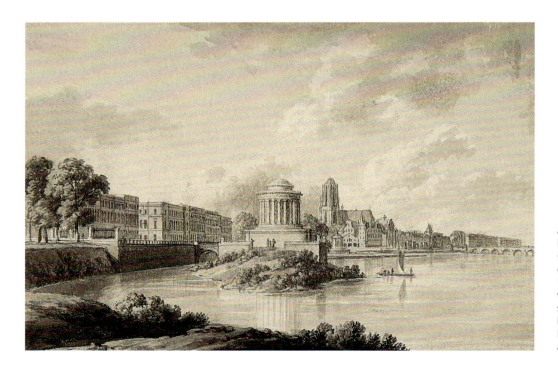

Abb. 8
Der geplante Goethe-Tempel auf der Maininsel, 1821/22, Tusche, laviert, Freies Deutsches Hochstift – Frankfurter Goethe-Museum, Frankfurt a. M.

Abb. 9
Christian Haldenwang nach Anton Radl: Ansicht der Zeile zu Frankfurt a. M., 1818, Kupferstich, aus: Anton Kirchner: Ansichten von Frankfurt am Main und der Umgegend, Frankfurt a. M. 1818

unter Kat. Nr. 42, 45, 46) – ausschließlich Radls Tätigkeit als Kupferstecher hervor.

Dagegen erwähnte das „Kunstblatt" in einer Kurzmitteilung, bezugnehmend auf die Ausstellung und das Künstlerfest im Dezember 1843, nur noch Radls „Gouache= und Oelgemälde" – seine Tätigkeit als Reproduktionsstecher fand keine Beachtung.[56]

In seinem Nachruf auf Anton Radl ging Johann David Passavant 1852 neben der Schilderung des Lebensweges auch auf die künstlerische Leistung seines verstorbenen Freundes ein, indem er dessen künstlerische Entwicklung in großen Schritten darstellte – beginnend mit frühen Arbeiten als Mitarbeiter des Prestel-Verlags und endend mit Ölgemälden als freischaffender Künstler.[57] Dabei erwähnte er zahlreiche Werke, die sich auch identifizieren lassen – die französischen Truppen vor dem Fürsteneck, das Gefecht am Bockenheimer Tor, die Tore und Warttürme der Stadt Frankfurt, die Blätter nach Bühnenbildern von Giorgio Fuentes, die Rheinansichten nach Schütz d. J. und die Ansichten der Burgen und Schlösser entlang des Mains. Mit einer ersten Wertung aber begleitete er Radls Werke nach Alten Meistern: „Von ausgezeichneter Schönheit sind seine Blätter in Aquatinta und colorirt gedruckt, ein Mondschein von A. van der Neer, ein Viehstück nach Potter und eine Bärenjagd nach F. Sneyers."[58] In der Beschäftigung mit der Kunstgeschichte sah Passavant denn auch die Basis für Radls Landschaftskunst, vor allem in der Auseinandersetzung mit „Ruysdael",

gemeint war Jacob van Ruisdael (1628/29–1682).[59] Nicht zuletzt seit Goethes Essay „Ruisdael als Dichter" von 1813 scheint die Berufung auf den Niederländer gleichsam als Qualitätsurteil und Gütesiegel gedient zu haben. Aus heutiger Sicht jedoch haben die wilden und symbolkräftigen Landschaften Ruisdaels und die geordneten und beschaulichen Landschaftsdarstellungen Radls kaum etwas gemeinsam – mit einer Ausnahme, die Bedeutung des Baumes als zentralem Motiv der Komposition. Indem Passavant in diesem Zusammenhang auf „die Behandlung des Baumschlages" hinwies, griff er ein Qualitätskriterium auf, das sich in ähnlicher Formulierung bereits bei Anton Kirchner und bei Georg Christian Braun (1785–1834) in einem Bericht über seinen Lehrer Johann Gottlieb Prestel findet.[60] Für die Landschaftsdarstellung spielte der Baum als kompositorisches und malerisches Element, aber auch in Hinsicht des gestiegenen naturwissenschaftlichen Interesses eine herausragende Rolle, und insofern gehörte das Studium in der freien Natur, auch bei Prestel, zur unabdingbaren Ausbildung eines Landschafters. Das in allen Besprechungen zu Radl herausgestellte intensive Naturstudium trug denn schließlich auch Früchte, und so lobte Passavant an Radl, daß er „[…] das Charakteristische der verschiedenen Bäume mit einer Wahrheit und Schärfe darzustellen vermochte, wie es zu seiner Zeit ganz ungekannt war und nie übertroffen worden ist."[61] Bei der Beurteilung von Radls Landschaftsdarstellungen differenzierte Passavant allerdings zwischen der „Zeichnung" und der „Färden 1820er Jahren, wobei Radl auch den um 1800 gemalten ländlichen Wirtschaftsgarten (Kat. Nr. 9) – seinerzeit noch in seinem Besitz – zur Verfügung stellte. Dagegen scheint die bereits erwähnte Ausstellung in den Räumlichkeiten des Städelschen Kunstinstituts 1843, sammlungstechnisch bedingt, vornehmlich aus Gouachen bestanden zu haben.[80] Denn die Bestückung der Ausstellung aus eigenem Bestand griff zwangsläufig auf den 1817 von Johann Georg Grambs vermachten Kunstbesitz zurück, zu dem die von Goethe als „höchst schätzbare Aquarellzeichnungen" gelobten Radl-Gouachen gehörten.

Eine erste Radl-Retrospektive, zumindest wie sich aus der zahlenmäßig beachtlichen Präsenz von 147 Werken schließen läßt, veranstaltete der Frankfurter Kunstverein anläßlich des 50. Todestages im Februar 1902.[81] Diese Schau wurde allerdings weder durch einen Katalog dokumentiert noch mit entsprechend aussagekräftigen Artikeln von der Tagespresse wahrgenommen. In der „Frankfurter Zeitung" erschien lediglich der oben erwähnte Beitrag von Wilhelm Amandus Beer, der aber mit keiner Silbe auf die Ausstellung einging.[82] Auch fanden im 20. Jahrhundert immer wieder lokale und regionale Überblicksausstellungen zur Frankfurter Kunst beziehungsweise zu der der Region statt, die eine intensivere Beschäftigung mit Leben und Werk Anton Radls hätten initiieren können:

1920 zeigte der Frankfurter Kunstverein die Centenarausstellung „Ein Jahrhundert Frankfurter Malerei 1800–1900". Im Vorwort des Kataloges kam Karl Simon auch auf Anton Radl zu sprechen: „In Frankfurt war die schlichte Pflege der heimischen Art in Landschaft und Volksleben eine Erbschaft des 18. Jahrhunderts, die besonders Anton Radl noch weit bis ins 19. Jahrhundert in ausgezeichneter Weise lebendig erhalten hat."[83] Mit diesen Worten verwies der damalige Leiter des Kunstvereins auf Radls Position als Nachfolger in der Tradition niederländischer Malerei des 17. und regionaler Malerei des 18. Jahrhunderts. Radls Mittlerfunktion belegt eine kluge Auswahl von vier Gemälden: „Waldlandschaft mit Brückchen" (Kat. Nr. 25), „Waldeingang" von 1807 aus dem Hessischen Landesmuseum Darmstadt[84], „Sommerabend im Lorsbacher Tal bei Eppstein i. T." sowie „Ländlicher Wirtschaftsgarten" um 1800 (Kat. Nr. 9) als Beispiel für Radls Auseinandersetzung mit volkstümlichen Alltagsszenen.[85]

Im Jahr 1931 fand im Kurhaus von Bad Homburg die Ausstellung „Mittelrheinische Landschaftsmalerei" statt.[86] Wiederum wurde auf je ein Ölgemälde aus dem Städelschen Kunstinstitut (Kat. Nr. 25) und dem Historischen Museum Frankfurt (Kat. Nr. 26) zurückgegriffen, außerdem aber auch mit „Mühle im Lorsbacher Tal" von 1820/30 und „Gebirgslandschaft" von 1844 zwei Werke vorgestellt, die heute als verschollen gelten müssen.

1932 fokussierten der Frankfurter Kunstverein und die Frankfurter Künstlerschaft erneut „Hundert Jahre Frankfurter Kunst 1832–1932", wobei die Künstler nach den Gattungen „Oelgemälde", „Bildwerke" und „Zeichnungen, Aquarelle, Graphik" vorgestellt wurden. Interessanterweise war Radl mit dem mittlerweile verschollenen Ölgemälde, dessen Motiv „Mühle bei Adolfseck" jedoch in einer kolorierten Kupferstichfassung (Kat. Nr. 89) überliefert ist, aber weder mit einer graphischen noch mit einer druckgraphischen Arbeit vertreten.[87]

Und letztmals vor dem Zweiten Weltkrieg waren Radl-Werke 1939 in der Ausstellung „Mittelrheinische Malerei 1800–1900" im Nassauischen Landesmuseum Wiesbaden zu sehen.[88] Diese Malereiausstellung präsentierte von Radl zwei frühe Gouachen mit Ansichten der Burg Dreieichenhain (darunter Kat. Nr. 37) und eine Gouache mit Blick auf die Ruine Falkenstein, sowie die vier Gemälde „Ländlicher Wirtschaftsgarten" (Kat. Nr. 9), „Waldlandschaft (Kuhruhe an der Babenhäuser Chaussee)" (Kat. Nr. 13), „Felsenlandschaft mit Wasserfall und Einsiedler" (Kat. Nr. 12) und „Waldeingang" (Abb. 10), allesamt Werke aus seinen frühen Schaffensjahren.

Nach 1945 setzte sich die unregelmäßige, aber kontinuierliche Reihe der Ausstellungen für beziehungsweise mit Anton Radl fort. Eine Ausstellung zum 100. Todestag 1952 zeigte das Städelsche Kunstinstitut und griff dabei – laut Tagespresse – auf den eigenen Besitz, auf den des Historischen Museums Frankfurt und des Hessischen Landesmuseums Darmstadt zurück.[89] In seinem Artikel zur Ausstellung zeigte sich der Autor der „Frankfurter Rundschau" begeistert von der Suggestionskraft der Radlschen Kompositionen und ließ sich angesichts der Landschafts- und Genredarstellungen zu einem fiktiven Erlebnisbericht hinreißen. In seiner Phantasie ging er über den Schaumainkai, er durchwanderte den Taunus mit seinen malerischen Ortschaften, er hielt sich im Frankfurter Stadtwald auf und nahm an einem Volksfest teil, wo er sich an den volkstümlichen Darbietungen erfreute. Dagegen fiel die Beurteilung der Gouachen mit den Theaterdekorationen nach Giorgio Fuentes (Kat. Nr. 56–59) und der beiden Auftragsgemälde für Großherzog Karl Theodor von Dalberg (Kat. Nr. 12, 13) weniger positiv aus, denn „das ist nicht mehr der echte Radl, bei dem uns das Herz warm wird …".[90] Der Enthusiasmus des Autors beschränkte sich also auf die topographischen Landschaftsansichten und heimischen Genreszenen, die ihm eine vertraute, aber so nicht mehr vorhandene Welt wiederaufleben ließen. Sentimentalität schwang in dieser Besprechung mit und insofern versteht sich auch

Abb. 10
Waldeingang, 1807, Öl auf Leinwand, Kunsthalle Mannheim

die Bemerkung, daß Radl „seiner engeren und weiteren Wahlheimat manches köstliche Denkmal gesetzt" hatte.[91]
1966 veranstaltete der Frankfurter Kunstverein mit 198 Werken die sehr umfangreiche Schau „Frankfurter Malerei im 19. Jahrhundert", die der damalige Direktor Ewald Rathke als „ein erstes Wiederaufgreifen des Themas" und als „Materialsammlung" für ein zukünftiges, über die Publikation von Weizsäcker/Dessoff hinausgreifendes zeitgenössisches Standardwerk zur Frankfurter Kunstgeschichte verstanden wissen wollte.[92] Unter den 22 Künstlern war Radl mit elf Werken prominent vertreten. Vier Ölgemälde (Kat. Nr. 9, 64, 72, 23), sechs Gouachen (darunter Kat. Nr. 16, 67–69) und ein Aquarell boten einen repräsentativen Überblick über sein malerisches Schaffen bis an das Ende der 1820er Jahre und verdeutlichten seine Bedeutung als künstlerischer Entdecker der Taunuslandschaft.[93]

1993 versammelte eine erneute Überblickausstellung zur „Frankfurter Malerei des 19. und frühen 20. Jahrhunderts" im Historischen Museum Frankfurt 90 Werke von 44 Künstlern.[94] Mit der ausgestellten „Wassermühle" (Kat. Nr. 22) aus dem Städelschen Kunstinstitut entschieden sich die Ausstellungsmacher für ein Gemälde Radls, das sowohl sein Schaffen in die Tradition niederländischer Malerei des 17. Jahrhunderts einreihte als auch die erneut aufflammende Niederländerbegeisterung im 19. Jahrhundert und damit gleichzeitig Radls „Modernität" exemplarisch vorstellte.

Auf einer Austellung unter dem Titel „Kunstbegegnung Frankfurt – Hanau. Wechselbeziehungen in der Malerei zweier Mainstädte" präsentierte das Museum Hanau – Schloß Philippsruhe 1995 von Anton Radl die Gouache „Schloß Steinheim" und das nicht mehr nachweisbare Ölgemälde „Felsabsturz im Morgenbachtal bei Bingen", um 1825 datiert.[95]

Und im Jahr 2000 schließlich gehörte Anton Radl mit zwei Gemälden, dem Hauptwerk „Blick auf Frankfurt von Westen" (Kat. Nr. 21) und einer charakteristischen „Taunuslandschaft" (Kat. Nr. 30), zu einer Überblicksausstellung, die das neu eröffnete HAUS GIERSCH – Museum Regionaler Kunst zur Malerei der Region zwischen 1806 und 1866 veranstaltete.[96] Mit Bedacht zeigt die Umschlagabbildung des ausstellungsbegleitenden Kataloges einen Ausschnitt aus dem Gemälde „Blick auf Frankfurt von Westen" (Kat. Nr. 21), stand der Künstler doch am Anfang einer ansehnlichen Reihe von Landschaftsmalern, die mit ihren heimischen Sujets das Erscheinungsbild der Malerei in der Region Rhein-Main im 19. Jahrhundert prägten.

Bei der Analyse der Altersstruktur der an den drei letzten großen Überblicksausstellungen zur Malerei des 19. Jahrhunderts – 1966, 1993 und 2000 – vorgestellten Künstler fällt auf, daß Anton Radl mit seinem Geburtsjahr 1774 jeweils als Jahrgangsältester die Auswahlliste anführte. Daher sei die provokante Schlußfolgerung erlaubt: Die Geschichte der Frankfurter Malerei im 19. Jahrhundert beginnt mit Anton Radl. Diese Beobachtung deckt sich übrigens auch mit Radls eigener Sicht, den Wilhelm Amandus Beer in seinem Nachruf 1902 zitierte: „Als ich nach Frankfurt kam, waren hier im Ganzen nur zwei Künstler, deren Namen als solche genannt zu werden verdienen. Zunächst Johann Ludwig Ernst Morgenstern. Er malte innere Theile von Kirchen, worin er besonders excellirte, und stand in großem Ruf. [...] Der zweite der genannten Künstler war Gottlieb Prestel [...]. Ich habe nur von der großen Lehrmeisterin Natur, die ich oft und eifrig besuchte, das errungen, was ich in der Kunst bisher vollbrachte, und konnte keinen Künstlern meiner Zeit und in meiner Umgebung nachahmen, oder sie als Vorbild nehmen, weil außer den oben Erwähnten eben keine Anderen dawaren."[97]

Nach diesen in der Region initiierten Ausstellungen soll nun auch noch auf zwei legendäre Ausstellungen zur deutschen Malerei des 19. Jahrhunderts hingewiesen werden, die ebenso wenig als Ansporn für eine intensive kunsthistorische Auseinandersetzung mit Leben und Werk Anton Radls genutzt wurden. „Die deutsche Jahrhundert-Ausstellung Berlin 1906" mit ihrem Überblick zur deutschen Malerei zwischen 1775 und 1875 berücksichtigte eine ganze Reihe aus Hessen beziehungsweise aus der Region Rhein-Main stammender Künstler – auch Anton Radl, von dem das Gemälde „Waldlandschaft mit Brückchen" (Kat. Nr. 25) gezeigt wurde.[98] Heinrich von Weizsäcker, von 1891 bis 1904 Städel-Direktor, hatte schon sehr früh zu den Beratern der Jahrhundertausstellung gehört und dürfte in diesem Zusammenhang auch auf Radl als ausstellungswürdigen Künstler hingewiesen haben. Nicht nur die Ausstellung im Frankfurter Kunstverein 1902, sondern auch seine intensive Aufarbeitung des Gemäldebestandes im Städelschen Kunstinstitut hatten Weizsäcker mit dem Œuvre des Künstlers vertraut gemacht.[99]

Auf der Münchener Kunstausstellung im Glaspalast fand 1931 die Sonderausstellung „Werke deutscher Romantiker von Caspar David Friedrich bis Moritz von Schwind" statt. Zu den 110 Exponaten von 55 Künstlern zählte auch das Ölgemälde „Waldeingang" von Anton Radl aus dem Hessischen Landesmuseum Darmstadt.[100] Bedauerlicherweise muß das Werk als verloren gelten, da der Glaspalast sowie nahezu alle Werke beim Brand am 6. Juni 1931 zugrunde gingen. Allerdings hat sich das Motiv in zwei nahezu identischen, aber kleineren Fassungen – als Ölgemälde in der Kunsthalle Mannheim (Abb. 10) und als Gouache in Privatbesitz (Abb. 25) – erhalten.[101] Die Darmstädter Fassung aus dem Jahr 1807 zählte zu den wenigen datierten Gemälden im Werk Anton Radls. Das Motiv kombiniert die Sujets Landschaft und Genre: Am Eingang eines Mischwaldes lagern, etwas abseits des Weges, eine Familie mit drei Kindern und Hund. Ihre Kleidung und Utensilien kennzeichnen sie als Landleute, die sich gerade am Lagerfeuer ein einfaches Mahl zubereiten. Trotz der extremen Ausschnitthaftigkeit des Waldsaums und der Unmittelbarkeit der Figurenszene, die Radl von einem leicht erhöhten Standpunkt beobachtete, wahrte er durch rahmende Bäume die klassische Bildtektonik. Eine gewisse Strenge in der Gestaltung der Bildelemente und der Verzicht auf ein schmeichlerisches Licht idealer Provenienz verleihen dem Gesamteindruck eine sehr sachliche Präsenz. Die genau beobachteten Naturdetails, die koloristischen Abstufungen der Baumbelaubung und die Charakterisierung der Figuren in zeittypischer Tracht verraten sein Interesse an der Wahrnehmung der aktuellen Umwelt und an einer realistischen Wiedergabe. Die daraus abzuleitende Begeisterung für Natur, für ländliches Leben wie überhaupt für ein harmonisches Verhältnis von Mensch und Natur sowie das Pittoreske des Motivs mag die Ausstellungsmacher bewogen haben, das Gemälde in der Romantikerausstellung in München 1931 zu präsentieren.

Abb. 11
Johnston nach Anton Radl: Vue de Francfort s. M. prise du Coté du midi, nach 1818, Kupferstich, Radierung, koloriert, Bankhaus Metzler, Frankfurt a. M.

Unter die Romantiker subsumierte 1965 auch die Heidelberger Ausstellung „Schlösser, Ruinen, Burgen in der Malerei der Romantik" den Frankfurter Künstler.[102] Seine acht Werke – ein Aquarell, drei Gouachen, vier Aquatintablätter (darunter Kat. Nr. 36, 40) – mit Ansichten seiner frühen Ruinendarstellungen um 1800 stehen für die frühe Entdeckungsphase der nationalen Vergangenheit. Klaus Mugdan hob angesichts der imposanten Architekturdenkmäler die künstlerischen Ausdrucksmittel und ästhetischen Wirkungsfaktoren der Radlschen Kompositionen hervor: „Ganz einfache Seherlebnisse, wie das steile Emporblicken zu Fels und Burg, führen […] zu einem einzigartigen Sprechen des Motivs […]."[103] Die günstige Wahl der Perspektive sowie Unmittelbarkeit und Monumentalisierung des Motivs gehörten höchstwahrscheinlich zur Ausbildung bei Prestel, für den Radl als Werkstattmitarbeiter Vorlagen für Burg- und Schloßruinen geliefert und zum Teil auch in die Druckgraphik umgesetzt hatte.

Wie die chronologische Aufführung der Ausstellungen verdeutlicht, wurde Radl in der Regel als einer unter vielen, allenfalls als Bindeglied zwischen der Malerei des 18. und 19. Jahrhunderts wahrgenommen. Daraus erwuchs zu keiner Zeit die Anregung zu einer intensiveren Beschäftigung mit seinem Werk, das in den ersten Jahrzehnten des 19. Jahrhunderts eine ebenso zeittypische wie singuläre Position einnimmt, aber bisher immer hinter den populären Freilichtmalern der Region wie Anton Burger (Abb. 70), Philipp Rumpf (Abb. 103), Jakob Fürchtegott Dielmann (Abb. 33) etc. zurückstand.

Ausstellung und Katalog

Mit unserer Ausstellung und dem dazugehörenden Katalog sollen Leben und Werk Anton Radls erstmals umfassend gewürdigt werden. Dazu gehört der Anspruch, das technisch vielgestaltige, motivisch prägnante und künstlerisch solide,

1
Unbekannter Maler
Porträt Anton Radl, um 1815/20
Öl auf Leinwand, 27,5 x 23 cm
Unbez.
Historisches Museum, Frankfurt a. M., Inv. Nr. B 1154

2
Ursula Magdalena Reinheimer (1777–1845)
Porträt Anton Radl, um 1830
Öl auf Leinwand, 56 x 40 cm
Unbez.
Historisches Museum, Frankfurt a. M., Inv. Nr. B 1797
Lit.: Frankfurter Konversationsblatt, 27.12.1843; Gwinner 1862, S. 376 (hier: „das von ihr in Öl gemalte Porträt Anton Radls ist täuschend ähnlich"); Gambichler 2000, S. 327, 700, Nr. 14; Ausst. Kat. Frankfurt 2007, B 23, S. 142. Vorzeichnung zu dem Porträt bei Bott 2003, Abb. S. 214.

Veredelte Wirklichkeit – Der Maler und Kupferstecher Anton Radl

Birgit Sander

Von dem Maler und Kupferstecher Anton Radl ist kein Selbstbildnis überliefert, wohl aber existiert ein Porträt, das seine Frankfurter Künstlerkollegin Ursula Magdalena Reinheimer (1777–1845) vermutlich um 1830 von ihm schuf (Kat. Nr. 2). Dieses Bildnis, welches der Frankfurter Jurist und Kunsthistoriker Philipp Friedrich Gwinner (1796–1868) als „täuschend ähnlich" bezeichnete, zeigt den bereits an den Schläfen ergrauten Radl als Halbfigur vor einer von Bergen gesäumten Flußlandschaft, den Blick aufmerksam auf den Betrachter gerichtet.[1] Vor dem bürgerlich elegant gekleideten Maler liegt seine Zeichenmappe und ein Blatt Papier, auf das er seine rechte Hand, eine Feder haltend, stützt. Reinheimer stellt ihren Kollegen als handwerklich soliden Künstler dar, für den das unmittelbare Studium in der Natur das Fundament seines Schaffens bedeutet.[2]

Radls Œuvre gilt es noch zu entdecken. Er schuf Genreszenen, einige wenige Porträts, vor allem aber Landschaftsdarstellungen aus der Umgebung Frankfurts. Mit seinen zahlreichen Taunusansichten hat er als einer der künstlerischen Entdecker dieser Region zu gelten. Des weiteren zählen Landschaften, deren Motive er auf Reisen nach Süd- und Norddeutschland, in seine österreichische Heimat und in die Schweiz festhielt, zu seinen Werken. Radls Schaffen zeichnet sich durch Wirklichkeitsnähe aus und basiert – ganz wie im Bildnis Reinheimers apostrophiert – auf intensivem Naturstudium. Der Künstler selbst formulierte dies wie folgt: „Ich habe nur von der großen Lehrmeisterin Natur, die ich oft und eifrig besuchte, das errungen, was ich in der Kunst bisher vollbrachte."[3] Zugleich aber folgte Radl den Idealen klassischer Landschaftsmalerei: Kontinuierlich sich entwickelnde Tiefenerstreckung, perspektivische Farbabstufung, straffer Bildbau und feste innere Rahmung, prägnante Wiedergabe einzelner Landschaftsformen und betonte Linienführung bilden Konstanten seines Werks. Sein Schaffen bewegt sich zwischen topographischer Treue und idealer Überhöhung. Dieses Spannungsfeld soll im folgenden vor dem zeitgenössischen Hintergrund näher charakterisiert werden.

Radls Anfänge als Künstler

Radls Leben und Schaffen fällt in eine historisch bewegte Epoche. In Politik und Gesellschaft vollzog sich ebenso wie in der Sozial-, Geistes- und Kunstgeschichte ein tiefgreifender Wandel, der von den Zeitgenossen auch als solcher wahrgenommen wurde. Als Radl am 15. April 1774 in Wien als Sohn eines Kutschers geboren wurde, herrschte in Europa noch das Ancien Regime. Als er am 4. März 1852 in Frankfurt starb, hatte er wenige Jahre zuvor noch ganz unmittelbar vor seinem Wohnsitz in der Friedberger Straße blutige Barrikadenkämpfe der Revolution von 1848 miterlebt.[4] Dazwischen spannt sich der Bogen von der Französischen Revolution und den Napoleonischen Kriegen über die Zeit der Restauration, des Biedermeier bis hin zum Beginn der Industrialisierung. Geistesgeschichtlich reicht er von Aufklärung, Empfindsamkeit und Rokoko über Klassizismus und Romantik bis hin zum frühen Realismus. Die politischen Wirren der Zeit berührten früh schon Radls Lebensweg. Um bei Ausbruch der Französischen Revolution den Einzug ihres Sohnes zum österreichischen Militär zu verhindern, schickte die Mutter 1790 ihren 16jährigen Sohn auf Wanderschaft – zunächst zu einem Maler namens Kormer in Brüssel.[5] Von dort floh Radl vor dem anrückenden Krieg nach Aachen und Köln. Diese Wanderjahre bleiben ebenso im Dunkeln wie ein angeblicher früher Besuch einer Wiener Zeichenakademie.[6] Mit der Aufnahme in die Werkstatt des Zeichners, Kupferstechers und Kunstverlegers Johann Gottlieb Prestel (1739–1808) in Frankfurt, in dessen Haushalt er von 1794 bis zu seiner Eheschließung im Jahr 1800 lebte, nahm Radls künstlerische Laufbahn ihren eigentlichen Ausgang. Der umtriebige, seit 1783 in Frankfurt angesiedelte Prestel, spezialisiert auf technisch brillante Reproduktionen von Altmeisterzeichnungen und Altmeistergemälden, erkannte rasch das Talent des jungen Wieners. In seinem Katalog von 1806 lobte er Radl wie folgt: „Le jeune Artiste M. A. Radl réunit à une manière grande, une touche spirituelle: ces talens le placeront un jour au rang des Artistes célèbres."[7]

Bei dem versierten Prestel erlernte Radl die graphischen Techniken, und er lieferte die Vorlagen für druckgraphische Reproduktionen von Gemälden Alter Meister (Kat. Nr. 32–34), für Darstellungen aus den Napoleonischen Kriegen (Kat. Nr. 46, 47), von Schloß- und Burgruinen (Kat. Nr. 35–42) sowie der mittelalterlichen Befestigungsanlagen Frankfurts (Kat. Nr. 43–45). Die graphische Umsetzung nahm Radl – anfänglich noch unter Anleitung Prestels – selbst vor.[8]

Sowohl durch Prestel als auch den in Frankfurt bekannten Maler und Restaurator Johann Ludwig Ernst Morgenstern (1738–1819, Kat. Nr. 113), die beide über Frankfurt hinaus mit Sammlern und Kunstfreunden in Verbindung standen, erhielt Radl Kontakte zu ihn unterstützenden Käufer- und Sammlerkreisen.[9] In Frankfurt, wo wie auch andernorts das Kunstschaffen zwar durch die politischen Wirren jener Jahre litt, zugleich aber auch eine Kontinuität bürgerlichen Sammlertums gewahrt bleiben sollte, bot sich Radl nach dem Ausscheiden aus der Werkstatt Prestels die Möglichkeit, selbständig sein Auskommen als Künstler zu finden.[10] So verwundert es nicht, daß er nicht in seine Heimatstadt Wien zurückkehrte, sondern in der wohlhabenden Bürgerstadt am Main ansässig wurde. Hier erlangte er 1800 das Bürgerrecht und heiratete Rosina Margaretha Hochschlitz (1770–1844), die ebenfalls im Verlag Prestels tätig war. Und er lebte hier, von Reisen abgesehen, bis zu seinem Tod 1852, von Künstlerfreunden und Sammlern geschätzt und geachtet.

Radl wurde also weder – wie noch im 18. Jahrhundert üblich – durch eine Lehre bei einem Maler geprägt, mit dessen Vorbild er sich stilistisch auseinanderzusetzen hatte, noch absolvierte er ein Akademiestudium, wie es in jenen Zeiten obligatorisch zu werden begann. Auch eine damals übliche Italienreise ist für ihn nicht belegt.[11] Die Bedeutung, die die Ausbildung bei dem Verleger Prestel für ihn besaß, ist daher nicht hoch genug einzuschätzen: Die Einbindung in eine kommerzielle Marktsituation, wie sie für einen Verlag wie den Prestels bestimmend war, bildete zeitlebens eine feste Koordinate im Schaffen Radls. Stets blieb er dem druckgraphischen Metier verbunden: Er gab im Eigenverlag druckgraphische Blätter heraus (Kat. Nr. 56–59), kooperierte aber auch mit anderen Verlegern, so mit dem Kunsthändler Johann Georg Reinheimer (1776–1820, Abb. 41), der als Schwiegersohn Prestels ebenfalls eine Ausbildung im dortigen Betrieb absolviert hatte. Ferner arbeitete Radl nach Prestels Tod für den Buchhändler, Verleger und Kunsthändler Friedrich Wilmans

Abb. 12
Der Hahnenschlag, Gouache, um 1800, Städel Museum, Frankfurt a. M., Graphische Sammlung

Abb. 13
Adrian von Stalbemt: Dorfkirchweih, Öl auf Leinwand, Städel Museum, Frankfurt a. M.

(1764–1830, Kat. Nr. 78), zunächst noch in der Rolle des Reproduktionsstechers (Kat. Nr. 79), sodann als Vorlagengeber (Kat. Nr. 80–93). Er lieferte eine beachtliche Anzahl Stadt- und Landschaftsdarstellungen, die als Buchillustrationen Verwendung fanden oder auch als eigenständige druckgraphische Blätter von Wilmans' Verlag vertrieben wurden (Kat. Nr. 80–93, Abb. 48, 53, 56, 64, 96).[12]

Vom Anspruch handwerklicher Gediegenheit und Sorgfalt der Ausführung, wie sie im graphischen Metier gefordert war, wich Radl nie ab, was ebenfalls auf seine Ausbildung bei Prestel zurückzuführen sein dürfte. In Prestels Verlag bot sich ihm ein enorm großer Vorbildfundus italienischer, französischer, niederländischer ebenso wie deutscher Werke von der Renaissance bis ins 18. Jahrhundert. Unter letzteren fanden sich auch Landschaftsmaler des 18. Jahrhunderts wie Johann Ludwig Aberli (1723–1786), Franz Kobell (1749–1822), Johann Georg Wagner (1744–1767) oder Christian Wilhelm Ernst Dietrich (1712–1774). Das genaue Studium der Kompositionsschemata Alter Meister, das für deren graphische Reproduktion unerläßlich war, prägte Radl nachhaltig und gab ihm Gestaltungsprinzipien an die Hand, die sein eigenes künstlerisches Schaffen bestimmen sollten. Prestel förderte bei seinen Schülern ebenfalls das unmittelbare Naturstudium, was für die Entwicklung von Radls Landschaftsstil von entscheidender Bedeutung sein sollte: Zeitlebens widmete er sich intensiven Studien in der freien Natur. Wie unüblich dies in damaliger Zeit noch war, zeigt sich daran, daß sich Radl beim Naturstudium – wie er selbst berichtete – häufiger dem Unmut und dem Unverständnis von Beobachtern ausgesetzt sah, die ihn als „Tagedieb" bezeichneten und heftig beschimpften.[13]

Bildthemen, Stilmerkmale und -entwicklung

Landschaften – in Aquarell, Gouache und Öl – dominieren im Werk Radls. Aus der Zeit unmittelbar nach 1800 datieren – neben Szenen aus den Napoleonischen Kriegen – auch Wirtshaus- und Kirmesdarstellungen (Kat. Nr. 7, 8, 9, Abb. 12). Gegenüber den gemütvoll gestimmten, im Atelier arrangierten Genredarstellungen etwa eines Johann Conrad Seekatz (1719–1768), wie sie um die Mitte des 18. Jahrhunderts beim bürgerlichen Frankfurter Publikum populär waren, zielen Radls Darstellungen auf wirklichkeitsnahes Erfassen: Seine vielfigurigen Szenen aus dem Volksleben – ob beim Kirchweihfest (Kat. Nr. 7, 8) oder im ländlichen Wirtsgarten (Kat. Nr. 9) – spielen unter freiem Himmel. Architekturelemente und Bäume bilden flankierende und rahmende Elemente für lebensvolle Alltagsszenen, die volkstümliches Leben detailreich und humorvoll, ja bisweilen sogar recht drastisch und derb schildern. Die unverkennbaren Vorbilder, auf die Radl hinsichtlich des bühnenhaften Arrangements und der Erzählweise zurückgriff, sind niederländische Genreszenen eines David Teniers d. Ä. (1582–1649) oder eines Adrian van Stalbemt (1580–1662, Abb. 13), wie sie in Frankfurter Sammlungen mit ihrem Schwerpunkt auf der Malerei des niederländischen 17. Jahrhunderts so zahlreich vertreten waren: Stalbemts Gemälde etwa konnte der Künstler in der Sammlung des Simon von Holzhausen in Frankfurt sehen, zu dessen Familie er guten Kontakt hatte.[14] Traditionelle Kom-

Abb. 14
Allaert van Everdingen: Landschaft mit Wasserfall, Öl auf Leinwand, Städel Museum, Frankfurt a. M.

Vorbild hegte: Er besaß mit einer Bauernhofdarstellung eine Szene ähnlich beobachteter Alltagswirklichkeit, die Radls väterlicher Malerfreund und -kollege Johann Ludwig Ernst Morgenstern 1794 geschaffen hatte (Kat. Nr. 113).

Etwa zur gleichen Zeit, in der diese Genreszenen entstanden, schuf Radl für den Verlag Prestels eine Folge von Darstellungen mächtiger Schloß- und Burgruinen sowie der mittelalterlichen Befestigungsanlagen Frankfurts (Kat. Nr. 35–45, Abb. 91, 93). Das Ruinenthema gehörte seit Mitte des 18. Jahrhunderts in der Malerei und ästhetischen Theorie zum Vokabular erhabener Landschaftskunst: Zunächst galt im Zeichen der Rückbesinnung und Bewunderung für das klassische Altertum antiken Ruinen besondere Aufmerksamkeit.[18] In der Romantik bezog sich dann das Interesse auch auf mittelalterliche Ruinen als Metaphern für Vergänglichkeit und Geschichtlichkeit allen Menschenwerks. Während der Napoleonischen Herrschaft und der Befreiungskriege gewann diese Ruinenbegeisterung zunehmend patriotische Züge, galten doch gotische Bauwerke als mächtige Zeugen der stolzen vaterländischen Vergangenheit. Wie nun setzte Radl das Ruinenthema für den Verlag Prestel um? Die gerade in ihrem ruinösen Zu-

positionsschemata nutzte Radl mithin für heimatliche Szenen eines ländlichen Milieus, dessen Bräuche und Trachten er – wie volkskundliche Studien nahelegen[15] – genauestens beobachtete und in zahlreichen Zeichnungen nach der Natur festhielt (Abb. 73, 74).

Die Erzählfreude, die diese frühen Genredarstellungen Radls kennzeichnet, verlor sich in seinem Werk nie. Staffagefiguren bilden in späteren Jahren wichtige, seine Landschaftskompositionen in ihrer Schlichtheit und kompositorischen Strenge belebende Elemente (Kat. Nr. 17, 21, 62, 63, 70). „Reines" Genre findet sich in Radls Œuvre aus späterer Zeit, in der die Landschaft dominiert, nicht. Vermutlich fehlte ihm hierfür die Kundschaft. So wissen wir, daß das repräsentative, um 1800 entstandene Ölbild der „Ländlicher Wirtschaftsgarten" (Kat. Nr. 9) 1827 von Radl auf der Herbstmesse der „Frankfurter Gesellschaft zur Beförderung nützlicher Kunst und deren Hülfswissenschaften" als Werk aus seinem Besitz präsentiert wurde und es sich noch beim Tod des Künstlers in seinem Besitz befand.[16] Zwei der vier im Städel bewahrten Darstellungen mit Kirchweih- und Kirmesszenen (Kat. Nr. 8, Abb. 12)[17] stammen aus dem Besitz des Juristen und Städel-Administrators Johann Georg Grambs (1756–1817), der offenkundig ein Interesse für volkstümliches Genre nach niederländischem

Abb. 15
Wasserfall, Gouache, ALBERTINA, Wien

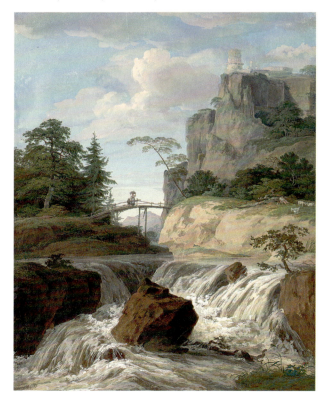

34 Birgit Sander

Abb. 16
Waldfluß, Gouache, ALBERTINA, Wien

stand imposanten architektonischen Bauten wurden bildfüllend in Szene gesetzt, nie wurde ihre Lage in landschaftlich reizvollem Ambiente ausgeschmückt. Auf Stimmungsgehalt und atmosphärische Wirkung verzichtete Radl ebenso wie auf minutiöse Detailtreue. Durch die Untersicht, das frontale Gegenüber und raffinierte Hell- und Dunkelkontraste steigerte er die Präsenz, den imposanten Eindruck und die Dramatik der Ruinenanlagen. Gleiche Kompositionsprinzipien gelten für die Erfassung noch weitgehend intakter Bauwerke wie der Frankfurter Warten und Wallanlagen (Kat. Nr. 43–45, Abb. 42–44) oder des Rödelheimer Schlosses (Kat. Nr. 35). Sorgfältig arrangierte Staffageszenen beleben das architektonische Ambiente: So müht sich bei der „Ansicht der Sachsenhäuser Warte" ein Mann, sein störrisches Pferd zu bewegen. Angesichts eines heraufnahenden Gewitters bei der „Ansicht der Friedberger Warte" jagt ein anderer Mann seinem vom Kopf gewehten Hut hinterher, und eine Frau hat Mühe, ihre Kopfbedeckung wie auch ihr in die Höhe fliegendes Kleid festzuhalten. Radl beweist in diesen frühen Darstellungen, die bisweilen noch nicht die kompositorische Souveränität späterer Werke aufweisen, seinen Sinn für naturnahe Schilderung und verdichtendes Arrangement – Stilprinzipien, die in seinem Werk kontinuierlich wiederkehren sollten.

In Landschaftsaquarellen und -gouachen, die im ersten Jahrzehnt des 19. Jahrhunderts entstanden, knüpfte Radl an unterschiedliche Traditionsstränge der Landschaftsmalerei an: Eine bläßliche, dunstige Flußlandschaft (Kat. Nr. 3) mit ländlicher Staffage im Vordergrund ruft Erinnerungen an den pittoresk-ornamentalen Landschaftscharakter der Phantasielandschaften von Christian Georg Schütz d. Ä. (1718–1791, Kat. Nr. 110, 112) wach, ohne mit deren Detailreichtum und motivischer Vielfalt wetteifern zu wollen.[19] Die in stimmungsvolle Dunkelheit getauchte Darstellung der „Mühle zu Eschersheim" (Kat. Nr. 10) verrät hingegen den Einfluß des niederländischen 17. Jahrhunderts und dessen malerischen Schilderungen heimatlicher Landschaft, hier nun übertragen auf ein Motiv aus der Umgebung Frankfurts. Als Vorbilder wären Gemälde des Aert van der Neer (1603–1677) zu nennen, dessen hochgeschätzte Nachtlandschaften Radl als Reproduktionsstecher hatte genau studieren können (Kat. Nr. 34, Abb. 93). Ebenso niederländischer Landschaftstradition verpflichtet – nun wiederum eher in der Art eines Allaert van Everdingen (1621–1675, Abb. 14) – erscheint die Darstellung eines Wasserfalls in einer phantastisch anmutenden Landschaftskulisse (Abb. 15), ein in dieser Zeit ebenfalls äußerst beliebtes Motiv: Als grandiose Naturschauspiele standen Wasserfälle als Metaphern für Bewegung und Rastlosigkeit einer entfesselten Natur, die gerade bei Bildungsreisenden in der Schweiz oder in Italien große Bewunderung auslösten.[20]

Zur Orientierung des jungen Radl an der regionalen Landschaftstradition des 18. Jahrhunderts und der niederländischen Landschaftsmalerei des 17. Jahrhunderts kommt jedoch ein weiterer Traditionsstrang hinzu, an den er anzuknüpfen bestrebt war: Der Fernblick und die Klarheit des Umrisses, die versatzstückartige Abgrenzung von Landschaftsformationen, die rationale Ordnung und durchdachte Bildregie ebenso wie die kulissenhaft-schematische Gliederung in Vorder-, Mittel- und Hintergrund weiterer früher Gouachen (Kat. Nr. 6, Abb. 16, 90) verraten den Einfluß ideal-heroischer Landschaftstradition. In diesen sicher gebauten Ideallandschaften mit ausgewählten Partien realer Landschaften, die zu strengen, von rationalen Prinzipien geleiteten Kompositionen zusammengefügt sind, geht es um Schilderung der Größe und Erhabenheit der Natur und nicht um abbildhafte Naturschilderung. Die Tradition idealer Landschaftsmalerei nahm um 1600 in Rom durch Maler wie Annibale Carracci (1560–1609) oder Adam Elsheimer (1578–1610) ihren Ausgang.[21] Sie fand Vollendung bei den ebenfalls in Rom wirkenden Franzosen Nicolas Poussin (1594–1665) und Gaspard Dughet (1615–1675) sowie dem mehr zum Idyllisch-Arkadischen neigenden Claude Lorrain (1600–1682, Abb. 17). Einen Nachklang erlebte die Ideallandschaft im holländischen Klassizismus, in der Landschaftsmalerei des 18. Jahrhunderts sowie in der unmittelbaren Vorläufergeneration beziehungsweise unter den Zeitgenossen Radls bei den in Rom tätigen Malern Jakob Philipp Hackert (1737–1807, Abb. 20), Johann Christian Reinhardt (1761–1847) und Joseph Anton Koch (1768–1839).[22]

Radl übernahm weder die antik-mythologische noch die christliche Figurenstaffage ideal-heroischer Landschaftskunst. Auch ging es ihm nicht um deren Neigung zu gedanklicher Vertiefung und zu sinnbildhaften, religiösen und historischen Bezügen – von Ausnahmen allerdings haben wir Kenntnis (Kat. Nr. 12). In einem Gemälde für Fürstprimas und Großherzog Carl von Dalberg (1744–1817), 1812 datiert, findet sich ein Mönch als Staffage vor einem felsigen Landschaftsarrangement. Vermutlich dem Wunsch des Auftraggebers entgegenkommend, griff Radl hier das in der Zeit überaus beliebte Motiv des Mönchs auf und schuf damit ein Werk von sinnbildhaftem Inhalt, verkörpert doch die Mönchsgestalt das Ideal eines von Religion und Naturempfinden gleichermaßen bestimmten Daseins jenseits zivilisatorischer Zwänge.[23] Ein Gemälde ähnlichen Themas mit dem Titel „Einsiedler vor der Kapelle", 1917 im Auktionshaus Bangel in Frankfurt versteigert und heute als verschollen geltend, belegt, daß Radl das Mönchsmotiv mehrfach aufgriff.[24]

Insgesamt jedoch ging es Radl in seinem Schaffen vorrangig um eine Verbindung von objektiver Landschaftsdokumenta-

Abb. 17
Claude Lorrain: Hirtenlandschaft bei untergehender Sonne, 1670, Öl auf Leinwand, Bayerische Staatsgemäldesammlungen München, Alte Pinakothek

Abb: 18
Adriaen van de Velde: Lichtung im Walde mit äsenden Rehen, Öl auf Leinwand, Städel Museum, Frankfurt a. M.

tion und bildmäßig angelegter Komposition. Dieses Anliegen wird früh in seinen Waldlandschaften ablesbar, die Motive aus dem Frankfurter Wald, also der unmittelbaren Umgebung der Stadt aufgreifen. Mit diesem Sujet knüpfte der Maler an eine im 16. Jahrhundert von der Frankenthaler Malerschule, im 17. Jahrhundert dann etwa von Adriaen van de Velde (1636–1672, Abb. 18) und im 18. Jahrhundert in Frankfurt besonders von Wilhelm Friedrich Hirt (1721–1772), aber auch von Christian Georg Schütz d. Ä. gepflegte Tradition an. Schütz kombinierte in einem Bild wie dem „Waldstück am Wasserhof bei Oberrad" (Kat. Nr. 112), das Radl in der Sammlung Johann Friedrich Städels (1728–1816) studieren konnte[25], die Schilderung eines Waldstücks mit knorrig aufragenden Bäumen und Weiher bei Oberrad mit einem Ausblick auf die Stadt im Hintergrund. Schäfer und Hirtenjungen mit ihrem Weidevieh wie Ziegen, Schafe und Kühe bevölkern das Waldstück und erinnern an das Hirtenidyll der Empfindsamkeit. Ganz anders hingegen inszenierte Radl seine Waldlandschaften (Kat. Nr. 11, 13, 23, Abb. 27). Ihnen ging ein intensives Naturstudium im Frankfurter Stadtwald voraus, der zu damaliger Zeit – vor Einführung der ganzjährigen Stallhaltung – auch als Weideplatz für Hornvieh genutzt wurde (Kat. Nr. 100).[26] Der Blick wird perspektivisch durch diagonale Wege oder Flußläufe auf sparsam mit Weidevieh belebte Waldlichtungen gelenkt. Die Fokussierung ohne Ausblick in die Ferne verstärkt den Eindruck von unmittelbarer Naturnähe und geht mit einer Geschlossenheit des Bildraumes einher. Das Laubwerk der Bäume ist mit größter Akribie erfaßt. Die Farbigkeit in ihrer bisweilen geradezu grellen Grüntonigkeit zeugt von besonderer Frische und origineller Ausdruckskraft. Mögen auch einzelne Bäume unregelmäßig wild herausragen – insgesamt vermittelt der Wald den Eindruck eines parkartig anmutenden Naturausschnitts. Die Walddarstellung strahlt Harmonie, Ruhe und Natürlichkeit aus und transportiert ein Naturideal, wie es der damaligen Gartenbegeisterung, insbesondere den Vorstellungen des englischen Landschaftsgartens entsprach: Park und Natur, Schönheit und Nützlichkeit bilden eine vollkommene Einheit.[27]

Topographische Information und idealisierende Tektonik, Strenge und Schlichtheit eines übersichtlich gegliederten Bildaufbaus sowie die sachliche Liniensprache bestimmen Radls zahlreiche Überblickslandschaften mit Motiven aus dem Taunus ebenso wie seine Veduten der Stadt Frankfurt. Im Gegensatz zu einem Künstler des 18. Jahrhunderts wie Christian Georg Schütz d. Ä., der mit Erzählfreude und Raffinement das Treiben auf den großen Plätzen der Stadt oder am Mainufer vor der Silhouette der Stadt ausbreitete (Kat. Nr. 110), setzte Radl in seinen Veduten erzählerische Staffage nur sparsam ein (Kat. Nr.

14, 15, 21, Abb. 96). In seinen Ansichten vom Mainufer auf die Stadt ist die in kühlem Kolorit gehaltene Silhouette in die Ferne gerückt. Über eine unbelebte Vordergrundzone hinweg wird der Blick erst allmählich in die Tiefe gelenkt. Die Wahrung von Distanz bedeutet ein bewußtes Moment idealen Arrangements: Die Wirklichkeit der Stadtsilhouette präsentiert sich distanziert in veredelter, ewig-klassischer Schönheit.

Kennzeichnend für die zahlreichen Ansichten Radls von Motiven aus dem Taunus ist die Wahl eines hoch gelegenen Betrachterstandpunkts, der einen Blick auf die weite und sanfte Mittelgebirgslandschaft mit ihren malerisch gelegenen Orten, Burgen und Ruinen, sanften Tälern und Bergen bei klaren Lichtverhältnissen erlaubt. Ausschnitthaft und nahsichtig angelegte Darstellungen wie etwa die „Ansicht der Mühle zu Adolphseck bei Schwalbach" (Kat. Nr. 89) sind weniger häufig. In seinen Überblicksansichten variierte Radl feste Kompositionsschemata: Eine großzügige Linienführung, die alles Kleinteilige meidet, schafft übergreifende Formzusammenhänge. Bühnenartig entfaltet sich von einer Vordergrundzone aus der Landschaftsprospekt. Bäume, Berg- oder Architekturmotive bilden eine innerbildliche Rahmung. Etappenartig in die Tiefe führende Diagonalen wie Wege, Flußläufe suggerieren und erschließen den Tiefenraum in seiner kontinuierlichen Abfolge von Vorder-, Mittel- und Hintergrund.

Als Repoussoir inszenierte, hochaufragende Bäume verleihen der Weite der Landschaft noch einen zusätzlichen Zug. Licht und Schatten sind übersichtlich verteilt, gliedern und rhythmisieren das Bildfeld und fassen die verschiedenen Landschaftselemente großzügig zusammen. Der Vergleich zwischen einer in der Natur entstandenen Zeichnung wie der Ansicht auf Nassau und Stein bei Ems (Abb. 19) und der dann im Verlag von Friedrich Wilmans (Kat. Nr. 92) als Radierung reproduzierten Fassung zeigt dieses kompositorische Arrangement: In der bildmäßigen Komposition kommen seitliche Baumbegrenzungen hinzu. Die Vordergrundzone wird kompositorisch durch eine bildeinwärts führende Diagonale vom Mittelgrund getrennt, hinter der dann wiederum Bäume den Blick in die Tiefe lenken.

Radls Landschaftsauffassung

Radl verband in seinen Ansichten eine sachlich registrierende Bestandsaufnahme topographischer Gegebenheiten mit klassischer Bildordnung. Die Leistung des Künstlers als Landschaftsschilderer bestand nicht allein in der Wahl des als angemessen und schön erkannten Blickpunkts und des richtig gewählten Ausschnitts, sondern in der Komposition des Bildes im Ganzen. Die Darstellung geht damit weit über die bloße Nachahmung und Naturkopie hinaus, indem sie Stilprinzipien einer

Abb. 19
Nassau und Stein bei Ems, vor 1819, Graphit, Museum Wiesbaden, Sammlung Nassauischer Altertümer

Abb. 20
Jakob Philipp Hackert: Blick auf St. Peter in Rom, um 1775, Öl auf Leinwand, Städel Museum, Frankfurt a. M.

klassisch-idealen mit der einer vedutenhaft-realistischen Landschaftskunst verbindet. Die heimische Natur ist Kulturlandschaft, sie hat Parkcharakter und präsentiert sich übersichtlich, natürlich und wohlgeordnet zugleich. Die ordnende Hand des Künstlers ist stets greifbar: Topographische Information und idealisierende Tektonik bilden eine Einheit.

Mit diesem Anspruch zeigt sich Radl einer Landschaftsmalerei verpflichtet, wie sie in damaliger Zeit der überaus erfolgreiche und geschäftstüchtige Jakob Philipp Hackert mit seinen angenehmen, idyllischen, wohlkomponierten und handwerklich fein ausgeführten Italienlandschaften an prominentester Stelle vertrat. Vor dem Hintergrund zeittypischer Antikensehnsucht verband Hackert die ideale Landschaftstradition nach dem Vorbild von Poussin und Lorrain mit einem Sinn für Realität und topographische Genauigkeit (Abb. 20). Hackerts Landschaften sind streng gebaut. Seine nüchterne, bisweilen geradezu trockene Malerei mit harter Zeichnung zeugt von einer gewissenhaft und detailliert den Gegenstand abbildenden Auffassung, bei der Stimmungshaftes und Atmosphärisches zurückgedrängt ist. Dieses klassizistische Ideal dürfte Radl, der Italien ja selbst nie bereist zu haben scheint, durch klassizistisch gesinnte Frankfurter Kreise vermittelt worden sein, allen voran durch den Literaten Johann Isaac von Gerning (1767–1837). Gerning stand in Verbindung mit Goethe, der ja bekanntermaßen Hackert sehr verehrte und ihm 1811 eine Biographie voll hymnischen Lobes widmete, hatte selbst Italien bereist und hierbei auch Werke Hackerts gesehen.[28] Er schätzte die rationale Klarheit des Klassizismus und verglich, voller Begeisterung für den Süden und die Antike, den Taunus mit Italiens vielgepriesenen Fluren.[29] Wie sehr Hackert in jener Zeit auf dem Kunstmarkt präsent war, verdeutlicht schließlich auch der Prestel-Katalog von 1816. Im Angebot der nun von Christian Erdmann Gottlieb Prestel (1773–1830) geführten Kunsthandlung befand sich auch Druckgraphik von Hackert.[30]

Markante Beispiele für Radls streng tektonisch-idealisierenden Landschaftsstil sind frühe Gouachen mit Ansichten von Kronberg und Falkenstein aus der Sammlung Grambs (Kat. Nr. 62, 63), die Pendantcharakter haben und um 1810 entstanden sein dürften, sowie eine Reihe von um 1820 zu datierender Gouachen mit Taunus- und Frankfurtmotiven (Kat. Nr. 66–71, 85), von denen zahlreiche in druckgraphischer Ausführung im Verlag Wilmans erschienen. Er findet sich ebenfalls bei den großen Taunusansichten in Öl aus den 1820er Jahren, die die Darmstädter Galerie erwarb (Kat. Nr. 72, 73). Klassizistische Strenge und Klarheit bestimmen schließlich auch eine so gekonnte Inszenierung wie das Gemälde mit dem Blick auf Frankfurt, vom Grindbrunnen aus gesehen, das um 1830 entstanden sein dürfte (Kat. Nr. 21): Mit seinem raffinierten Arrangement hochaufragender Bäume im Mittelgrund, die die Komposition dominieren und zu-

Abb. 21
Porzellantasse mit Ansicht Lübecks von Marly aus, nach 1822, Museum für Kunst und Kulturgeschichte Lübeck

gleich als Repoussoir dienen, mit dem frischen Grün der Rasenfläche und der blassen, bläulichen Stadtsilhouette im Hintergrund, ist dieses Bild in kompositorischer wie auch koloristischer Hinsicht eines der Meisterwerke Radls.

Ausgewogenheit und Strenge des Bildaufbaus werden in diesem wie in zahlreichen Kompositionen aufgelockert durch eine gut beobachtete Ausbreitung hellen Sonnenlichts sowie durch reizvolle Staffageszenen. Die fleißige Landbevölkerung wird emsig bei der Arbeit oder im kurzen Moment der Rast gezeigt (Kat. Nr. 62, 63). Sonntäglich herausgeputzte Bürgerfamilien haben – aus der Enge der Stadt kommend – den Gang in die freie Natur angetreten. Erwachsene und Kinder genießen dieses Naturerlebnis – bisweilen sogar an einem unter freiem Himmel aufgestellten, gedeckten Tisch (Kat. Nr. 70). Diese Staffagefiguren sind mehr als bloß erzählerische Dekoration, sondern sie stehen für das Sichtbarmachen eines bewußten Erlebens von Natur.

Mit ihrer Klarheit, ihrer dezenten Erzählfreude, ihrem Sinn für Disziplin und Akkuratesse sowie ihrer matten Farbigkeit, die für die Gouachetechnik charakteristisch ist, kamen Radls topographische Ideallandschaften ganz der bürgerlichen Ästhetik des Biedermeier entgegen[31]: Sie strahlen unprätentiöse Beschaulichkeit, Solidität und gemütvolle Behaglichkeit aus, was im Hinblick auf ihre Verbreitung in druckgraphischer Form an ein heimisches Publikum ebenso wie an Touristen oder Kurgäste von Vorteil war. So ist auch nicht verwunderlich, daß für Ansichtsporzellane jener Zeit Darstellungen Radls von Porzellanmalern als Vorlagen genutzt wurden: Für Porzellane mit Ansichten von Lübeck (Abb. 21), Hamburg und Frankfurt dienten nachweislich Ansichtsmotive Radls der Buchillustrationen als Vorlagen.[32]

In Werken aus den 1820er bis 1840er Jahren zeigt sich Radls Bemühen, der Gefahr allzu formelhafter Starrheit sowie farblicher und tektonischer Nüchternheit entgegenzuwirken. Radl suchte erneut die lebendige Zwiesprache und sinnliche Auseinandersetzung mit der Natur. In einer Waldlandschaft mit Tierstaffage aus dem Jahr 1825 (Abb. 22), einer Waldansicht in der Darmstädter Sammlung aus dem Jahr 1829 (Kat. Nr. 23) sowie weiteren Walddarstellungen, bisweilen auf Kupfer, aus den 1830er Jahren (Kat. Nr. 24, 25, Abb. 100) liegt der Akzent weniger auf einer parkartig anmutenden, großzügig angelegten Bildordnung, sondern auf stofflicher Differenzierung und koloristischer Feinabstufung genau beobachteter Naturdetails und Lichtstimmungen – etwa bei der Laubfärbung verschiedener Baumarten, den Spiegelungen im Wasser, den Schattierungen des sandigen Waldbodens etc. Diese Landschaften bestimmt sowohl ein sensitives Eingehen auf die Erscheinungswelt als auch ein malerisch intimer Zug und atmosphärisch stiller Klang. Bei einer Darstellung wie der des „Drachenfels" von 1844 (Kat. Nr. 31, Abb. 102) dominiert die inszenatorische Raffinesse des in der Ferne erfaßten Berg- und Burgmotivs. Bei anderen späten Waldlandschaften neigt Radl zu phantasievollen Schilderungen einer imposant gesteigerten Naturkulisse mit hochaufragenden Bäumen und mit auf bizarren Felsen gelegenen Burgen (Kat. Nr. 29, 30). Reizvolle Motivik, kompositorische Sorgfalt und diszipliniert-akribische Malweise bilden nach wie vor die Konstanten in Radls Werk. Impulse dürfte der ja nunmehr über 60jährige Radl durch die Düsseldorfer Malerschule erhalten haben, deren erfolgreiche Landschaftsklasse mit den namhaften Vertretern Carl Friedrich Lessing (1807–1880) und Johann Wilhelm Schirmer (1807–1863, Abb. 23) weit über die Stadt am Rhein hinaus ausstrahlte. Vielfältig waren hier die Bemühungen um einen Kompromiß von Klassik, Romantik und frühem Realismus.[33] Wir wissen, daß junge Künstler wie die in Düsseldorf ausgebildeten Eduard Wilhelm Pose (1812–1878), der seit 1845 in Frankfurt ansässig war, Andreas Achenbach (1815–1910), der sich 1837 in Frankfurt aufhielt, und Jakob Becker (1810–1872), der seit 1841 als Professor für Landschafts- und Genremalerei am Städel wirkte, Kontakte zu Radl pflegten.[34] Schließlich studierte ja auch Radls Schüler Ludwig Christian Wagner (1799–1839, Kat. Nr. 122, 123, Abb. 99) bei Lessing an der Düsseldorfer Akademie.

Radls Umfeld in Frankfurt: Sammler, Käufer und Künstlerkollegen

1816 erwähnte Goethe in seinem Werk „Über Kunst und Altertum in den Rhein= und Main=Gegenden" Radl lobend wie folgt: „Von Herrn Radl sind bei Gramps höchst schätzba-

Abb. 22
Waldlandschaft bei Frankfurt, 1825, Öl auf Leinwand, Privatbesitz

re Aquarellzeichnungen zu sehen, Gegenden um Frankfurt sowie anmutige Täler des Taunusgebirges vorstellend, welche, obgleich nach der Natur gezeichnet, doch an geschmackvoller Wahl des Gegenstandes, an kunstmäßiger Austeilung von Licht und Schatten sowie der Farbe nichts zu wünschen übriglassen."[35] Die kunstgemäße Inszenierung über die bloße Naturerfassung hinaus schätzte Goethe an Radls Landschaftskunst. Dieses Urteil entsprach ganz seiner klassizistischen Maxime, daß die Kunst die Natur zwar zu überhöhen, sich aber gleichfalls an ihr auszurichten habe.[36] Werke von Radl hatte der Dichter anläßlich seines Frankfurtbesuchs in der Sammlung von Johann Georg Grambs im September 1815 gesehen.[37] Für ein persönliches Zusammentreffen zwischen Goethe und Radl in Frankfurt gibt es keinen Beleg. Denkbar wäre dieses jedoch, denn Radl pflegte Kontakte zu wohlhabenden und gebildeten Kreisen in Frankfurt und Um-

Abb. 23
Johann Wilhelm Schirmer: Romantische Landschaft (Ahrtal), 1828, Öl auf Leinwand, Stiftung museum kunst palast Düsseldorf

Veredelte Wirklichkeit – Der Maler und Kupferstecher Anton Radl **41**

gebung, zu denen auch der in Weimar ansässige Dichter in enger Verbindung stand wie etwa der Familie Willemer: Radl schuf Porträtzeichnungen von Marianne von Willemer (1784–1860, Abb. 97) und ihrem Ehemann Johann Jakob von Willemer (1760–1838, Abb. 98), die diese dem Dichter zum Weihnachtsfest 1819 übersandten.[38] 1815 schenkte Rosette Städel, geborene Willemer, dem Dichter eine kolorierte Radierung mit dem Blick auf Frankfurt von der Gerbermühle aus, dem eine Zeichnung ihres Lehrers Radl zugrundelag (Abb. 24, Kat. Nr. 97). Goethe wiederum gefiel das Bildchen so gut, daß er hiervon in Weimar Abdrucke herstellen ließ, die er mit lithographierten oder handschriftlichen Versen versehen an Freunde und Bekannte verschickte.[39] Radls Verbindungen zu führenden Bürgerfamilien Frankfurts waren eng. So lud ihn Louis Gontard 1825 zu einer Reise nach Baden-Baden ein, auf der der Künstler Kontakt zu einem Grafen von der Goltz erhielt, der wiederum Sepiazeichnungen bei ihm bestellte.[40] Vielleicht entstand ebenfalls durch Frankfurter Verbindungen der Kontakt zu dem Regensburger Bankier und Handelsherren Georg Friedrich von Dittmer (1727–1811). Radl schuf im Jahr 1801 eine Gouache des pagodenartigen Gartenpavillons, der sich auf dem Grundstück Dittmers in Regensburg befand (Kat. Nr. 3). Außerdem lieferte er die Vorlage für eine kolorierte, im Verlag von Johann Georg Reinheimer erschienene Radierung mit der Ansicht Regensburgs, in der das Anwesen der Bankiersfamilie prominent herausgehoben ist.[41]

Radls Werke fanden nicht ausschließlich beim bürgerlichen, sondern auch beim adlig-höfischen Publikum Anklang. Carl Theodor von Dalberg (1744–1817), Fürstprimas des Rheinbundes und Großherzog von Frankfurt, war die Förderung heimischer Künstler ein besonderes Anliegen.[42] So lassen sich aus seinem Besitz zwei großformatige Gemälde von Radl nachweisen, die im Historischen Museum Frankfurt bewahrt werden (Kat. Nr. 12, 13).[43] Widmungen druckgraphischer Blätter an Mitglieder regierender Herrscherhäuser bekunden ferner das Bemühen Radls beziehungsweise das seiner Verleger Prestel und Wilmans um adlige Sammlerkreise: So findet sich eine Widmung und das Wappen des Großherzogs Dalberg auf einer Ansicht der Loreley aus der zwölfteiligen Serie mit Rheinansichten, die Radl nach Vorlagen von Christian Georg Schütz d. J. (1758–1823, Kat. Nr. 119) für Wilmans in Aquatintatechnik umsetzte.[44] Weitere Nennungen auf Blättern dieser Folge betreffen Erbprinzessin Louise von Nassau, geborene Prinzessin von Sachsen-Hildburghausen (1794–1825, Abb. 45) oder Carl August, Großherzog von Sachsen-Weimar-Eisenach (1757–1828).[45] Auf zwei Blättern der Aquatintafolge mit Bühnendarstellungen, die Radl nach Vorlagen des Theatermalers Giorgio Fuentes (1756–1821, Kat. Nr. 57, 59) schuf, finden

Abb. 24
Ansicht von Frankfurt am Main. Kolorierte Radierung von Rosette Städel nach einer Zeichnung von Anton Radl, darunter zwei autographe Vierzeiler von Johann Wolfgang von Goethe, 28. August 1816, Bibliotheca Bodmeriana, Cologny/Genf

Abb. 25
Waldeingang, 1801, Gouache,
Privatbesitz

sich Widmungen an Dalberg als Fürstprimas und dann als Großherzog sowie an die regierende Landgräfin Elisabeth von Hessen-Homburg (1770–1840, Kat. Nr. 56). Ihr ist ebenfalls aus der Reihe der bei Wilmans erschienenen Taunusansichten ein Blatt mit dem Blick auf Homburg gewidmet (Kat. Nr. 84).

Mit fünf nachweisbaren Ankäufen von Ölgemälden in den Jahren 1808/09, 1815/16 und 1825 für die Großherzogliche Gemäldesammlung in Darmstadt unter Großherzog Ludwig I. (1753–1830), welche 1820 der Öffentlichkeit zugänglich gemacht wurde, gelang dem Künstler ein überaus beachtlicher Verkaufserfolg zu Lebzeiten.[46] Vergleichbares ist auch aus Wien zu verzeichnen: Hier erwarb der passionierte Sammler Herzog Albert von Sachsen-Teschen (1738–1823), dessen Sammlung den Grundstock der weltberühmten Graphik-Sammlung Albertina bildete, sämtliche sechs, noch heute in der Albertina befindlichen Gouachen von Radl (Kat. Nr. 6, 50, 51, Abb. 15, 16, 90).[47] Ein weiteres Bemühen Radls, eines seiner Gemälde in einer fürstlichen Sammlung zu plazieren, scheiterte allerdings im Jahr 1823 am Weimarer Hof. Radl hatte, auf die Vermittlung Goethes hoffend, dem Großherzog von Weimar ein Ölgemälde, den Blick auf Kronberg im Taunus darstellend, zur Ansicht schicken lassen, das ihm jedoch zurückgesandt wurde.[48]

Sieht man also von einigen wenigen nachweisbaren überregionalen Kontakten ab, so war Radls Schaffen deutlich auf einen regionalen Wirkungs- und Kundenkreis in Frankfurt und Umgebung bezogen. Die dadurch begrenzten Absatzmöglichkeiten machten es für ihn auch finanziell erforderlich, als Lehrer zu arbeiten. Da am Städelschen Kunstinstitut erst mit der Berufung Jakob Beckers 1841 das Landschafts- und Genrefach eingerichtet wurde, bestand für junge Frankfurter Maler hier allein die Möglichkeit, sich durch Privatunterricht im Landschaftsfach schulen zu lassen. So unterrichtete Radl junge, an der Landschaftsmalerei interessierte Maler wie Johann Heinrich Rosenkranz (1801–1851, Kat. Nr. 124, Abb. 3) oder Ludwig Christian Wagner (Kat. Nr. 122, 123, Abb. 99). Ebenfalls zählten dilettierende Damen aus vornehmem Haus zu seinen Schülerinnen – Erwähnung finden eine Rosalie Gontard, eine Frau von Holzhausen[49], vielleicht Sophie von Holzhausen (1801–1865) sowie Anna Rosina, genannt Rosette, Städel, geborene Willemer (1782–1845). Zu seinen Schülerinnen könnte auch die Malerin Sophia Augusta Gontard (1800–1867) gehört haben.[50] Aus dem Jahr 1819 wissen wir, daß Radl gemeinsam mit den Kollegen Christian Georg Schütz und Johann Friedrich Morgenstern (1777–1844, Kat. Nr. 117) als Gutachter anläßlich der Versteigerung der Gemäldesammlung von Heinrich Zunz tätig war.[51] Briefen Radls an Sophia Augusta Gontard vom 16. Februar 1835 und an die Familie Holzhausen vom 2. November 1844 ist ferner zu entnehmen, daß Radl weitere Einkünfte durch Anfertigungen von Passepartouts, Rahmungen sowie Verglasungen von Kunstwerken hatte.[52]

Gegenüber dem an Sammlungen so reichen 18. Jahrhundert läßt sich im Frankfurt des beginnenden 19. Jahrhunderts eine gewisse Zurückhaltung in der Anschaffung und Ausstattung mit Kunstwerken beobachten. Hatte noch etwa ein Landschaftsmaler wie Christian Georg Schütz d. Ä. mit seiner Werkstatt einen großen Markt mit seinen Phantasielandschaften wie topographischen Landschaften bedient und auch noch im großen Stil für Innenräume hochherrschaftlicher Häuser exklusive Landschaftsdekorationen geschaffen, so dominierten im frühen 19. Jahrhundert – dem Zeitgeschmack und dem in diesen wirtschaftlich schwierigen Zeiten enger geschnürten Geldbeutel vieler Kunstinteressierter entsprechend – eher kleinere Formate.[53] In jenen Jahren erfreuten sich gerade die Gouache und das Aquarell – die gegenüber Ölgemälden preiswerteren Techniken – großer Beliebtheit, was sich ja auch in Radls Œuvre niederschlug: Die Anzahl an Gouachen und Aquarellen, die sich von ihm heute noch nachweisen läßt, ist beträchtlich höher als die seiner Ölgemälde.

Von einigen Gouachen existieren motivgleiche großformatige Varianten in Öl, die bisweilen später datiert sind (Kat. Nr. 18, 19, 60, 61). Zu einer Gouache mit einem Waldmotiv von 1801 (Abb. 25) besaß das Hessische Landesmuseum eine Variante in Öl, die 1807 datiert ist und im Mün-

Abb. 26
Schloß Biebrich, Graphit, Museum Wiesbaden, Sammlung Nassauischer Altertümer

Abb. 27
Waldlandschaft, Gouache, Germanisches Nationalmuseum Nürnberg, Graphische Sammlung

chener Glaspalast 1931 verbrannte.[54] Eine weitere Variante in Öl, ebenfalls 1807 datiert, befindet sich in der Mannheimer Kunsthalle (Abb. 10). Von einem Motiv wie dem „Drachenfels" (Kat. Nr. 31), ausgeführt in Öl auf Kupfer, gibt es auch eine im Format gering abweichende Variante in Öl auf Leinwand (Abb. 102).[55] Aus diesen Varianten läßt sich schließen, daß Radl für seine Sammler und Kunden – waren sie einmal von einem Motiv überzeugt – Werke in unterschiedlicher Technik und Größe bereithielt oder sie eigens anfertigte. Des weiteren liegt der Schluß nahe, daß häufiger wohl zunächst Gouachen oder Aquarelle entstanden und dann auf Anfrage das Motiv auch in Öl ausgeführt wurde. Betrachtet man die fein differenzierten Angebote in den Katalogen der Verlage von Prestel und von Wilmans, die ihre Druckgraphiken als Konvolut und einzeln, in unterschiedlichster Größe, ohne Kolorierung sowie mit unterschiedlichen Arten der Kolorierung anboten, so war die Abstimmung auf Kundenwünsche auch bei Radl als „freischaffendem" Künstler gängig. Wie sehr er um rechte Ausführung im Sinne des Publikumswunsches bemüht war, zeigt einer der wenigen erhaltenen Briefe Radls. Er ist an den in Mainz ansässigen Theologen, Altertumsforscher und Schriftsteller Georg Christian Braun (1785–1834) gerichtet und stammt aus dem Jahr 1829: In diesem bittet Radl Braun dringend, ihm mitzuteilen, mit welchem Dampfschiff Großfürstin Helena, gemeint ist Großfürstin Elena von Russland, geborene Prinzessin Charlotte von Württemberg (1807–1873), von Biebrich nach Köln gereist sei, da er ein Bild mit selbigem Schiff baldigst – in welchem Auftrag bleibt offen – abzuliefern habe.[56] Eine Zeichnung mit dem Biebricher Schloß im Hintergrund und einem prächtigem Dampfschiff links im Vordergrund mag mit dieser uns heute unbekannten Auftragsarbeit in Verbindung stehen (Abb. 26).

Zu jener Zeit bestanden zahlreiche Möglichkeiten für einen jungen Künstler wie Radl, Kenntnis der Kunst Alter Meister, einschließlich der lokalen Malerei in der Region Rhein-Main im 18. Jahrhundert, zu erhalten. Der reiche Fundus seines Verlegers Prestel bot Vorbilder ideal-heroischer Landschaftstradition italienisch-französischer Prägung ebenso wie einer eher naturgetreuen Landschaftsschilderung niederländischer Herkunft. Altmeistergemälde konnte Radl in öffentlichen Sammlungen – wie etwa den kaiserlichen Sammlungen seiner Vaterstadt Wien, die 1781 im Belvedere der Öffentlichkeit[57] zugänglich gemacht worden waren – und in privaten Sammlungen wie derjenigen des Grafen Brabeck, die er 1798 in Söder besuchte, ebenso wie in Frankfurt und Umgebung studieren. In der Stadt am Main verfügten Sammler wie Städel, Grambs, Holzhausen ebenso wie seine Verleger Prestel[58] und Wilmans[59] über beachtliche Altmeisterbestände, zu denen ebenfalls Werke aus der lokalen Tradition des 18. Jahrhunderts gehörten. Wie umfänglich das Repertoire an Landschaftsmalerei in Sammlungen jener Zeit war, belegen auch die sogenannten Morgensternschen Kabinette.[60] In diesen fertigte der mit Radl befreundete Maler und Restaurator Johann Ludwig Ernst Morgenstern Miniaturkopien von Werken an, die sich in seinem Atelier befunden hatten: Selbst wenn dort klangvoll geführte große Meisternamen den Erkenntnissen heutiger Forschung nicht standhalten, so zeigen doch die Kopien eine beachtliche Bandbreite an unterschiedlichen Vorbildern, die einem Künstler wie Radl in jenen Zeiten besonderen Geschichtsbewußtseins als Leitbilder dienten.

Welche Kenntnis Radl hingegen von der Entwicklung der zeitgenössischen deutschen Landschaftsmalerei außerhalb der Rhein-Main-Region besaß, ist schwieriger zu beantworten. Er selbst bemängelte es, daß ihm in jungen Jahren – abgesehen von Prestel und Morgenstern – keine Vorbilder zur Verfügung standen, weil dem Landschaftsfach in Frankfurt nur wenig Beachtung zukam.[61] Über seinen Malerfreund Morgenstern, der 1797 bei Johann Christian Klengel (1751–1824) in Dresden studiert hatte, dürfte Radl ebenso Kenntnis von aktuellen Entwicklungen der Landschaftsmalerei in Dresden erhalten haben wie durch Werke dieser Schule in der Sammlung des Städel-Administrators Grambs.[62] Einflüsse der Dresdener Landschaftskunst zeigen sich in seinem zeichnerischen Werk.[63] Nazarenische Strömungen, die 1830 zur Berufung Philipp Veits (1793–1873) als Direktor des Städelschen Kunstinstituts in Frankfurt führten, dürften Radl schon früh durch den gebürtigen Frankfurter Franz Pforr (1788–1812) und Peter Cornelius (1763–1867), der von 1809 bis 1811 in Frankfurt im Haus von Wilmans lebte, vermittelt worden sein.[64] Und vermutlich dürfte Radl auf seinen Reisen nach Nord- und Süddeutschland ebenso wie nach Wien und in die Schweiz mit aktuellen Tendenzen der Malerei in Berührung gekommen sein. Ohne Zweifel hatte er Kenntnis von der seit den 1830er Jahren immer stärker zur Blüte gelangenden Düsseldorfer Malerschule, unter deren Eindruck sich sein Spätwerk vom strengen Klassizismus hin zu stimmungshaftem Ausdruck entwickelte.

Auch über die geschmackliche Prägung und Vorlieben der Sammler Radls haben wir nur unzureichend Kenntnis. Eine Ausnahme bildet der bereits erwähnte Johann Georg Grambs, weil er als Freund Städels und erster Administrator des Städelschen Kunstinstituts seinen umfangreichen Kunstbesitz dieser neuen Institution vermachte.[65] Grambs' Sammlertätigkeit stand in der Tradition der bürgerlichen Sammlungen

Abb. 28
Caspar David Friedrich: Der Chasseur im Walde, um 1813, Öl auf Leinwand, Privatbesitz

Abb. 29
Johann Adam Ackermann:
Taunuslandschaft, 1842, Aquarell, Landesmuseum Mainz,
Graphische Sammlung

des 18. Jahrhunderts. Diese umfaßten vor allem niederländische Malerei des 17. Jahrhunderts und zeitgenössische Maler, die sich – wie Johann Conrad Seekatz, Johann Andreas Benjamin Nothnagel (1729–1804), Johann Daniel Bager (1734–1815) oder Justus Juncker (1703–1767) – an der niederländischen Tradition orientierten. Als Sammler dürfte Grambs an Radl gerade dessen an der niederländischen Malerei des 17. Jahrhunderts orientierter Realitätssinn und seine Erzählfreude angesprochen haben.[66] In der Nachfolge des niederländischen 17. Jahrhunderts ebenso wie in der der lokalen Tradition des 18. Jahrhunderts blieben denn auch Frankfurter Malerkollegen und -kolleginnen Radls wie Christian Georg Schütz d. J. (Kat. Nr. 119), Johann Philipp Ulbricht (1762–1836, Kat. Nr. 120) oder Ursula Magdalena Reinheimer (Kat. Nr. 121) bei aller Naturtreue verhaftet. Ihre Werke weisen nie die vergleichbar klassizistisch-biedermeierliche Strenge der Landschaften von Radl aus. Seine Position als Landschaftsmaler war in dieser stilistischen Ausprägung in Frankfurt zu jener Zeit singulär.

Gerade aber seine Orientierung am Ideal klassischer Landschaftsmalerei dürfte wiederum Sammler und Käufer angesprochen haben, die – durch Italienreisen oder durch das Vorbild und die Kunstauffassung Goethes geprägt – den Klassizismus besonders schätzten: Bei einem anderen Förderer und Sammler Radls, dem Frankfurter Dichter und Sammler Johann Isaac von Gerning (1767–1837), fand daher sicher Radls Bemühung um ideales Arrangement heimatlicher Landschaftsdarstellungen besonderen Beifall. Und auch die Wertschätzung des Malers und ersten Städel-Inspektors Johann David Passavant (1787–1861, Kat. Nr. 125), die er in seinem Nachruf auf Radl bekundete, entsprang ganz diesem ideal-klassizistischen Zug in den Landschaften Radls[67]: Der Nazarener Passavant, geprägt durch das Ideal der Kunst der Renaissance, lobte denn auch besonders Radls sorgfältige, zeichnerische Schärfe, während er – und hierin soll er mit Goethe übereingestimmt haben[68] – Radls Farbgebung, besonders den harten und bestimmten Ton der Schattierungen seiner Gouachen, tadelte.[69] Für Passavant stand der klassizistischen Kunstauffassung entsprechend die Bedeutung der Linie über der der Farbe. Für Radl hingegen bildete Wirklichkeitstreue den Ausgangspunkt seiner Naturschilderungen, und dementsprechend neigte er in seinen Gouachen bisweilen zu einer Intensität, wie er sie in der Natur tatsächlich wahrgenommen hatte (Abb. 27). Keinesfalls ging es ihm um Vergeistigung wie dem Kreis der damals am Städelschen Kunstinstitut tätigen Nazarener, die die Bedeutung großer Themen in der Kunst nicht durch Abbildtreue und kleinliche Alltäglichkeit banalisiert wissen wollten. Damit deutet sich die Problematik der kunsthistorischen Einordnung von Radls Schaffen an.

Abb. 30
Carl Ludwig Kaaz: Wasserfall, 1800, Öl auf Leinwand, Privatbesitz

Abb. 31
Carl Kuntz: Blick auf das Karlsruher Schloß vom Schloßgarten aus, 1804, Öl auf Leinwand, Staatliche Kunsthalle Karlsruhe

Abb. 32
Domenico Quaglio: Ansicht der Stadt Frankfurt von Westen, Öl auf Leinwand, 1831, Städel Museum, Frankfurt a. M.

„…es drängt sich alles zur Landschaft"[70] – Radl und die deutsche Landschaftsmalerei nach 1800

Diese häufig zitierte Formulierung von Radls Zeitgenossen Philipp Otto Runge (1777–1810) aus dem Jahr 1802 markiert die damalige allgemeine Aufwertung der Gattung Landschaft und zugleich das Aufbrechen der klassischen Gattungshierarchie in der Malerei. In ihr nahm die Landschaftsmalerei aufgrund ihres primär deskriptiven Charakters einen geringen Rang ein, wenngleich sie sich seit Mitte des 18. Jahrhunderts bei Käufern größter Beliebtheit erfreute. Zugleich aber zeigt diese Äußerung Runges auch den Wandel an, den die Gattung Landschaft in der Zeit um 1800 erfuhr. Für Runge bot die Landschaftsmalerei die Möglichkeit, sich authentisch auszudrücken, Gefühle wie auch gedankliche Vertiefung einzubringen, Weltenharmonie zu erkunden und damit einen Zusammenhang zwischen Ich und Universum herzustellen. Landschaftsmalerei wurde ihm in einem in die Moderne weisenden Sinn sozusagen zur „Ich-Aussage", die im Inneren des autonomen Künstlers wurzelt und weder die verpflichtende Eindeutigkeit akademisch kodifizierter Regeln noch sonstige an sie herangetragene Forderungen anerkennt. Diese romantische Haltung, die sich gegen bloße Naturnachahmung richtete, erfuhr ihre radikale Verkörperung in den vom Naturvorbild abstrahierten und den klassischen Regelkanon durchbrechenden subjektiven Seelenlandschaften und religiösen Denkbildern Caspar David Friedrichs (1774–1840, Abb. 28). Doch eine Position wie die Friedrichs, wie sie hier in der Rhein-Main-Region der von ihm beeinflußte Johann Adam Ackermann (1781–1853, Kat. Nr. 126, Abb. 29)[71] in seinen Ansichten vom Taunus oder von der Mosel vertrat, stellt innerhalb der stilistisch äußerst vielfältigen Produktion an Landschaften jener Epoche lediglich eine Facette dar. Denn zeitgleich fanden auch idealisierend-heroische Bildkonzepte ihre Fortsetzung. Für diese Richtung mag beispielhaft aus der Generation Radls ein Landschaftsmaler wie Carl Ludwig Kaaz (1773–1810, Abb. 30) anzuführen sein, der – durch seinen Dresdener Lehrer Johann Christian Klengel geprägt – in seinen nach klassischem Regelkanon arrangierten Landschaften stimmungshaft-romantische Elemente mit bildwürdiger Inszenierung erhabener Natur zu verbinden verstand. Des weiteren hatte eine vedutenhafte und damit dokumentarisch ausgerichtete Landschaftskunst Hochkonjunktur. Sie befriedigte den angewachsenen Bedarf nach topographischen Darstellungen, Landschaftsprospekten und Panoramabildern. Namen wie die Schweizer Maler Johann Ludwig Bleuler (1792–1850) und Wilhelm Scheuchzer (1803–1866), der Karlsruher Karl Kuntz (1770–1830, Abb. 31) oder der Münchener Domenico Quaglio (1787–1837, Abb. 32) mögen hier für zahlreiche andere Künstler jener Jahre genannt sein, deren Veduten – vergleichbar mit denen Radls – ebenfalls in druckgraphischer Umsetzung auf dem Markt Verbreitung fanden. Das wachsende Bedürfnis gebildeter Schichten zu reisen, hatte den Absatz gestochener Veduten gefördert. Ebenso wären realistische Strömungen zu nennen, die sich in jener Zeit in der Landschaftsmalerei formierten. Erwähnt seien nur an der Münchener Akademie Landschaftsmaler wie Johann Georg Dillis (1759–1841) oder Wilhelm von Kobell (1766–1853), die Naturtreue mit akademischem Regelkanon verbanden – Dillis mit einer Neigung zu lichterfüllten Motiven von schönster landschaftlicher Lage, Kobell mit scharf beobachteten, sachlich klaren Darstellungen geordneter Landschaften mit Militärmotiven. Jüngere Künstler hingegen wie an der Dresdener Akademie Johann Christian Clausen Dahl (1788–1857) oder an der Berliner Akademie Carl Blechen (1798–1840) tendierten zu temperamentvoller Malweise und spontaner Handschrift – bei Dahl Zeichen romantischen Hingerissenseins von der Natur, bei Blechen eher Ausdruck spontaner Umsetzungen flüchtiger Sinneseindrücke. Ein Künstler wie Ferdinand Waldmüller (1793–1865) in Radls Heimat Wien hingegen pflegte gleichzeitig einen nüchternen Realismus mit einer glatten, minutiösen Malweise, der in seiner Schlichtheit und Anmut typisch biedermeierlich wirkt. Zudem gab es etwa im Werk von Carl Gustav Carus (1789–1869) Bestrebungen, den Blick des Landschaftsmalers mit dem des geologisch versierten Naturforschers zu verbinden und empirische Detailgenauigkeit dominieren zu lassen.[72]

Wo nun steht Radl innerhalb der unterschiedlichen Tendenzen dieser im Umbruch befindlichen Epoche? Welcher der gängigen Klassifizierungen „Klassizismus", „Romantik" und „Realismus" läßt sich sein Schaffen zuordnen? Mit der Romantik verbindet ihn ein zurückhaltend stimmungshafter Zug, seine Sensibilität für Lichtsituationen und seine Neigung zu Stilisierung und Abstraktion. Doch nie werden atmosphärische Wirkung und lyrischer Stimmungsgehalt gegenüber der Forderung nach Wirklichkeitserfassung für ihn bildbestimmend. Keinesfalls suchte Radl im romantischen Sinn die subjektive Transzendierung des Gesehenen. Die Neigung der Romantik zu Bekenntnishaftigkeit, Wirklichkeitsferne ebenso wie zu Verinnerlichung und Hingerissensein angesichts des Natureindrucks waren ihm gänzlich fremd. Radl ging es um Objektivität in der Schilderung gesehener Natur. Nie findet sich in seinen Werken – abgesehen von zeichnerischen Studien in der Natur – ein subjektiv-ausdrucksvoller Gestus.

Radls Neigung zu kompositorischer Verdichtung und Konzentration zeugt indes von der Direktheit seines künstlerischen Zugriffs, von Bejahung der Wirklichkeit und sinnlichem Genuß jenseits gedanklicher Überformung. In diesem Sinn ist seine Landschaftskunst frei von ethischen und moralischen Bedeutungsgehalten und tendiert zu realistischer Wahrhaftigkeit. Bei aller Wirklichkeitsorientierung geht sein Schaffen aber auch nie in nüchterner Abschilderung oder empirischem Illusionismus auf. Radl veredelte die Wirklichkeit, ihn interessierte die Schönheit der Natur im klassischen Sinn. Als ideal arrangierte Inszenierungen mit einem Sinn für Disziplin, Maß und rationale Ordnung schildern seine Landschaften reale Orte und Idealzustände ewig schöner Natur zugleich. In dieser Hinsicht wiederum sind sie durch den Klassizismus und die Harmonievorstellung eines Einklangs zwischen Mensch, Menschenwerk und Natur in der Kunst geprägt, ohne auf hohles Pathos und falsches Sentiment zu setzen. Arkadisches Idealbild und profane Porträtlandschaft bilden in seinem Werk eine Einheit.

Radls Malerei bewegt sich somit – wie die so vieler seiner Zeitgenossen – zwischen den gängigen kunsthistorischen Klassifizierungen. Seine Position markiert den Umbruch zwischen idealistisch geprägter Landschaftsauffassung und realistischer Naturanschauung. Dem Künstler kommt damit eine wichtige Funktion als Vermittler zwischen der Landschaftsmalerei des 18. und derjenigen des 19. Jahrhunderts zu. Radls Zugewandtheit zur Natur weist in die Zukunft und damit auf

Abb. 33
Jakob Fürchtegott Dielmann: Das Kronberger Burgtor, Öl auf Leinwand, Privatbesitz

50 Birgit Sander

Abb. 34
Peter Burnitz: Landschaft mit Blick auf den Altkönig, 1860, Öl auf Leinwand, Privatbesitz

die folgende Generation von Landschaftsmalern in der Rhein-Main-Region voraus. In den romantisch gestimmten Landschaften eines Johann Heinrich Schilbach (1798–1851, Kat. Nr. 127, 129) oder Carl Morgenstern (1811–1898, Kat. Nr. 128) dominieren atmosphärische Schilderungen persönlich intensiv erlebter Lichtstimmungen. Andere Landschaftsmaler wie der Frankfurter Carl Theodor Reiffenstein (1820–1893) tendierten hingegen zu nüchterner Dokumentation topographischer Gegebenheiten.[73] Und die Maler der sich in den 1850er Jahren formierenden Kronberger Malerkolonie – wie Jakob Fürchtegott Dielmann (1809–1885, Abb. 33), Anton Burger (1824–1905, Abb. 70) oder Karl Peter Burnitz (1824–1886, Abb. 34) – reizte nicht mehr allein die Schönheit der landschaftlichen Lage ihrer Taunusmotive. Vielmehr hielten sie mit ihrer Freilichtmalerei anspruchslose, schlichte und zufällige Naturausschnitte mit offener, großzügiger Pinselführung fest. Ihnen allen hat Anton Radl mit seinem Realitätssinn den Weg bereitet.

1   Ph.[ilipp] Friedrich Gwinner: Kunst und Künstler in Frankfurt am Main vom dreizehnten Jahrhundert bis zur Eröffnung des Städel'schen Kunstinstituts, Frankfurt a. M. 1862, S. 376.
2   Reinheimers Bildnis folgt dem Porträttypus des in der Natur zeichnenden Künstlers, wie es in jener Zeit ebenfalls bei einem Bildnis des weithin bekannten Landschaftsmalers Jakob Philipp Hackert (1737–1807) zu finden ist. Thomas Weidner: Jakob Philipp Hackert. Landschaftsmaler im 18. Jahrhundert, Bd. 1, Berlin 1988, Abb. S. 293.
3   Radl zit. nach Wilhelm Amandus Beer: Anton Radl. Zum 50. Todestag (4. März 1902), in: Frankfurter Zeitung, 4.3.1902, 1. Morgenblatt.
4   Ebd.
5   Zu Radls Leben siehe den Beitrag von Hilja Kemppainen und Birgit Sander in dieser Publikation.
6   Ein Besuch an der Wiener Akademie läßt sich archivalisch nicht nachweisen. Für diesbezügliche Auskunft danke ich Monika Knofler und Ferdinand Gutschi, Akademie der bildenden Künste Wien. Vielleicht erhielt Radl Zeichenunterricht bei seinem Schwager, dem Maler Franz Mayseder (1747–1823), der seit 1782 mit Radls Schwester Anna verheiratet war und als Zimmermaler gearbeitet haben soll. Vgl. hierzu: Eugen Hellsberg: Joseph Mayseder (1789–1863), 2 Bde., Diss. Wien 1955, Bd. 1, S. 8ff.
7   Nouveau Catalogue d'Estampes, du Fonds de Jean-Theophile Prestel. Peintre et Graveur en Taille-Douce, Rue dite Allerheiligen-Gasse, No 173, à Francfort-sur-le-Mein; et en Commission

chez Collignon, Libraire à Metz, Frankfurt a. M. 1806, S. 29, Nr. 66.

8 Zu Radl und Prestel siehe den Beitrag von Claudia-Alexandra Schwaighofer in dieser Publikation.
9 Zur Malerfamilie Morgenstern vgl. Die Frankfurter Malerfamilie Morgenstern, Ausst. Kat. Freies Deutsches Hochstift – Frankfurter Goethe-Museum, Frankfurt a. M. 1999/2000.
10 Zur Malerei in Deutschland jener Epoche vgl. Helmut Börsch-Supan: Deutsche Malerei von Anton Graff bis Hans von Marées 1760–1870, München 1988, zu Frankfurt insbes. S. 23, 131f., 168, 265.
11 Die Graphische Sammlung des Historischen Museums, Frankfurt a. M. besitzt eine Gouache Radls mit der Ansicht von Tivoli mit dem Vestatempel (Inv. Nr. C 41112). Diese Darstellung des in jener Zeit überaus beliebten Motivs dürfte vermutlich nicht vor Ort, sondern nach einer Druckgraphik oder einem Ölgemälde eines anderen Künstlers entstanden sein. Vgl. etwa Jakob Philipp Hackerts Darstellung des Sibyllentempels in Tivoli von 1779, in: Weidner 1988 (wie Anm. 2), Abb. 325, S. 72. Zur Gouache Radls vgl. Schlösser, Ruinen, Burgen in der Malerei der Romantik. Gemälde, Aquarelle und Graphik deutscher, österreichischer und schweizer Künstler, Ausst. Kat. Kurpfälzisches Museum im Ottheinrichsbau des Heidelberger Schlosses, Heidelberg 1965, Nr. 246 (dort als: „Ansicht von Tivoli mit dem Vestatempel"); August Wiederspahn: Die Kronberger Malerkolonie, Frankfurt a. M. 1971, S. 197; August Wiederspahn, Helmut Bode: Die Kronberger Malerkolonie. Ein Beitrag zur Frankfurter Kunstgeschichte des 19. Jahrhunderts, 3. Aufl. Frankfurt a. M. 1982, S. 699.
12 Zu Wilmans vgl. Paul Raabe: Der Verleger Friedrich Wilmans. Ein Beitrag zur Literatur- und Verlagsgeschichte der Goethezeit. Mit sechs ungedruckten Briefen an Goethe und zwei unbedruckten Briefen Wielands an Wilmans, in: Bremisches Jahrbuch, hg. v. d. Historischen Gesellschaft zu Bremen, Bd. 45, 1956, S. 79–162.
13 Johann David Passavant: Anton Radl, der Landschaftsmaler. Ein Gedenkblatt, mitgetheilt von J. D. Passavant, Nr. 62, Freitag, 12.3.1852, S. 247f.; ders.: ebd., Nr. 63, Samstag 13.3.1852, S. 251; Beer 1902 (wie Anm. 3).
14 Jochen Sander, Bodo Brinkmann: Niederländische Gemälde vor 1800 im Städel, hg. v. Gerhard Holland, Frankfurt a. M. 1995, S. 53.
15 Vgl. Gerd J. Grein: Kirchweihbrauchtum in der Dreieich im Spiegel von drei Jahrhunderten, in: Volkskultur im Odenwald, hg. v. der Sammlung zur Volkskunde in Hessen, Museum Otzberg, Otzberg 1986, S. 119–138; ders.: Kirchweih in einem Dorf bei Frankfurt. Ein Aquarell Anton Radls und seine Interpretationen, in: Hessische Heimat 37, 1987, Nr. 4, S. 154–160.
16 Verzeichniß der Gemälde Frankfurter Künstler, welche in dem Locale der Frankfurtischen Gesellschaft zur Beförderung nützlicher Kunst und deren Hülfswissenschaften (ehemaligen St. Katharinenkloster) in der Herbstmesse des Jahres 1827 zur öffentlichen Betrachtung ausgestellt worden. Mit Angabe der jetzigen Eigenthümer, Ausst. Kat. Frankfurt a. M. 1827, Nr. 355; Nachlaßakte, Institut für Stadtgeschichte, Frankfurt a. M., 1852/300. Das Werk gelangte aus dem Nachlaß an Radls Erben Wilhelm Amandus Beer (1837–1907); vgl. Heinrich Weizsäcker, Albert Dessoff: Kunst und Künstler in Frankfurt am Main im neunzehnten Jahrhundert, hg. v. Frankfurter Kunstverein, 2 Bde., Frankfurt a. M. 1907/09, Bd. 1, S. 113. Ebenso befanden sich zwei weitere Kirchweihszenen bei Radls Tod noch in seinem Besitz; Nachlaßakte, Institut für Stadtgeschichte, Frankfurt a. M., 1852/300.
17 Bei den zwei weiteren Blättern mit Genredarstellungen handelt es sich um Kat. Nr. 7 sowie um eine in der Komposition recht ähnliche Kirmesdarstellung, Inv. Nr. 6412.
18 Zur Ruinenbegeisterung jener Zeit vgl. Ausst. Kat. Heidelberg 1965 (wie Anm. 11).
19 Zu Schütz d. Ä. vgl. Christian Georg Schütz d. Ä. 1718–1719. Ein Frankfurter Landschaftsmaler der Goethezeit, Ausst. Kat. Freies Deutsches Hochstift – Frankfurter Goethe-Museum, Frankfurt a. M. 1991/92; Christian Georg Schütz der Ältere, Ausst. Kat. Historisches Museum Frankfurt a. M. 1992.
20 Vgl. Gisold Lammel: Kunst im Aufbruch. Malerei, Graphik und Plastik zur Zeit Goethes, Stuttgart 1998, S. 305f.
21 Vgl. Erich Steingräber: Zweitausend Jahre europäische Landschaftsmalerei, München 1985, S. 175–212.
22 Zu diesen drei Malern vgl. Heroismus und Idylle. Formen der Landschaft um 1800 bei Jacob Philipp Hackert, Joseph Anton Koch und Johann Christian Reinhart, Ausst. Kat. Wallraf-Richartz-Museum Köln 1984.
23 Vgl. Hans Ost: Einsiedler und Mönche in der deutschen Malerei des 19. Jahrhunderts, Düsseldorf 1971.
24 Auktionshaus Rudolf Bangel, Frankfurt a. M., 950. Katalog, Nr. 467.
25 Bodo Brinkmann, Jochen Sander: Deutsche Gemälde vor 1800 im Städel, hg. v. Gerhard Holland, Frankfurt a. M. 1999, S. 50f.
26 Zur Geschichte des Frankfurter Stadtwalds vgl. Werner Ebert, Richard Langer: Der Frankfurter Stadtwald, hg. v. Stadt Frankfurt a. M., Forstamt, Frankfurt a. M. 1977; Richard Langer: Vom Altheeg zum Vierherrnstein, Namen im Frankfurter Stadtwald, hg. v. Stadt Frankfurt, Dezernat für Umwelt, Frankfurt a. M. 1988.
27 Zur Gartenbegeisterung dieser Zeit in Frankfurt vgl. Ursula Kern: „Die schönsten Gärten und Landhäuser findet man an den beiden Main-Ufern…". Bürgerlich-städtische Naturerfahrung und Lebenspraxis im Garten um 1800 in Frankfurt a. M., in: Archiv für Frankfurts Geschichte und Kunst, Bd. 70, 2004, S. 147–166.
28 Zu Hackert und Gerning vgl. Walter Krönig, Reinhard Wagner: Jakob Philipp Hackert. Der Landschaftsmaler der Goethezeit, Köln, Weimar, Wien 1997, S. 178, 181, 183, 187, 236; Weidner 1988 (wie Anm. 11), S. 77, 196, 222, 224, 266.
29 Zu Gerning siehe den Beitrag von Gerhard Kölsch in dieser Publikation.
30 Nouveau Catalogue d'Estampes du fonds de C. E. G. Prestel. Graveur et marchand d'Estampes et d'Object d'Arts, à Francfort S/M. grossen Sandgasse Lit. K. Nr. 84, 1816, S. 3.
31 Zur Biedermeier-Epoche vgl. Biedermeier. Die Erfindung der Einfachheit, Ausst. Kat. Milwaukee Art Museum, Milwaukee, Albertina Wien, Deutsches Historisches Museum Berlin 2006/07.
32 Zu Lübeck vgl. Ulrich Pietsch: Bekannte Ansichten auf Porzellan. Lübeck auf Tassen, Tellern und Vasen, in: Kunst & Antiquitäten I/1985, S. 64–71. Zu Hamburg vgl. Rüdiger Articus: „Ansicht von Haarburg". Zu einem Bild des Frankfurter Landschaftsmalers Anton Radl aus dem Jahre 1818, in: Harburger Jahrbuch, Bd. 18, 1993, S. 63–78, Abb. 11, 12. Das Historische Museum Frankfurt a. M. besitzt eine Tasse mit einer Ansicht Frankfurts (Inv. Nr. X 58: 38 a,b), für die Radls Ansicht des Landungsplatzes am Fahrtor in Band 1 von Anton Kirchner (Kat. Nr. 80a) als Vorlage diente. Für freundliche Hinweise danke ich Patricia Stahl, Historisches Museum Frankfurt a. M.
33 Zur Düsseldorfer Malerschule vgl. Die Düsseldorfer Malerschule, Ausst. Kat. Kunstmuseum Düsseldorf, Mathildenhöhe Darmstadt 1979. Vgl. auch die monographischen Kataloge Andreas und Oswald Achenbach. „Das A und O der Landschaft", Ausst. Kat. Kunstmuseum Düsseldorf, Altonaer Museum in Hamburg, Landesgalerie am Oberösterreichischen Landesmuseum Linz 1997/98; Carl Friedrich Lessing. Romantiker und Rebell, Ausst. Kat. Kunstmuseum Düsseldorf, Landesmuseum Oldenburg/Augusteum 2000; Johann Wilhelm Schirmer in seiner Zeit. Landschaft im 19. Jahrhundert zwischen Wirklichkeit und Ideal, Ausst. Kat. Staatliche Kunsthalle Karlsruhe, Suermondt-Ludwig-Museum Aachen 2002.
34 Beer 1902 (wie Anm. 3).
35 Johann Wolfgang von Goethe: Über Kunst und Altertum in den Rhein= und Main=Gegenden, Stuttgart 1816, Ausgabe Frankfurt am Main 1942, S. 56.

36 Zu Goethes Kunstgeschmack vgl. Goethe und die Kunst, hg. v. Sabine Schulze, Ausst. Kat. Schirn Kunsthalle, Kunstsammlungen zu Weimar – Stiftung Weimarer Klassik, Frankfurt a. M. 1994.

37 In seinem Tagebuch notierte Goethe am 12. 9.1815: „Der Steinmetzen Brüderschaft Ordnungen. Major von Roth. Dr. Graubs. W. Kobell. Radl. Rubenisches." Johann Wolfgang von Goethe: Tagebücher, Briefe, Gespräche, eingerichtet von Mathias Bertram, Berlin [Direktmedia Publ.] 2004, Digitale Bibliothek, Bd. 10.

38 Wiederholte Spiegelungen. Weimarer Klassik 1759–1832. Ständige Ausstellung des Goethe-Nationalmuseums, Stiftung Weimarer Klassik, Weimar 1999, S. 840f.

39 Frankfurt-Archiv, Loseblattsammlung, Archiv Verlag, Braunschweig 1992–2002, Bd. 3, F 01138.

40 Passavant 1852 (wie Anm. 13), S. 251f.

41 Städel Museum, Frankfurt a. M., Graphische Sammlung, Inv. Nr. 14090. Zur Graphik vgl. Passavant 1852 (wie Anm. 13), S. 248; Gwinner 1862 (wie Anm. 1), S. 377. Für freundliche Hinweise danke ich Peter Germann-Bauer, Museen der Stadt Regensburg. Auf dieser Reise an die Donau entstand auch eine in Mischtechnik aus Gouache und Aquarell ausgeführte Ansicht, die die felsige Donaugegend an der Straße zwischen Regensburg und Weltenburg zeigt. Vgl. Jahresbericht 1993/94, in: Jahrbuch des Freien Deutschen Hochstifts 1994, hg. v. Christoph Perels, S. 301f. (Petra Maisak).

42 Konrad M. Färber, Albrecht Klose, Hermann Reidel (Hg.): Carl von Dalberg, Erzbischof und Staatsmann (1744–1817), Regensburg 1994, insbes. S. 206–221 mit Beiträgen von Patricia Stahl, Hans-Bernd Spies, Hermann Reidel und Bettina Seyderhelm.

43 Beide Gemälde stammen aus dem Besitz der Frankfurter Museumsgesellschaft, in die sie durch Schenkung Dalbergs gelangt waren. Zur Geschichte der Gemäldesammlung des Historischen Museums Frankfurt a. M. vgl. Wolfram Prinz: Gemälde des Historischen Museums Frankfurt a. M., Frankfurt 1957, S. 5–10.

44 Aquatinta mit der Ansicht der Loreley im Historischen Museum, Frankfurt a. M., Graphische Sammlung, Inv. Nr. C 41 121 ebenso in der Hamburger Kunsthalle, Graphische Sammlung, Inv. Nr. 55212.

45 Ihm ist die Ansicht von Kestert und Hirzenach aus der zwölfteiligen Folge mit Rheinansichten nach Christian Georg Schütz d. J. gewidmet. Exemplare im Museum Wiesbaden, Sammlung Nassauische Altertümer, o. Inv. Nr., und in der Galerie Brumme, Mainz.

46 Barbara Bott: Gemälde hessischer Maler des 19. Jahrhunderts im Hessischen Landesmuseum Darmstadt. Bestandskatalog, Darmstadt 2003, S. 214–219, 278.

47 Für freundliche Auskünfte danke ich Maria Louise Sternath, Albertina Wien.

48 Vgl. drei Briefe Radls an Goethe im Freien Deutschen Hochstift, Frankfurt a. M., Hs: 4452; 4454; 4453. Für die mir zur Vergügung gestellten Transkriptionen der Briefe danke ich Gerhard Kölsch, Mainz. Zum Brief Goethes an Radl vgl. http://ora-web.swkk.de/goe_rep_online/repertorium, zugegriffen am 27.1.2008. Zum Briefwechsel vgl. Barbara Bott: Johann Wolfgang von Goethe und der Maler Anton Rad'l, Briefwechsel im Jahr 1823 zu einem Bildpaar im HLMD, in: Informationen Hessisches Landesmuseum Darmstadt, 2002, H. I, S. 14ff. Ob es sich bei dem im Briefwechsel erwähnten Gemälde in der Tat um die heute in Darmstadt befindliche Ansicht von Kronberg (Kat. Nr. 73) handelt, erscheint zweifelhaft, da Radl ja häufig Motive wiederholte.

49 Unbekannter Autor: Der Landschaftsmaler Anton Radl. (Geboren den 15. April 1774 zu Wien; gestorben den 4. März 1852 zu Frankfurt.), in: Didaskalia, Nr. 67, Donnerstag, 18. März 1852 nennt Rosalie Gontard und eine Frau von Holzhausen als Schülerinnen Radls. Zu Rosette Städel vgl. Dagmar Gambichler: Malerinnen und Kupferstecherinnen des Rhein-Main-Gebietes von 1780 bis 1850, Ausbildung und künstlerisches Schaffen zwischen Profession und Dilettantismus, Diss. Mainz 2000, S. 50, 111ff., 340ff, 719ff. Zu Sophie von Holzhausen vgl. Blickwechsel, Frankfurter Frauenzimmer um 1800, Ausst. Kat. Historisches Museum Frankfurt am Main 2007, S. 292.

50 Zu Sophia Augusta Gontard vgl. Ausst. Kat. Frankfurt 2007 (wie Anm. 48), S. 292. Durch einen Brief vom 16.2.1836 von Radl an Sophia Augusta Gontard wissen wir, daß beide in Kontakt miteinander standen. Universitätsbibliothek Johann Christian Senckenberg, Frankfurt a. Main, Handschriftenabteilung, Autographen Radl.

51 Bürgerliche Sammlungen in Frankfurt 1700– 1830, Ausst. Kat. Historisches Museum Frankfurt a. M. 1988, S. 150f.

52 Vgl. hierzu die Briefe in der Universitätsbibliothek Johann Christian Senckenberg, Frankfurt a. Main, Handschriftenabteilung, Autographen Radl.

53 Vgl. hierzu Helmut Börsch-Supan: Deutsche Romantiker. Deutsche Maler zwischen 1800 und 1850, München, Gütersloh, Wien 1972, S. 12; Börsch-Supan 1988 (wie Anm. 10), S. 266.

54 Bott 2003 (wie Anm. 44), S. 278 m. Abb.

55 Wiederspahn/Bode 1982 (wie Anm. 11), Abb. S. 262.

56 Stadtbibliothek Mainz, Hs III, 49/6. Für die mir zur Verfügung gestellte Transkription des Briefes danke ich Gerhard Kölsch, Mainz.

57 Theodor von Frimmel: Geschichte der Wiener Gemäldesammlungen, Halbbd. 1, Einleitung und Geschichte der kaiserlichen Gemäldegalerie, München 1899.

58 Zum Nachlaß Prestels vgl. Verzeichnis der zur Verlassenschaft des Malers und Kupferstechers Herrn Johann Gottlieb Prestel in Frankfurt am Main gehörigen Kupferstiche, Gemälde und Kunstsachen welche durch die geschworen Herrn Ausrüfer öffentlich versteigert werden, Frankfurt am Main 1810.

59 Zur Sammlung Wilmans vgl.Catalogue de la Collection des Tableaux de Mr Frédéric Wilmans, Frankfurt 1831, Handschriftliches Manuskript von 1831, Universitätsbibliothek Johann Christian Senckenberg, Handschriftenabteilung.

60 Zu den Morgensternschen Kabinetten vgl. Ausst. Kat. Frankfurt 2000/01 (wie Anm. 9), S. 44ff.

61 Beer 1902 (wie Anm. 3).

62 Anke Fröhlich: „Glücklich gewaehlte Natur…". Der Dresdner Landschaftsmaler Johann Christian Klengel (1751–1824), Hildesheim 2005, S. 13.

63 Siehe hierzu den Beitrag von Mareike Hennig in dieser Publikation.

64 Zur Kunst der Nazarener allgemein vgl. Die Nazarener, Ausst. Kat. Städtische Galerie im Städelschen Kunstinstitut, Frankfurt a. M. 1977.

65 Zu Gramps vgl. Städels Sammlung im Städel, Zeichnungen und Gemälde, Ausst. Kat. Städelsches Kunstinstitut, 2 Bde., Frankfurt a. M. 1992, Zeichnungsband, S. 9f.

66 Zu Johann Ludwig Ernst Morgenstern vgl. Ausst. Kat. Frankfurt 2000/01 (wie Anm. 9), S. 10ff.

67 Zu Passavant vgl. „Von Kunst und Kennerschaft". Die Graphische Sammlung im Städelschen Kunstinstitut unter Johann David Passavant 1840 bis 1861, Ausst. Kat. Städelsches Kunstinstitut und Städtische Galerie, Graphische Sammlung, Frankfurt a. M. 1994/95.

68 Beer 1902 (wie Anm. 3).

69 Passavant 1852 (wie Anm. 13), S. 247.

70 Philipp Otto Runge, 1802, zit. nach: Werner Busch (Hg.): Landschaftsmalerei, Geschichte der klassischen Bildgattungen in Quellentexten und Kommentaren, Bd. 3, Berlin 1997, S. 242.

71 Ackermann stellte 1827 auch auf der Ausstellung der „Frankfurtischen Gesellschaft zur Beförderung nützlicher Kunst und deren Hülfswissenschaften (ehemaligen St. Katharinenkloster)" aus: Ausst. Kat. Frankfurt 1827 (wie Anm. 16), Nr. 308–311.

72 Vgl. Expedition Kunst. Die Entdeckung der Natur von C. D. Friedrich bis Humboldt, Ausst. Kat. Hamburger Kunsthalle 2002/03.

73 Vgl. Hans Lohne: Frankfurt um 1850. Nach Aquarellen und Beschreibungen von Carl Theodor Reiffenstein und dem Malerischen Plan von Friedrich Delkeskamp, Frankfurt a. M. 1967.

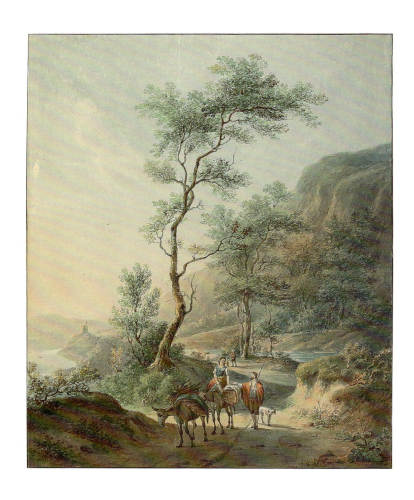

3
Landschaft mit zwei Eseln und Reiterin
Aquarell, 36,7 x 29,7 cm
Bez. r. u.: A. Radl
Landesmuseum Mainz, Graphische Sammlung, Inv. Nr. GS 1903/1

4
Dittmersches Gartenpalais (Pavillon in Form einer Pagode), 1801
Deckfarben, Graphit, 50 x 65,8 cm
Bez. l. u.: A. Radl; rs.: Herrn von Ditmars Garten-Haus in Regensburg 1801 von A. Radl gemalt
Hessisches Landesmuseum Darmstadt, Graphische Sammlung, Inv. Nr. HZ 3128

Der Regensburger Bankier und Handelsmann Georg Friedrich von Dittmer (1727–1811) ließ sich 1775 von dem Architekten Joseph Sorg (1749–1808) eine Gartenvilla auf der Donauinsel „Oberer Wöhrd" errichten. Eine vor der Villa liegende kleinere Insel ließ er in einen englischen Park umwandeln, an dessen Ostende ein Pavillon in Form einer Pagode errichtet wurde (Bauer 1997, S. 418).

5
Viehtränke im Frankfurter Wald, 1805
Gouache, 52,2 x 66,5 cm
Bez. l. u.: Radl 1805
Städel Museum, Frankfurt a. M., Graphische Sammlung, Inv. Nr. 1775, erworben aus der Sammlung
Johann Georg Grambs (1756–1817)

6
Romantische Flußlandschaft
Gouache, 65,8 x 51,3 cm
Bez. r. u.: Radl
ALBERTINA, Wien, Inv. Nr. 14861, aus der Sammlung Herzog Albert von Sachsen-Teschen (1738–1822)

7
Der Anfang der Kirchweihe
Aquarell, 59 x 87 cm
Unbez.
Städel Museum, Frankfurt a. M., Graphische Sammlung, Inv. Nr. 6411, erworben 1881 als Geschenk aus dem Nachlaß von Dr. jur. Friedrich Scharff-Lutteroth (1812–1881), Frankfurt a. M.

Statt der traditionellen Kirchweihbräuche (Kat. Nr. 8) widmete sich Radl hier typischen Szenen eines dörflichen Kirchweihfestes. Im Zentrum des Bildes ist der lebhafte Tanz junger Männer und Frauen gezeigt. Die Musiker stehen dahinter auf einer aus Fässern zusammengestellten Bühne. Um die Tanzfläche herum haben sich Zuschauer versammelt. Unterschiedlichste Typen bevölkern den Festplatz: Alt und Jung, Mütter mit Kindern, Händler und Spieler. Wie ausgelassen es zuging, zeigt Radl an der Darstellung von Männern im Vordergrund, die ihre Notdurft verrichten oder nach reichlichem Alkoholgenuß eingeschlafen sind.

8
Kirchweihszene in der Umgebung von Frankfurt (Verlosung eines Hammels), 1802
Gouache, 51 x 66,5 cm
Bez. l. u.: Radl 1802
Städel Museum, Frankfurt a. M., Graphische Sammlung, Inv. Nr. 1778, erworben aus der Sammlung Johann Georg Grambs (1756–1817)
Lit.: Kirchner 1818, Bd. 1, S. 311; Passavant 1852, S. 247; Gwinner 1862, S. 447; Grein 1986, Abb. nach S. 130; Grein 1987, Abb. S. 155 (hier: „um 1800"); Frankfurter Sparkassen-Kalender 1995, Monat September (hier: „1808").

Radl hielt in dieser Gouache typische Brauchelemente der Kirchweih fest. Ein hinter dem Faß stehender Mann verliest den sogenannten „Kerbspruch", der die Ereignisse des vergangenen Jahres in Gedichtform persifliert. Neben ihm schlägt ein anderer Mann mit einem Holzhammer dazu den Takt auf das leere Faß. Fröhlich nehmen die Umherstehenden lebhaften Anteil am Geschehen. Im Vordergrund rechts ist ein mit Bändern geschmückter Hammel zu sehen, der entweder zur Verpflegung der Kerbburschen oder als Preis für das Kirchweihschießen diente. Auf ein solches „Hammelschießen" verweist die abgefeuerte Flinte links im Vordergrund.

9
Ländlicher Wirtschaftsgarten, um 1800
Öl auf Leinwand, 66 x 93 cm
Bez. r. u.: A Radl
Historisches Museum, Frankfurt a. M., Inv. Nr. B 1298
Lit.: Ausst. Kat. Frankfurt 1827, Nr. 355 (im Besitz des Künstlers selbst); Aukt. Kat. Rudolf Bangel, Frankfurt a. M., 14.2.1923, Nr. 184 m. Abb.; Ausst. Kat. Wiesbaden 1939, Nr. 245; Ausst. Kat. Frankfurt 1966, Nr. 116 m. Abb.; Brunk/Lenz/Rumeleit 1991, S. 102; Ausst. Kat. Frankfurt 2005, Abb. 4, S.14.

Katalog 61

10
Die Mühle bei Eschersheim, 1805
Gouache, 51,6 x 66,1 cm
Bez. M. u.: Radl 1805
Städel Museum, Frankfurt a. M., Graphische Sammlung, Inv. Nr. 1777, erworben aus der Sammlung
Johann Georg Grambs (1756–1817)

11
Waldlandschaft, 1806
Gouache, 34,4 x 42,6 cm
Bez. r. u: Radl 1806
Germanisches Nationalmuseum Nürnberg, Graphische Sammlung, Inv. Nr. HZ 6401, Kaps. 1544

12
Felsenlandschaft mit Wasserfall und Einsiedler (Felslandschaft mit Wasserfall), 1812
Öl auf Leinwand, 97 x 133,5 cm
Bez. M. auf dem Felsen: Radl 1812
Historisches Museum, Frankfurt a. M., Inv. Nr. B 344, aus der Sammlung Carl von Dalberg (1744–1817)
Lit.: Ausst. Kat. Frankfurt 1827, Nr. 352 (hier: „Eine wilde Felsengegend, rechts ein herabstürzender Bach, im Vordergrund ein Eremit"); Gwinner 1862, S. 446; Ausst. Kat. Wiesbaden 1939, Nr. 247.

13
Waldlandschaft (Kuhruhe an der Babenhäuser Chaussee), 1812
Öl auf Leinwand, 97 x 133,5 cm
Unbez.
Historisches Museum, Frankfurt a. M., Inv. Nr. B 343, aus der Sammlung Carl von Dalberg (1744–1817)
Lit.: Ausst. Kat. Frankfurt 1827, Nr. 351 (hier: „Eine Waldgegend, im Vordergrund ein Wasser, bei demselben eine Heerde Hornvieh"); Ausst. Kat. Wiesbaden 1939, Nr. 246.

Katalog 67

14
Ansicht der Stadt Frankfurt von Westen, 1812
Gouache, 38,2 x 58,2 cm
Bez. l. u. zweifach: Rad'l 1812
Kunsthandlung J. P. Schneider jr., Frankfurt a. M.
Lit.: Ausst. Kat. Frankfurt 1994, Nr. 4 m. Abb.; Frankfurter Sparkassen-Kalender 1995, Monat April.

15
Ansicht Frankfurts von Südwesten, 1818
Gouache, 37,4 x 52,7 cm
Bez. r. u.: A. Radl 1818
Historisches Museum, Frankfurt a. M., Graphische Sammlung, Inv. Nr. C 35499
Lit.: Ausst. Kat. Frankfurt 1966, Nr. 122 m. Abb.; Schembs 1989, S. 66f.; Ausst. Kat. Frankfurt 2007, G 1, Abb. S. 300 (hier: „um 1820").

16
Das Bethmannsche Museum, um 1820
Gouache, 37,6 x 52,5 cm
Unbez.
Historisches Museum, Frankfurt a. M., Graphische Sammlung, Inv. Nr. C 35500
Lit.: Prinz 1957, Abb. S. 5 (hier: irrtümlich als „Bethmann'sches Gartenhaus" bezeichnet); Ausst. Kat. Frankfurt 1966, Nr. 123; Kramer 1970, Abb. S. 161; Schembs 1989, S. 60.

Von der Friedberger Anlage aus geht der Blick über die ehemalige Befestigungsanlage nach Südwesten. Im Hintergrund ist das Bethmannsche Museum, das Simon Moritz von Bethmann für seine Sammlung von Gipsabgüssen nach antiken Skulpturen errichten ließ, zu sehen. Ab 1816 war dort Danneckers „Ariadne auf dem Panther" ausgestellt und wurde von zahlreichen Besuchern aus ganz Europa besichtigt.

17
Ansicht der Stadt Frankfurt vom Mühlberg, um 1820
Gouache, 37,3 x 52 cm
Unbez.
Historisches Museum, Frankfurt a. M., Graphische Sammlung, Inv. Nr. C 35498
Lit.: Frankfurter Sparkassen-Kalender 1995, Monat Dezember. Druckgraphik gleichen Motivs siehe Kat. Nr. 90.

18
Waldlandschaft mit Wasserfall, 1825
Gouache, 47 x 35,5 cm
Bez. r. u.: Ant. Radl 1825
Kunsthandlung J. P. Schneider jr., Frankfurt a. M.
Lit.: Frankfurter Sparkassen-Kalender 1995, Monat März.

19
Wasserfall, 1835
Öl auf Leinwand, 72 x 55 cm
Bez. r. u.: A. Rad'l 1835
Hessisches Landesmuseum Darmstadt,, Inv. Nr. GK 667
Lit.: Bott 2003, S. 218f. m. Abb.

20
Ansicht von Baden-Baden, 1829
Gouache, 64 x 90 cm
Bez. l. u.: A. Radl 1829
Kunstsalon-Franke, München
Lit.: Ausst. Kat. Zürich/München 2002, S. 64, Nr. 16 m. Abb.

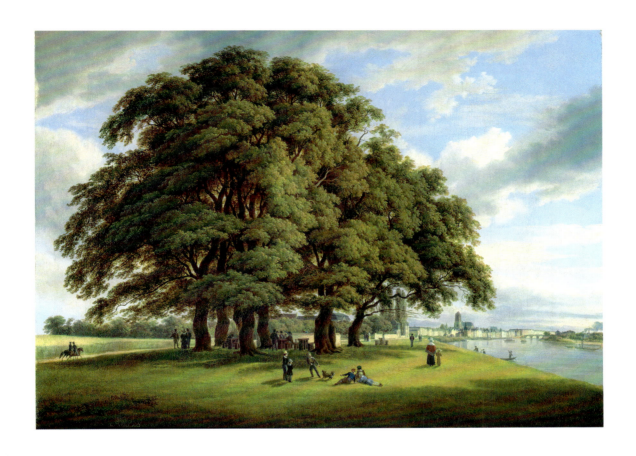

21
Blick auf Frankfurt von Westen, um 1830
Öl auf Leinwand, 46,2 x 61,3 cm
Bez. r. u.: A. Radl
Privatbesitz
Lit.: Ausst. Kat. Frankfurt 2000/01, Nr. 58 m. Abb.

Der Grindbrunnen, eine stark schwefelhaltige Quelle am Mainufer zwischen der Mainzer Pforte und den Gutleuthöfen gelegen, war nicht nur ein Anziehungspunkt für Heilung suchende Hautkranke. Mit seinen jahrhundertealten Linden lockte er überdies zahlreiche Spaziergänger an.

22
Wassermühle
Öl auf Leinwand, 41,5 x 49 cm
Bez. r. u.: A. Radl
Kunsthandlung J. P. Schneider jr., Frankfurt a. M.
Lit.: Ausst. Kat. Frankfurt 1993a, Nr. 30, Abb. 20; Frankfurter Sparkassen-Kalender 1995, Monat Juli.

23
Waldlandschaft, 1829
Öl auf Leinwand, 61 x 72 cm
Bez. r. u.: At. Rad'l 1829
Hessisches Landesmuseum Darmstadt, Inv. Nr. GK 401
Lit.: Passavant 1852, S. 248; Gwinner 1862, S. 446; Ausst. Kat. Frankfurt 1966, Nr. 119 m. Abb.; Wiederspahn/Bode 1982, S. 699; Bott 2003, S. 217 m. Abb.

24
Motiv aus dem Frankfurter Wald (Die sogenannte Kuhwiese), 1832
Öl auf Kupfer, 22 x 29,5 cm
Bez. r. u.: A Rad'l.; rs. auf dem Rahmen Zettel mit alter Aufschrift (vermutlich von Gwinner): Gemahlt im August 1832 von Anton Radl, geb. 1774 zu Wien, + 1852 zu Frankfurt a. M.
Städel Museum, Frankfurt a. M., Inv. Nr. 1058, erworben 1869 aus der Nachlaßversteigerung Gwinner.
Lit.: Gwinner 1862, S. 446; Ziemke 1972, Bd. 1, S. 292, Bd. 2, Taf. 2; Wiederspahn/Bode 1982, S. 699, Abb. S. 585.

25
Waldlandschaft mit Brückchen, 1830er Jahre
Öl auf Leinwand auf Holz, 31,1 x 36,7 cm
Bez. r. u.: A Rad'l
Städel Museum, Frankfurt a. M., Inv. Nr. 2015
Lit.: Ausst. Kat. Berlin 1906, Nr. 1369 m. Abb.; Weizsäcker/Dessoff 1907/09, Bd. 1, Taf. I, Bd. 2, S. 113; vermutlich identisch mit: Ausst. Kat. Frankfurt 1920, Nr. 77; Ausst. Kat. Bad Homburg 1931, Nr. 60; Ziemke 1972, Bd. 1, S. 293 (hier: „Datierung in die 30er Jahre des 19. Jahrhunderts").

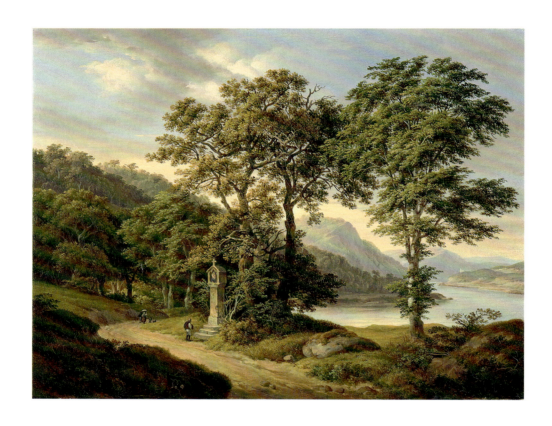

26
Flußlandschaft mit Bergen, 1836
Öl auf Leinwand, 28 x 36,5 cm
Unbez.
Historisches Museum, Frankfurt a. M., Inv. Nr. B 661
Lit.: Ausst. Kat. Bad Homburg 1931, Nr. 62 m. Abb. (hier: „Schweizer Landschaft").

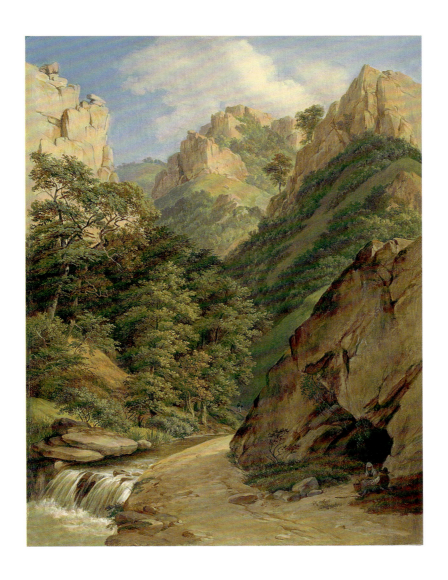

27
Gebirgslandschaft
Öl auf Leinwand auf Holz, 40,7 x 30,9 cm
Unbez.
Privatbesitz

28
Donaudurchbruch bei Weltenburg
Öl auf Leinwand, 65 x 93 cm
Unbez.
Museen der Stadt Regensburg, Historisches Museum, Inv. Nr. K 1982/21
Lit.: Neumeister, München 1984, Kat. 204, Nr. 1559, Abb. S. 195; Bauer 1987, Nr. 262, Abb. S. 212.

29
Landschaft mit Kühen am Weiher
Öl auf Leinwand, 27,5 x 36 cm
Bez. r. u.: A. Radl
Privatbesitz

30
Taunuslandschaft, 1839
Öl auf Leinwand, 27,7 x 35,7 cm
Bez. r. u.: A. Radl; rs. auf Keilrahmen [vermutlich eigenhändig]: gemalt A. Radl Frankfurt a/M 1839
Kunsthandlung J. P. Schneider jr., Frankfurt a. M.
Lit.: Ausst. Kat. Frankfurt 2000/01, Nr. 59 m. Abb.

31
Drachenfels, 1844
Öl auf Kupfer, 29,5 x 38 cm
Bez. r. u.: A. Radl 1844; rs.: „Gemalt zum Andenken von A. Radl 1844 – für seinen treuen Freund C. Max Meyer"
Privatbesitz
Lit.: Ausst. Kat. Frankfurt 1992, S. 38, Nr. 17 m. Abb.

Anton Radl – Arbeitsbedingungen und Aufgabenfelder eines Kupferstechers in Frankfurt am Main um 1800

Claudia-Alexandra Schwaighofer

Der Druckgraphik kommt in Anton Radls künstlerischem Schaffen neben der Malerei eine erhebliche Bedeutung zu. Als Radl Ende des 18. Jahrhunderts nach Frankfurt am Main kam, war es offenkundig sein zeichnerisches Talent, das ihm eine Ausbildung bei dem Graphiker und Verleger Johann Gottlieb Prestel (1739–1808, Abb. 35) verschaffte. Mit dessen Hilfe konnte er in diesem Metier Fuß fassen. Nach dem Tod seines Lehrers blieb Radl in Frankfurt und wurde Mitarbeiter im Verlag von Friedrich Wilmans (1764–1830, Kat. Nr. 78–84, 86–93), wo er vornehmlich die zeichnerischen Vorlagen von Stadt- und Landschaftsdarstellungen lieferte, die dann von verschiedenen Kupferstechern druckgraphisch umgesetzt wurden. Radls eigene Drucke, ob Reproduktionen nach Alten Meistern oder nach von ihm selbst geschaffenen Darstellungen von historischen Ereignissen und Landschaften, wurden von seinen Zeitgenossen sehr geschätzt. Sein Lehrer Prestel prognostizierte ihm eine erfolgreiche Zukunft.[1] Goethe lobte in seiner Abhandlung „Über Kunst und Altertum in den Rhein= und Main=Gegenden" sein Können als Aquarellist[2], und noch Georg Kaspar Nagler beschrieb seine Drucke als „trefflich in ihrer Art"[3] – Radl war eine bekannte und in seinem Gebiet anerkannte Persönlichkeit in der Frankfurter Kunstszene.

Wie gestaltete sich die Ausbildung und das Arbeitsfeld eines Kupferstechers Ende des 18. Jahrhunderts? In dieser Zeit entstanden in der Drucktechnik mit dem Farbstich, unter anderem der Crayon-, Punktier- und Aquatintamanier, ganz neue Möglichkeiten. Letztere war für Radl von zentraler Bedeutung. Ebenso hatte sich der Kreis der Interessenten verändert. Auch das bürgerliche Publikum verlangte nun in größerem Maß nach „gedruckter Kunst". Einige Umstände, die es näher zu betrachten gilt, führten dazu, daß Radl sich mit seinem druckgraphischen Können in diesem sich entwickelnden Markt nicht nur behauptete, sondern auf diesem äußerst präsent war.

Prestel – ein Name, eine Werkstatt, ein Verlag

Anton Radl kam im Januar 1794 nach Frankfurt am Main, und hatte, wie der Zeitgenosse Johann David Passavant (1787–1861) berichtete, „keine Empfehlung […] als seine einnehmende Persönlichkeit. Nach wenigen Tagen fand er denn auch die herzlichste Aufnahme bei dem bekannten tüchtigen Künstler Johann Gottlieb Prestel, der ihn nicht nur treulich in seiner Kunst förderte, sondern in dessen Familie von drei Söhnen und einer Tochter er wie ein Kind aufgenommen wurde und sieben heitere Jahre bei derselben verlebte."[4] Wie der Kontakt zustande kam, bleibt ungewiß.[5] Sicher war Radl der Name Prestel ein Begriff, und es ist kein Zufall, daß er sich an ihn wandte, um sich bei ihm ausbilden zu lassen. Johann Gottlieb Prestel und seine Frau Maria Katharina (1747–1794) galten als die bekanntesten deutschen Vertreter, was die Reproduktion von Zeichnungen in Aquatintatechnik anbetraf. Das seit 1783 in Frankfurt ansässige Unternehmen, in dem Prestel mehrere Mitarbeiter beschäftigte, etablierte sich zu einem der bedeutendsten Verlage für Kunstdrucke. Unter seinem Namen besteht noch heute eine Kunsthandlung und der mittlerweile in München ansässige Verlag.[6]

Der aus Grönenbach im Allgäu stammende Prestel ging bei den Tiroler Malern Franz Anton (1716–1793) und Johann Jakob Zeiler (1708–1783) in die Lehre, zog 1760 weiter nach Venedig und arbeitete dort in der Werkstatt des Graphikers Joseph Wagner (1706–1780). 1766 reiste er nach Florenz, wo er wahrscheinlich Andrea Scacciati (1725–1771) und seinen Schüler Stefano Mulinari (um 1741–1790) kennenlernte. Beide experimentierten früh mit der Aquatintatechnik und zählen mit ihren Mappenwerken nach Zeichnungen zu den bedeutendsten Vertretern in Italien.[7] Prestel kehrte nach Deutschland zurück und ließ sich 1769 in Nürnberg nieder.[8] Nachdem er 1772 seine Schülerin Maria Katharina Höll geheiratet hatte, veröffentlichten sie zwischen 1776 und 1780 das „Praunsche Kabinett" nach Zeichnungen aus dem Nachlaß des Nürnberger Sammlers und Kaufmanns Paulus II. Praun (1548–1616). Die Publikation wurde von Karl Theodor, Kurfürst von der Pfalz und von Bayern (Reg. 1777–1799) „[…] mit besonderm Wohlgefallen, und mit jenem Beyfalle, den ein für die Kunst so schätzbares Werk in den Augen des Kenners verdienet, gnädigst aufgenommen […]".[9] Trotz des Erfolgs ihrer vornehmlich in Aquatintamanier ausgeführten Reproduktionen, die bald als „Presteldrucke" oder Drucke in der „Prestelische[n] Manier"[10] europaweit bekannt wurden, verschlechterte sich die finanzielle Lage zunehmend. Sie veröffentlichten in Nürnberg noch das „Schmidtsche Kabinett" (1779–1782). Maria Katharina Prestel zog 1782 nach Frankfurt, Johann Gottlieb folgte ihr ein Jahr später. Zwischen 1782 und 1785 gaben beide ein letztes gemeinsames Mappenwerk heraus – das „Kleine Kabinett".[11] Während Maria Katharina Prestel 1785 aus wirtschaftlichen Überlegungen heraus nach London übersiedelte[12], blieb ihr Mann bis zu seinem Lebensende in Frankfurt.

Radls Ausbildung bei Prestel

Radls Fertigkeit als Zeichner war sicher eine wichtige Voraussetzung für den Beginn einer Lehre bei Prestel. Über die Anfänge seiner Ausbildung bei Prestel liegen kaum Informationen vor. Wie Passavant bemerkte, übte er sich durch das Abzeichnen von Kupferstichen einer Bilderbibel und schulte sich in der Galerie des Belvedere in Wien.[13] Des weiteren soll er eine Zeichenakademie besucht haben, bevor er 1790 seine Heimatstadt verließ und zu einem nicht näher bezeichneten Maler Kormer nach Brüssel zog, der ein Freund von Radls verstorbenem Vater gewesen sein soll.[14] Ob an einer Zeichenschule oder im Atelier eines Malers, die ersten Schritte im Zeichenunterricht waren grundsätzlich die gleichen. Zuerst übten die Adepten, oft mit Hilfe entsprechender Vorlagenbücher[15], das Kopieren von Drucken und Zeichnungen. Auch für Prestels eigene Ausbildung ist dies belegt.[16] Wie sein Schüler Georg Christian Braun (1785–1834) berichtete, ließ der Meister nie nach Skizzen, sondern nur nach gänzlich ausgeführten Kompositionen arbeiten: „Skizzen nannte Prestel die Quintessenz der Kunst, die aber nur der vollkommene Künstler und Kenner genießen dürfte und könnte."[17] Anschließend wurde nach dreidimensionalen Objekten wie zum Beispiel nach Gipsabgüssen von plastischen Werken gezeichnet, so wie sie auch in Prestels „Selbstporträt im Atelier" (Abb. 35) zu sehen sind. Sicher dienten diese nicht nur ihm selbst für praktische Übungen, sondern auch seinen Schülern. Zudem berichtete Braun, daß auch das Zeichnen in der Natur einen wichtigen Platz im Unterricht einnahm: „Es ist bewundernswürdig, bis zu welcher Stärke er [Prestel] sich im Landschaftlichen Fach empor gearbeitet hat, besonders im Baumschlag, den er unablässig mit seinen Schülern nach der Natur studierte."[18] Radl schulte sich in erster Linie in Prestels Atelier und bildete sich im Landschaftsstudium wohl auch autodidaktisch weiter.[19] Einen Unterricht an einer deutschen Zeichenschule, wie sie speziell für Graphiker im Rahmen der Dessauer Verlagsgesellschaft eingerichtet wurde, besuchte er nicht.[20] Prestel führte Radl und die übrigen Schülerinnen und Schüler wie beispielsweise seine Tochter Ursula Magdalena (1777–1845, Kat. Nr. 2), verheiratete Reinheimer, seinen Schwiegersohn Johann Georg Reinheimer (1776–1820), Regina Quarry, geborene Schönecker (um 1762–?), Rosina Margaretha Hochschlitz (1770–1844), seit 1801 verheiratete Radl, Georg Christian Braun und Paul Wolfgang Schwarz (1766– um 1815) auch in verschiedene Techniken wie die Pastell-, Aquarell-, Gouache- oder Ölmalerei ein.[21]

Wie gut Radl als Zeichner bereits nach den ersten drei Jahren in Frankfurt war, belegt die von der Prestel-Tochter Ursula Magdalena Reinheimer wohl 1797/98 nach Radls Vorlage gefertigte Aquatinta mit der „Attaque auf das Bokkenheimer Thor"[22] (Kat. Nr. 47). Die Friedensnachricht von Campo-Formio erreichte Frankfurt erst, nachdem die berittenen französischen Truppen bereits versucht hatten, das Bockenheimer Tor zu stürmen. Da der österreichische Oberleutnant Brzczinsky rechtzeitig die Fallgitter herabließ, konn-

Abb. 35
Johann Gottlieb Prestel: Selbstporträt im Atelier, um 1770, Radierung, Privatbesitz

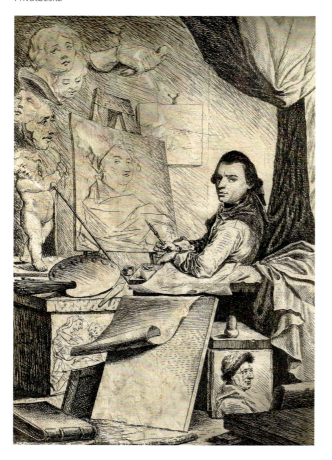

te der Angriff abgewehrt werden. Prestel hebt im Verlagsprogramm von 1806 Radls Leistung hervor, da er das charakteristische Moment der gegeneinander kämpfenden Truppen treffend eingefangen habe.[23]

Nachdem Radl ein sicherer Zeichner war, dürfte Prestel ihn in die Grundprinzipien der Druckgraphik eingeführt haben. Es ist anzunehmen, daß er Schritt für Schritt zuerst kleinere Handgriffe wie das Vorbereiten der Kupferplatte, das Präparieren des Ätzgrundes und das Übertragen der Zeichnung auf die Druckplatte erlernte. Erst dann wurde er in die „Geheimnisse" der Prestel-Werkstatt und ihrer Drucke eingeweiht. Tatsächlich gab Johann Gottlieb Prestel nicht ohne weiteres Preis, wie er zu den für ihn so charakteristischen „Presteldrucken" kam.[24] Die beiden Schüler Braun[25] und Schwarz berichteten einvernehmlich, wie sehr Prestel um die Geheimhaltung seiner Methode bemüht war, die zuerst nur seine Frau kannte. Dies verwundert nicht, war doch diese drucktechnische Verfahrensweise das Kapital der Firma Prestel. Schwarz beklagte sich darüber wie folgt: „Da ich aber immer ausser Stande war eine bestimmte richtige Anleitung hierüber erhalten zu können: so gieng freylich der grösste Teil derselben mit fruchtlosen Versuchen und mit kostspieligem Aufwande verloren. Die ersten Jahre meiner Künstlerlaufbahn, welche ich bey dem in der Tuschmanier damals sehr geschickten Künstler, Herrn Prestel, zubrachte, erregte die Liebe zu derselben ausserordentlich. Da aber derselbe das tiefste Geheimnis dabey beobachtete: so wurde meine Wissbegierde zwar gereitzt, aber niemals befriedigt, und ich war mir also ganz selbst überlassen."[26] Die zahlreichen Drucke Radls in der Technik seines Lehrers, die er zuerst nur unter seiner Anleitung ausführte[27], belegen wiederum, daß Prestel sehr wohl darum bemüht war, zumindest bestimmte Schüler mit seinem Verfahren vertraut zu machen.

Exkurs: Die Aquatinta

Die Aquatinta, die auch als Tusch- oder Lavismanier bezeichnet wird, eignet sich hervorragend, um lavierte Feder- oder Pinselzeichnungen im Druck wiederzugeben. Der Erste, der das Verfahren erfolgreich anwendete, war Jean-Baptiste Le Prince (1734–1781). Er stellte 1769 seine Blätter im Pariser Salon aus.[28] Der Künstler vermarktete seine Erfindung und bot mit erheblicher zeitlicher Verzögerung 1780 eine Beschreibung seines Verfahrens unter dem Titel „Traité de la Gravure en lavis" an, das auf Subskriptionsbasis zu erwerben war.[29] Da das Interesse groß war, bemühten sich viele Künstler, dem Geheimnis selbst auf die Spur zu kommen und gaben ihre Erfahrungen in entsprechenden Traktaten weiter.[30] Doch auch diese manchmal

Abb. 36
Das Schloß von Steinheim, vor 1806, Aquatinta, Verlag Johann Gottlieb Prestel, Akademie der bildenden Künste Wien, Kupferstichkabinett

fehlerhaften Beschreibungen boten für die eigene Arbeit keine Erfolgsgarantie. Folglich konnten sie nur zur Orientierung dienen und letztlich experimentierte jeder Künstler mehr oder weniger selbständig, um ein geeignetes Verfahren zu finden. Sicher trifft dies auch auf Prestel zu, der, angeregt durch die Arbeiten von Scacciati und Mulinari und möglicherweise mit deren Grundprinzipien vertraut, seine „eigene" Tuschmanier entwickelte.

Die Aquatinta ist ein chemisches Tiefdruckverfahren, das zur Wiedergabe von Lavierungen, also flächigen Partien, eingesetzt wird.[31] Die polierte Kupferplatte wird mit einem Ätzgrund bestehend aus Wachs, Harz und Asphalt überzogen, auf den anschließend die Zeichnung, meist als Umrißradierung, übertragen wird. Anschließend löst der Graphiker an denjenigen Stellen den Ätzgrund ab, an denen im Druck ein Farbton entstehen soll. Bei Le Prince geschah dies durch eine mit dem Pinsel aufgetragene Flüssigkeit, die den Ätzgrund auflöst. Diese wird vorsichtig abgewischt, die freigelegten Stellen werden mit einer Lösung aus Zucker und Seife überzogen, damit an ihnen die Körner eines Harz-, Asphalt- oder

Kolophoniumpulvers haften können. Mit Hilfe eines Haarsiebes oder eines Staubkastens wird die Druckplatte eingestäubt und anschließend erhitzt, um die Körner zu fixieren. Je nach Erhitzungsgrad, Korngröße und -dichte ergibt sich im anschließenden Druck eine entsprechende Struktur im Flächenton. Um unterschiedliche Tonabstufungen zu erzeugen, können einige Partien mit einem vor dem Säurebad schützenden Deckfirnis überzogen werden. Der hellste Ton ist den zuerst abgedeckten Stellen vorbehalten, der dunkelste entsteht dort, wo am längsten geätzt wurde. Ein stufenloser Übergang von Hell zu Dunkel ist dabei nicht möglich. Neben dem hier knapp umrissenen Verfahren gibt es auch noch die Salzkornaquatinta und das sogenannte Aussprengverfahren.[32] In den klassischen Techniken des Kupferstichs und der Radierung konnten Flächen nur durch Kreuz- oder Parallelschraffuren beschrieben werden. Die Crayon- und Punktiermanier war auch an die Linie gebunden, konnte aber bereits farbig reproduzieren. Ganze Flächen gab man bis zum Aufkommen der Aquatinta nur mit Hilfe von Holzschnitttonplatten wieder. Die Farbpalette einer Aquatintaplatte beschränkt sich auf einen einzelnen Ton, der sich in unterschiedlicher Helligkeitsabstufung zeigt. Wenn weitere Farben auf dem Abdruck erscheinen sollten, wurden sie „à la poupée" aufgetragen oder nachträglich von Hand koloriert. Die Angaben zur Auflagenhöhe eines Drucks schwanken zwischen 200 und 400 Abzügen.[33] Während das Verfahren bei seiner Einführung in erster Linie zur Wiedergabe von Zeichnungen Verwendung fand, wurde es später auch zur Wiedergabe von Gemälden eingesetzt.

Radl als Mitarbeiter der Firma Prestel

Das Verlagshaus, das unter der Führung Johann Gottlieb Prestels stand, war Ende des 18. Jahrhunderts ein arbeitsteilig organisiertes und marktorientiertes Unternehmen. Ein Gesamtverzeichnis für die publizierten Drucke fehlt. Philipp Friedrich Gwinner nahm an, daß mehrere hundert Blätter im Prestelschen Verlagshaus erschienen sind.[34] Ungeachtet der anzunehmenden hohen Produktion waren Prestel und seine Mitarbeiter stets darum bemüht, äußerst niveauvolle Reproduktionen zu schaffen. Im Verlag gab es unterschiedliche Aufgabenbereiche: das Zeichnen der für den Druck bestimmten Vorlagen, die Vorbereitung der Kupferplatten, das mit einem erheblichen Aufwand verbundene Drucken[35] sowie die zum Teil angewandte Kolorierung der Blätter von Hand. Je nach dem Geschick des einzelnen Mitarbeiters konnte er bestimmte Aufgaben übernehmen: Radl arbeitete als Zeichner und Graphiker, seine spätere Frau Rosina Margaretha Hochschlitz „[…] besaß eine große Geschicklichkeit im Drucken farbiger Aquatintablätter und verstand vortrefflich das Reinigen von Kupferstichen und das Aufziehen selbst der größten Zeichnungen."[36] Neben Hochschlitz arbeiteten noch weitere Frauen im Betrieb mit: Wie schon Maria Katharina Prestel und Regina Schöneckern in Nürnberg stellte auch die

Abb. 37
Anton Radl nach Aert van der Neer: Mondnacht, vor 1802, Aquatinta, Verlag Johann Gottlieb Prestel, Städel Museum, Frankfurt a. M., Graphische Sammlung

Abb. 38
Franzosen in der Fahrgasse, 1806, Radierung, Städel Museum, Frankfurt a. M., Graphische Sammlung

Prestel-Tochter Ursula Magdalena eigene Aquatinten her. Der oftmals vorgebrachte Einwand, daß Johann Gottlieb Prestel die Arbeiten seiner Schüler als seine ausgab, sollte relativiert werden[37]: Mag man Prestel attestieren, daß er in seinen Katalogen oftmals den Namen des ausführenden Graphikers nicht nannte oder anstelle eines anderen seinen eigenen vermerkte, so sollte man sich doch vergegenwärtigen, daß er der Eigentümer der in seinem Namen geschaffenen Drucke war und im modernen Sinne das Urheberrecht für diese besaß. Ungeachtet dessen fand eine beachtliche Anzahl an Blättern unter Radls Namen in den beiden Katalogen von 1802 und 1806 Erwähnung. Die beiden Kataloge geben Auskunft

Abb. 39
Giorgio Fuentes: Das italienische Warenlager, Bühnendekoration für die Oper „Der Corsar aus Liebe" von Joseph Weigl, Aquarell, Städel Museum, Frankfurt a. M., Graphische Sammlung

Anton Radl – Arbeitsbedingungen und Aufgabenfelder eines Kupferstechers in Frankfurt am Main um 1800

über das Spektrum der angebotenen Blätter und zudem über die unterschiedlichen Ausführungen, in denen ein Prestel-Druck zu erhalten war.

Radls Beitrag zum Verlagsangebot
Im Prestel-Katalog von 1802, der 66 Einzeldrucke auflistet, sind Reproduktionen nach Gemälden Alter und Neuer Meister sowie nach einigen Zeichnungen aufgeführt – letztere stammten teilweise noch aus den Prestelschen Mappenwerken. Ebenso wird das bereits angesprochene Blatt der „Attaque auf das Bockenheimer Thor" (Kat. Nr. 47) nach Radls Vorlage genannt (Kat. Nr. 46).[38] Für sein weiteres Schaffen erweist sich eine Serie von Ruinendarstellungen, die damals vom Publikum äußerst geschätzt wurden, als besonders interessant. Dies belegt auch der Katalog von 1806, der über die vier Darstellungen des Themas im Ka-

Abb. 40
Frankfurt – Stadtansicht mit Mainbrücke, Aquarell, Freies Deutsches Hochstift – Frankfurter Goethe-Museum

Abb. 41
Johann Georg Reinheimer nach Anton Radl: Ansicht von Frankfurt von Westen, Radierung, koloriert, Verlag Johann Georg Reinheimer, Kunstsammlungen der Veste Coburg

Claudia-Alexandra Schwaighofer

Abb. 42
Der Schneidwall zu Frankfurt, vor 1818, Gouache, Städel Museum, Frankfurt a. M., Graphische Sammlung

talog von 1802, noch zwei weitere Drucke von Burgruinen aufführt. Es sind dies die Ruinen der Schlösser Henneberg (Kat. Nr. 39) und Steinheim (Abb. 36), die Prestel nach Radls Vorlagen druckgraphisch umsetzte.

Bei den im Katalog von 1802 bereits aufgeführten Drucken der Ruinen von Hardenberg (Kat. Nr. 38) und Freudenberg (Kat. Nr. 40) sowie der Ruine von Dreieichenhain (Kat. N. 37) ist der Zusatz zu finden: „gezeichnet und gestochen unter der Aufsicht J. G. Prestel, von Ant. Radl."[39] Die undatierten Drucke, die spätestens im selben Jahr wie ihre Nennung im Katalog entstanden sein dürften, sind ein früher Beleg für Radls Können, denn er lieferte sowohl die Vorlage als auch die druckgraphische Umsetzung. Die Darstellung zu Dreieichenhain, die von der hochaufragenden Ruine dominiert wird, lebt vom Kontrast heller und dunkler Partien, die alle in einem warmen Braunton ausgeführt wurden. Die feinen Farbunterschiede im alten Gemäuer und dem detailreich geschilderten Vordergrund, die Wiedergabe des spiegelglatt anmutenden Wassers und des bewegten Himmels, stellten für Radl sicher eine Herausforderung dar, die er – wenn auch noch mit der Hilfe seines Lehrers – drucktechnisch zu meistern wußte.

„einfärbig und illuminirt"[40]

Während die Ruinendarstellungen ausschließlich als Aquatinten in Braun verkauft wurden, gab es andere Drucke, die dem Publikum als „einfache Aquatinten" oder als kolorierte Fassungen angeboten wurden. Zahlreiche Einträge im Verkaufskatalog von 1806 bestätigen die gängige Praxis. Die Vorteile für Verleger und Käufer liegen auf der Hand. Die in der Regel mit Aquarell- oder Gouachefarben ausgeführte Fassung kostete doppelt so viel wie der Druck allein und brachte Prestels Unternehmen einen erheblichen Mehrgewinn ein. Der Kunde erhielt dafür einen gegenüber dem Ankauf eines Gemäldes günstigeren Ersatz, der den Anschein eines Unikats erweckte. Eben diese Drucke waren es, die als

Wandschmuck dienten. Oftmals wurden sie gerahmt und hinter Glas geschützt. Des weiteren bot Prestel Reproduktionen nach Gemälden von Jacob van Ruisdael (1628/29–1682), Christian Wilhelm Ernst Dietrich (1712–1774), Aelbert Cuyp (1620–1691) oder Paul Potter (1625–1654) an, die mit Ölfarben koloriert wurden. Auf diese Weise sollten die Blätter auch in ihrer Textur dem Original möglichst nahe kommen; sie würden dieses geradezu „perfekt" imitieren, wie es der Katalog von 1806 verspricht.[41] Blätter dieser Art, die unter Beteiligung Radls entstanden, haben sich allerdings hiervon nicht erhalten. Da sich dieses Verfahren besonders aufwendig gestaltete, wurden die Blätter nur auf Anfrage gefertigt und kosteten 96 Livres, was etwa dem vierfachen Preis eines unkolorierten Druckes entsprach.[42] Die sich unter einem derart massiven Farbauftrag befindende Aquatinta trat dabei in den Hintergrund und war nicht auf den ersten Blick als solche zu erkennen.

Neben der als Zusatz gedachten Handkolorierung gab es im Prestelschen Verlag auch Drucke, die von Anfang an für eine spätere Illuminierung von Hand angelegt wurden: In diesen Fällen sollte die Aquatinta lediglich die wesentlichen Konturen der Komposition und die Hell-Dunkel-Werte festlegen. Erst die nachträglich aufgetragene Farbe, ob in der Technik der Gouache oder des Aquarells, vervollständigte die Darstellung. Radls Blatt mit einer „Mondnacht" nach Aert van der Neer (1603–1677) aus dem Kabinett des Frankfurter Sammlers Johann Friedrich Ettling ist ein Beispiel für diese Methode. Da in der Graphischen Sammlung im Städel sowohl ein Druck mit (Kat. Nr. 34) als auch ohne Kolorierung (Abb. 37) vorhanden ist, das aus dem Nachlaß des Radl-Erben Wilhelm Amandus Beer (1837–1907) stammt, läßt sich durch die Gegenüberstellung der beiden Fassungen das Prinzip besonders gut nachvollziehen. Durch den handschriftlichen Vermerk auf der Rückseite des nicht kolorierten Blatts erfahren wir mehr über die einzelnen Produktionsschritte. Es wird von einem „ganz fertigen Abdruck" gesprochen, obwohl nur die verschatteten Partien des Vordergrunds sowie die Schiffe auf dem breiten Fluß, die Häuser am linken und die Bäume am rechten Ufer wiedergegeben werden. Der fast zwei Drittel der Darstellung einnehmende Himmel mit tief liegendem Horizont wird durch die in Umrissen angedeuteten Wolkenformationen knapp charakterisiert. Der Vermerk „mit diese[n] Farben muß die Platte bemalt werden" gab dem Koloristen exakte Anweisungen. Auf diese Weise wurde garantiert, daß alle Abzüge in ihrer farblichen Ausführung nahezu identisch waren. Als letztes erfolgte noch ein Hinweis für den Drucker: „Sie [diese Platte] wird zuerst gedruckt und [ihr] folgt die Schattierungsplatte." Demnach wurden zwei Druckplatten verwendet, eine zur Konturgebung und eine weitere, um die unterschiedlichen Schattierungen festzuhalten. Erst dann konnte mit der Kolorierung begonnen werden, die dem Blatt das Erscheinungsbild des Originals von Aert van der Neer verlieh.

Abb. 43
Friedrich Ludwig Neubauer nach Anton Radl: Ansicht des Schneidwalls, nach 1818, Kupferstich, Radierung, koloriert, Städel Museum, Frankfurt a. M., Graphische Sammlung

Abb. 44
Friedrich Ludwig Neubauer nach Anton Radl: Ansicht des Schneidwalls, nach 1818, Kupferstich, Radierung, Städel Museum, Frankfurt a. M., Graphische Sammlung

Eine ähnliche Vorgehensweise wird durch eine weitere, nicht datierte Radierung nach Radl mit der Darstellung von „Franzosen in der Fahrgasse" dokumentiert. Das Sujet nimmt Bezug auf den Auszug der Franzosen aus der Stadt Frankfurt am Main. Auch hier gibt es eine Fassung mit und ohne Kolorierung (Kat. Nr. 54, Abb. 38). Der Druck ohne Kolorierung war erneut nicht zum Verkauf bestimmt: Die zahlreichen Figuren wurden nur in Umrissen abgebildet, das markante Backsteingebäude im Hintergrund erscheint in einem kräftigen Rotbraun, der die spätere Illuminierung von Hand im typischen Backsteinrot vorbereitet. Erst die vielen und kräftigen Farben in der Kolorierung geben dem Blatt dann seine Lebendigkeit.

Weitere Gemäldereproduktionen: die Brabecksche Galerie

Auch der 1802 entstandene Druck mit der „Bärenjagd" nach einem Gemälde des Frans Snyders (1579–1657) wurde im Katalog von 1806 in zwei Fassungen angeboten: in einem Braunton für 11 Gulden und koloriert zum doppelten Preis (Kat. Nr. 33).[43] Das Gemälde stammte aus der bekannten Sammlung des Freiherrn Friedrich Moritz von Brabeck, dessen Schloß in Söder bei Hildesheim stand. Brabeck gründete 1796 die Aktiengesellschaft der „Chalcographischen Gesellschaft zu Dessau", die bis 1806 existierte.[44] Mit ihrer Hilfe wollte er den heimischen Graphikern eine Arbeit geben, ihre Ausbildung durch entsprechenden Unterricht fördern und zugleich die Geschmacksbildung seiner Zeitgenossen positiv beeinflussen. In diesem Sinne ließ er auch die Bilder seiner Galerie von den Mitarbeitern der Gesellschaft reproduzieren. Ebenso ist es wohl auch als Förderung eines deutschen Graphikunternehmens zu werten, daß er sich an Prestel wandte, um Reproduktionen aus seiner Sammlung anfertigen zu lassen.[45] Ein weiterer Grund dürfte der geplante Verkauf der Gemälde gewesen sein, den Brabeck selbst im „Avis" seines Katalogs erwähnt; letztlich fungierten die Drucke auch als entsprechende Werbung. 1798 reiste Prestel zusammen mit seiner Tochter Ursula Magdalena und Anton Radl nach Söder, um vorbereitende Zeichnungen für die Drucke anzufertigen.[46] Parallel zu den Reproduktionen ließ Brabeck einen Katalog erstellen, der sein Sammlungs- und Hängungsprinzip dokumentieren sollte.[47] Mit dieser Idee schloß Brabeck an die 1778 in zwei Bänden publizierte „Galerie electorale" an, die ebenfalls die Wandabwicklung der nach Schulen geordneten Düsseldorfer Galerie abbildete.[48] Durch Brabecks Katalog wissen wir, daß der Sammler seine Gemälde nicht nach Schulen, sondern nach Sujets ordnete. Snyders Gemälde, das Radl reproduzierte, war an zentraler Stelle im „Salon des Tableaux d'Animaux" zu finden.

Druckgraphik nach Bühnenbildern von Giorgio Fuentes

Zwischen 1796 und 1804 war der Mailänder Giorgio Fuentes (1756–1821) am Frankfurter Nationaltheater als Bühnenbildner erfolgreich tätig. Goethe, der einige mit Fuentes' Dekorationen ausgestattete Vorstellungen besucht hatte, zeigte sich so begeistert, daß er den Künstler nach Weimar holen wollte, was jedoch mißlang.[49] Sicher war der Erfolg von Fuentes' Arbeiten beim Publikum der Hauptgrund, warum Radl Blätter (Kat. Nr. 56–59, Abb. 94) nach Vorlagen von Fuentes schuf (Abb. 39). Für sämtliche dieser Blätter schuf Radl die Vorlagen, fertigte die Aquatintaplatten, und er war sowohl für den Druck als auch den Vertrieb in der Stelzengasse 231 selbst verantwortlich.[50] Jene Blätter, die mit Widmungen an den Fürstprimas des Rheinbundes und Großherzogs Carl Theodor von Dalberg und Landgräfin Elisabeth von Hessen-Homburg versehen waren, entstanden im Zeitraum zwischen 1806 und 1820.[51]

Gouache und Druck oder Druck und Gouache?

Spricht man über Radls druckgraphisches Œuvre, so sind auch seine Gouachebilder zu erwähnen, das heißt seine sorgfältig mit deckenden Wasserfarben ausgeführten Werke auf Papier. Im Prestel-Katalog von 1806 wird im Vorwort explizit darauf hingewiesen, daß nicht nur Drucke im Verlag zu erwerben seien, sondern auch Zeichnungen, Gemälde und Gouachen.[52] Es ist wahrscheinlich, daß es sich dabei auch um Radls Werke handelte. Prestel erweiterte mit diesem Angebot sein Verlagssortiment und konnte so dem Käufer Unikate vorlegen. Radl bot der Vertrieb über den Verlag die Möglichkeit, einen breiten Kreis an Interessenten zu erreichen.

Zahlreiche Gouachen, die wie Radls Ölgemälde als eigenständige Arbeiten anzusehen sind, stehen in direktem Zusammenhang mit Drucken und zeigen oftmals dasselbe Motiv. Dabei ist nicht selbstverständlich davon auszugehen, daß er zuerst die Gouachen anfertigte, um diese als Vorlagen für den späteren Druck zu nutzen. Vielmehr legt der hohe Grad der Ausführung die Vermutung nahe, daß Gouachen entweder parallel zu Drucken oder sogar nach diesen angefertigt wurden. Der Zweck der einzelnen Gouachen ist deshalb nicht nur als ein Schritt im Werkprozeß – ob nun für den Druck oder ein Gemälde – zu sehen. Vielmehr boten sie dem Künstler die Möglichkeit, dasselbe Motiv einmal mehr umzusetzen und zu einem entsprechenden Preis, der sicher weit über dem der Druckgraphik und unter dem eines Gemäldes lag, zu veräußern. Als Beispiel sei die Gouache zur Ruine Freudenberg genannt (Kat. Nr. 41). Zum selben Motiv entstand in der Serie

Abb. 45
Anton Radl nach Christian Georg Schütz d. J.: Ansicht von Bornhofen, 1813–1816, Aquatinta, Verlag Friedrich Wilmans, aus der zwölfteiligen Folge von Rheinansichten, Galerie Brumme Mainz

Abb. 46
Anton Radl nach Christian Georg Schütz d. J.: Ansicht von Assmannshausen, Aquatinta, koloriert, Verlag Friedrich Wilmans, aus der zwölfteiligen Folge von Rheinansichten, Galerie Brumme Mainz

mit Ruinendarstellungen eine Aquatinta (Kat. Nr. 40). Selbstverständlich wurden, wie auch Philipp Friedrich Gwinner berichtete, Radls Gouachen gesammelt[53]. In Bezug auf die Ruinendarstellungen führte er das Beispiel des Herzogs von Weimar an: „Die von dem Künstler gleichfalls in Gouache ausgeführten, im Farbendruck bei Prestel erschienenen Burgruinen und Schlösser der Maingegend: Hardenberg, Freudenberg, Henneberg, Steinheim, Hain, Rödelheim, Stauffen etc. erwarb theilweise der Herzog von Weimar."[54] Heute lassen sich Radls Werke nicht mehr im Besitz des Herzogs nachweisen.

Weitere Beispiele für Aquarelle beziehungsweise Gouachen und deren druckgraphische Umsetzung finden sich bei einer Ansicht der Stadt Frankfurt von Westen mit dem Blick auf die Silhouette der Stadt und die alte Brücke, für die zwei Aquarellstudien erhalten sind – eine erste, vermutlich vor Ort entstandene, die das Motiv mit lockeren Pinselzügen einfängt (Abb. 40), sowie eine zweite, bei der der Vordergrund mit der Uferböschung und Lastschiffen auf dem Main detaillierter ausgeführt ist.[55] Diesen Aquarellen läßt sich eine nicht datierte Radierung zuordnen, die Johann Georg Reinheimer ausführte und im eigenen Verlag publizierte (Abb. 41). Wahrscheinlich entstand sie nach Prestels Tod im Jahr 1808. Die Druckgraphik war ebenfalls mit oder ohne Kolorierung zu erhalten.[56] Interessant erweist sich auch der Umstand, daß ein weiterer Graphiker, nämlich Philipp Veit (1768–1837), einen Kupferstich nach demselben Radlschen Motiv anfertigte, der in Anton Kirchners 1818 erschienenen „Ansichten von Frankfurt am Main" (Kat. Nr. 80) als Buchillustration veröffentlicht worden war.

Von dem Motiv des bei dieser Ansicht links im Bild zu sehenden Schneidwalls schuf Radl eine Gouache, die vor dessen Abriß im Jahr 1818 entstanden sein dürfte (Abb. 42). Eine von dem Kupferstecher Friedrich Ludwig Neubauer (1767–1828) ausgeführte Radierung dieses Motivs, die sich in kolorierter Version (Abb. 43) ebenso unkoloriert mit dem Vermerk des Gebäudeabrisses erhalten hat (Abb. 44), entstand demnach nach 1818. Zu diesem Zeitpunkt arbeitete Radl bereits für den Verlag von Friedrich Wilmans.

Radl als Mitarbeiter des Verlags von Friedrich Wilmans
Nachdem Johann Gottlieb Prestel 1808 verstorben war, führten seine Söhne den Verlag weiter. Wann Radl die Zusammenarbeit mit dem Prestelschen Verlag beendete, ist nicht belegt. Er gab in den folgenden Jahren Drucke im Eigenverlag heraus, wie die Blätter nach Giorgio Fuentes zeigen. Er arbeitete jedoch auch mit dem Verlag von Prestels Schwager Reinheimer zusammen, wie der Druck mit der Ansicht Frankfurts von Westen (Abb. 41) zeigt. Mit seiner Arbeit für den Wilmansschen Verlag, die nach 1807 begann, veränderten sich Radls Aufgabenbereiche erheblich: Wilmans interessierte sich für Radl vor allem als Zeichner von Vorlagen, die dann verschiedene Graphiker in den Druck umsetzten. Friedrich Wilmans stammte aus einer Bremer Kaufmannsfamilie und arbeitete zuerst als Buchhändler, ehe er selbst als Verleger auftrat.[57] Während er in seiner Heimatstadt vor allem Belletristik publizierte, wandte er sich mit dem Umzug 1802 nach Frankfurt am Main auch Publikationen zur bildenden Kunst zu. Eine bedeutende Veröffentlichung waren die „Mahlerischen Ansichten des Rheins von Mainz bis Düsseldorf" nach 32 Vorlagen von Christian Georg Schütz d. J. (1758–1823), die zwischen 1804 und 1806 in seinem Verlag erschienen und denen ein beschreibender Text von Niclas Vogt und Aloys Wilhelm Schreiber zur Seite gestellt wurde.[58] Das Werk spiegelt das aufkommende Interesse an der Rheinlandschaft wider, das für die Malerei in der Romantik einen so entscheidenden Impuls darstellte.

Radl sollte zunächst als Reproduktionsstecher für den Verlag von Wilmans tätig werden. So übertrug er eine Folge von zwölf Rheinansichten von Christian Georg Schütz d. J. (1758–1823), die zwischen 1807 und 1813 entstanden, in die Technik der Aquatinta (Kat. Nr. 79, Abb. 45, 46).[59] Erneut zeigt sich in der mehrfachen Umsetzung als Einzelblätter in kolorierter und unkolorierter Version, daß auch der Verleger Wilmans um die möglichst breite Vermarktung dieser Drucke bemüht war.[60]

Des weiteren schuf Radl im Auftrag von Wilmans Zeichnungen, die als Buchillustrationen, namentlich die „Ansichten von Frankfurt am Main […]" (1818) (Kat. Nr. 80), die 1822 publizierten „Ansichten der Freien Hansestadt Lübeck und ihrer Umgebungen" (Kat. Nr. 81), die im selben Jahr veröffentlichten „Ansichten der Freien Hansestadt Bremen und ihrer Umgebungen" (Kat. Nr. 82) und zuletzt die 1824 und 1828 in zwei Bänden veröffentlichten „Ansichten der Freien Hansestadt Hamburg und ihrer Umgebungen" (Kat. Nr. 83) erschienen. Radl unternahm Reisen in diese norddeutschen Städte und zeichnete in der Natur. Die erhaltenen Zeichnungen der Ansichten von Lübeck (Kat. Nr. 81, Abb. 47) zeigen, daß die zeichnerischen Vorlagen genauestens im Druck umgesetzt wurden. Folgt man den Angaben im Verlagsprogramm von 1829[61], so waren die Ausgaben der vier Bücher mit den Ansichten von Frankfurt, Lübeck, Bremen und Hamburg jeweils auf einfachem und damit günstigerem Schreibpapier für 9, 11 oder 15 Reichstaler zu erhalten[62], die jeweilige Vorzugsausgabe auf „Velinpapier mit den ersten Kupferabdrücken" kostete 11 beziehungsweise

Abb. 47
Ansicht vom zweiten Fischerbuden bei Lübeck, Kupferstich von Friedrich Geißler (links), Tuschzeichnung von Radl (rechts), Städel Museum, Frankfurt a. M., Graphische Sammlung

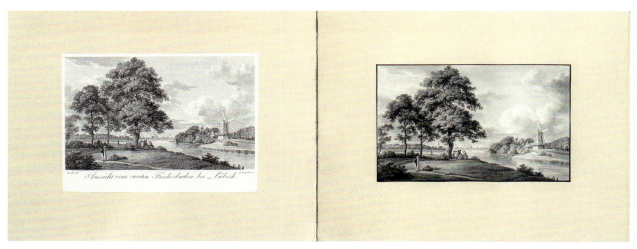

Abb. 48
Friedrich August Schmidt nach Anton Radl: Ansicht des Kursaals von Wiesbaden, Kupferstich, Radierung, 1819, Verlag Gebrüder Wilmans, Museum Wiesbaden, Sammlung Nassauischer Altertümer

12, 13 oder 18 Reichstaler. Zudem wurden die zu den Buchpublikationen gehörigen Ansichten auch als Drucke separat, auf „grösserem Papier gedruckt, zu Zimmerverzierungen geeignet" und in „Schwarz" beziehungsweise „illuminiert" verkauft.[63]

Ebenso lieferte Radl für den Verlag von Wilmans Vorlagen für Taunusansichten mit Motiven aus Wiesbaden, Schwalbach etc. sowie von der Lahn (Kat. Nr. 86–89). Zudem ging auf seine Kompositionen eine neunteilige Folge mit Ansichten von Frankfurt, Wiesbaden und Schlangenbad zurück, die die Stecher Friedrich August Schmidt und Christian Gottlob Hammer in Radierungen umgesetzt hatten (Kat. Nr. 84, 87). Laut Katalogangabe von 1829 wurden diese Blätter lediglich koloriert angeboten, jedoch haben sich auch unkolorierte Exemplare erhalten (Abb. 48).

Resümee

Wie die verschiedenen Einblicke in Radls Arbeitsfelder und seine Themengebiete zeigen, war er als Graphiker nicht nur anerkannt und äußerst versiert, sondern er konnte sich über mehrere Jahrzehnte auf dem Frankfurter Graphikmarkt behaupten.

Die Ausbildung bei Prestel bot den idealen Einstieg, um sich in der Mainmetropole zu etablieren: Prestel gab Radl seine langjährige Erfahrung weiter, er ließ ihn im eigenen Verlag zuerst als Zeichner und schon nach einigen Jahren – zuerst noch unter seiner Aufsicht, dann auch selbstständig – als Graphiker arbeiten. Radls Werke belegen, daß Prestel ihm sehr wohl seine „Aquatintamanier" beibrachte, so daß Radl auch in späteren Jahren noch in derselben, auch für ihn typisch gewordenen Technik weiterarbeiten konnte. Die Mitarbeit im Verlag garantierte ihm auch einen adäquaten Einblick in das Verlagsgeschäft. Es galt ein breit gefächertes Angebot, das auf die unterschiedlichen Käuferwünsche zugeschnitten war, anzubieten: Graphik nach Gemälden Alter Meister oder den in der Zeit geschätzten landschaftlichen Motiven – dem Interessenten sollte eine angemessene Auswahl zur Verfügung stehen. Ebenso sollten unterschiedliche Käuferschichten angesprochen werden: mit relativ preiswerten, aber qualitätvollen Aquatinten oder mit von Hand kolorierten Drucken die als Wandschmuck gedacht waren. Ebenso ließen sich auch Gouachen als eigenständige Werke neben der Graphik im Prestelschen Verlag gewinnbringend verkaufen. Sie richteten sich an ein gut situiertes Publikum von Kennern und

Sammlern, die Wert auf ein vollständig von der Hand des Künstlers ausgeführtes Werk legten.

Mit dem Wechsel in den Verlag von Wilmans ging bei Radl auch ein Wandel in Bezug auf seine Aufgaben einher. Arbeitete er zuvor vor allem als Graphiker, interessierte sich Wilmans nun für Radl als Vorlagenzeichner, dessen Arbeiten er von anderen Graphikern in den Druck umsetzen ließ. Auch der Themenkanon verlagerte sich deutlich: im Mittelpunkt des Interesses stand die Landschaft der näheren Umgebung und deren Sehenswürdigkeiten.

1 Nouveau Catalogue d'Estampes, du fonds de Jean-Theophile Prestel, Peintre et Graveur en Taille-douce, Rue dite Allerheiligen-Gasse, No 173, à Francfort-sur-le-Mein; et en commission chez Collignon, Libraire à Metz, Frankfurt a. M. 1806, S. 29.
2 Johann Wolfgang von Goethe: Über Kunst und Altertum in den Rhein- und Main-Gegenden, Ausgabe Frankfurt a. M. 1942, S. 56.
3 Georg Kaspar Nagler: Neues allgemeines Künstler-Lexikon oder Nachrichten von dem Leben und den Werken der Maler, Bildhauer, Baumeister, Kupferstecher, Lithographen, Formschneider, Zeichner, Medailleure, Elfenbeinarbeiter etc., 3. unveränd. Aufl., 25 Bde., Leipzig 1924, hier Bd. XIII, S. 415.
4 Johann David Passavant: Anton Radl, der Landschaftsmaler. Ein Gedenkblatt, mitgetheilt von J. D. Passavant, in: Frankfurter Konversationsblatt, Nr. 62, Freitag, 12.3.1852, S. 247.
5 Wie Passavant merkte auch Philipp Friedrich Gwinner an, daß Radl „Ohne alle Bekanntschaft und Empfehlung […]" in der Mainmetropole eingetroffen sei. Ph.[ilipp] Friedrich Gwinner: Kunst und Künstler in Frankfurt am Main vom dreizehnten Jahrhundert bis zur Eröffnung des Städel'schen Kunstinstituts, Frankfurt a. M. 1862, S. 445.
6 Die zwischen 1912 und 1936 erschienenen „Veröffentlichungen der Prestel-Gesellschaft" blieben ihren Anfängen treu: Sie zeigten Zeichnungsfaksimiles aus Museumsbeständen, die im Großfolioformat veröffentlicht wurden. Weiterführend 1924/1984 Prestel Verlag. Verlagsgeschichte und Bibliographie, hg. unter der Redaktion v. Gustav Stresow, München 1984, S. 7ff.
7 Zu den Publikationen von Scacciati und Mulinari sowie weiteren reproduktionsgraphischen Mappenwerken nach Zeichnungen vgl. Claudia-Alexandra Schwaighofer: Von der Kennerschaft zur Wissenschaft. Reproduktionsgraphische Mappenwerke nach Zeichnungen 1726–1857, Diss. München (Publikation im Deutschen Kunstverlag 2008).
8 Möglicherweise lernte er dort auch den seit 1760 ansässigen Johann Adam Schweickart (1722–1787) kennen. Er war bereits in Florenz der Lehrer Scacciatis gewesen und experimentierte auch weiterhin in derselben Technik.
9 Journal zur Kunstgeschichte, 1780, 9. Theil, S. 65. Brief Stephan von Stengels, des Sekretärs Karl Theodors, datiert 12.4.1780.
10 Georg Christian Braun: Des Leonardo da Vinci Leben und Kunst. Nebst einer Lebensbeschreibung Johann Gottlieb Prestels, und einigen poetischen Versuchen über die Mahlerey, Halle 1819, S. 180. Braun berichtet, daß Prestel selbst den Begriff prägte.
11 Zu den beiden Prestels vgl. Ernst Rebel: Faksimile und Mimesis. Studien zur deutschen Reproduktionsgraphik des 18. Jahrhunderts (=Studien und Materialien zur kunsthistorischen Technologie, Bd. 2), Diss. Mittenwald 1981, S. 83–108 und Christiane Wiebel: Aquatinta oder „Die Kunst mit dem Pinsel in Kupfer zu stechen". Das druckgraphische Verfahren von seinen Anfängen bis zu Goya, Ausst. Kat. Kunstsammlungen der Veste Coburg, München, Berlin 2007, S. 255–266. Zu Maria Katharina Prestel vgl. Claudia-Alexandra Schwaighofer: Die Kunst der Nachahmung. Dürer, Carracci und Parmigianino in den Reproduktionsgraphiken der Nürnbergerin Maria Katharina Prestel (1747–1794), Stuttgart 2006 und Wolfgang Cilleßen: Manns genug. Frankfurter Künstlerinnen und Schriftstellerinnen, in: Blickwechsel. Frankfurter Frauenzimmer um 1800, hg. v. Ursula Kern, Ausst. Kat. Historisches Museum Frankfurt, Frankfurt a. M. 2007, S. 119–123; ebenso Claudia-Alexandra Schwaighofer: „Eine tüchtige, ihrem Gatten helfende Frau"? Die Grafikerin Maria Katharina Prestel, in: ebd., S. 31–39.
12 Ein Briefwechsel zwischen Johann Gottlieb und Maria Katharina Prestel vom 22.4.1787 belegt, daß die beiden in regem schriftlichen Austausch miteinander standen – entgegen der einschlägigen Meinung in den Handbüchern, in denen als Trennungsgrund oft der schwierige Charakter Prestels angeführt wurde. Vgl. zu diesem Briefwechsel Universitätsbibliothek Johann Christian Senckenberg, Frankfurt a. M., Handschriftenabteilung, Autograph J. G. Prestel. Die Transkription des Briefes stellte mir Wolfgang Cilleßen zur Verfügung, bei dem ich mich an dieser Stelle herzlich bedanken möchte.
13 Passavant 1852 (wie Anm. 4), S. 247.
14 Ebd.
15 Vgl. weiterführend Hans Dickel: Deutsche Zeichenbücher des Barock. Eine Studie zur Geschichte der Künstlerausbildung (=Studien zur Kunstgeschichte, Bd. 48), Diss. Hildesheim 1987.
16 Braun 1819 (wie Anm. 10), S. 171.
17 Ebd., S. 195. Prestels Äußerung spiegelt die sich vor allem in der französischen Kunsttheorie manifestierende Wertschätzung der Zeichnung wider, vgl. weiterführend Schwaighofer 2008 (wie Anm. 7).
18 Ebd., S. 180.
19 Passavant 1852 (wie Anm. 4), S. 247.
20 Weiterführend Joachim Kruse (Hg.): Die chalcographische Gesellschaft zu Dessau. Profil eines Kunstverlags um 1800. Ausst. Kat. Kunstsammlungen der Veste Coburg 1987, S. 7–33 und „…Waren nicht der ersten Bedürfnisses, sondern des Geschmacks und des Luxus." Zum 200. Gründungstag der Chalcographischen Gesellschaft Dessau, hg. v. Norbert Michels, Ausst. Kat. Anhaltische Gemäldegalerie Dessau, Museum Schloß Mosigkau, Weimar 1996.
21 Rebel 1981 (wie Anm. 11), S. 85.

22 Vgl. hierzu auch Ausst. Kat. Frankfurt 2007 (wie Anm. 11), S. 140f.
23 Prestel 1806 (wie Anm. 1), S. 23.
24 Friedrich Gwinner betonte, daß Prestel „[…] ganz selbstständig und ohne fremde Unterweisung auf die Handzeichnungsmanier […]" gekommen wäre; Gwinner 1862 (wie Anm. 5), S. 369.
25 Braun 1819 (wie Anm. 10), S. 180.
26 Paul Wolfgang Schwarz: Neue und gründliche Art, die Aquatinta oder Tuschmanier … zu erlernen, Nürnberg, Sulzbach 1805, S. 3.
27 So zum Beispiel im Verlagskatalog von 1802: „[…] gezeichnet und gestochen unter der Aufsicht J. G. Prestel, von Anton Radl." Verzeichnis sämmtlicher Prestelscher Kupferstiche, welche in dem Etablissement der Prestelschen Kupferstecherey=Kunst in Cassel, einfärbig und illuminirt im Verlage sind, Frankfurt a. M. 1802, S. 15f.
28 Christiane Wiebel: Geheimnis und Fortschritt – Die historischen Beschreibungen der Aquatinta-Verfahren, in: Ausst. Kat. Coburg 2007 (wie Anm. 11), S. 29.
29 Ebd., S. 33. Im Jahre 1791 wurde posthum das Le Princesche Verfahren in der „Encyclopédie méthodique" von Denis Diderot und d'Alembert veröffentlicht, vgl. Wiebel 2007 (wie Anm. 11), S. 30.
30 1772 publizierte Johann Jacob Bylaert eine Beschreibung, die 1773 in einer deutschen Übersetzung von Johann Schreuder mit dem Titel „Neue Manier Kupferstiche von verschiedenen Farben zu verfertigen…" veröffentlicht wurde. Im selben Jahr erschien Staparts „L'Art de graver au pinceau, nouvelle méthode …", die Johann Conrad Harrepeter 1780 ins Deutsche übersetzte. Johann Conrad Gütle publizierte 1795 eine Anleitung, eine weitere erschien von Paul Wolfgang Schwarz: Neue und gründliche Art, die Aquatinta oder Tuschmanier […] zu erlernen, Nürnberg, Sulzbach 1805. Zu den übrigen Publikationen sowie einer Beschreibung der historischen Verfahren und Erläuterungen zum Begriff der Aquatinta vgl. Wiebel 2007 (wie Anm. 28).
31 In den wesentlichen Schritten folgt die Autorin den Ausführungen von Christiane Wiebel, die jeweils die unterschiedlichen Verfahren von Le Prince, Stapart, Paul Sandby, Robert Adam und anderen ausführlich erläutert, vgl. Wiebel 2007 (wie Anm. 28), S. 36–39.
32 Vgl. Wiebel 2007 (wie Anm. 28), S. 37ff. Ebenso Wolfgang Schwahn: Wege und Irrwege – Technische Versuche einer Annäherung an die historischen Verfahren zur Erzeugung von Flächentönen im Tiefdruck, in: Ausst. Kat. Coburg 2007 (wie Anm. 11), S. 43–63.
33 Die Autorin bezieht sich dabei auf die von Christiane Wiebel angeführten Quellen von Schwarz und Meynier, vgl. Wiebel 2007 (wie Anm. 28), S. 39.
34 Gwinner schätzte die Zahl auf über 600 Blätter, nannte aber keine Quelle; vgl. Gwinner 1862 (wie Anm. 5), S. 371.
35 Zum Beispiel berichtete Hüsgen im „Artistischen Magazin", daß Prestel eine Eisenpresse verwendete und der Druck auf die Platten so hoch war, daß diese gebogen aus der Presse herauskamen. Zit. nach Rebel 1981 (wie Anm. 11), S. 103 f.
36 Passavant 1852 (wie Anm. 4), S. 248.
37 Vgl. Braun 1819 (wie Anm. 10), S. 182. Ebenso wurde dies von Friedrich Gwinner angesprochen in Bezug auf Prestels langjährigen Mitarbeiter Schmarr; vgl. Gwinner 1862 (wie Anm. 5), S. 371.
38 Johann Gottlieb Prestel: Verzeichnis sämmtlicher Prestelscher Kupferstiche, welche in dem Etablissement der Prestelschen Kupferstecherey=Kunst in Cassel, einfärbig und illuminirt, im Verlage sind, Frankfurt a. M. 1802, S. 13, Nr. 52.
39 Ebd., S. 15f., Nr. 65. Die Nummer 66 mit der Kirchenruine in Bergen stammt laut Katalogeintrag von Prestels alleiniger Hand.
40 Ebd., Titelblatt.
41 Prestel 1806 (wie Anm. 1), S. iv.
42 Ebd.
43 Ebd., S. 31, Nr. 72.
44 Vgl. hierzu Ausst. Kat. Coburg 1987 (wie Anm. 20) und Ausst. Kat. Dessau 1996 (wie Anm. 20).
45 Vgl. auch Ausst. Kat. Frankfurt 2007 (wie Anm. 11), S. 131. Cilleßen sieht den Hauptgrund für den Kontakt in dem sich abzeichnenden Niedergang der Chalcographischen Gesellschaft.
46 Gwinner 1862 (wie Anm. 5), S. 376.
47 Catalogue de la Galerie de Söder. Par le Proprietaire le Comte de Brabeck, o. O. 1808.
48 In der „Galerie electorale" wurden im Gegensatz zu Brabeck tatsächlich auch noch die Gemälde in Form von Miniaturstichen dargestellt.
49 Vgl. Wilhelm Pfeiffer-Belli: Giorgio Fuentes. Ein Frankfurter Theatermaler des 18. Jahrhunderts, in: Jahrbuch des Freien Deutschen Hochstifts, hg. v. Ernst Beutler, 1926, S. 331ff.
50 Das Deutsche Theatermuseum in München bewahrt ebenfalls ein Exemplar des Aquatintadrucks von Radl mit der 4. Szene des 1. Aktes von Mozarts Oper «La Clemenza di Tito» (Kat. Nr. 57) mit dem Vermerk „Designé, gravé et publié à Francfort s/M. par A. Radl dans la Steltzengasse No 231." Für die Unterstützung im Deutschen Theatermuseum möchte ich mich herzlich bei Christian Quaeitzsch bedanken.
51 Siehe den Beitrag zu Radl und Fuentes von Birgit Sander in dieser Publikation.
52 Prestel 1806 (wie Anm. 1), S. iv.
53 Gwinner führte das Beispiel von Radls Freund, Dr. Grambs an, der eine größere Anzahl an Gouachen dem Städelschen Kunstinstitut schenkte; vgl. Gwinner 1862 (wie Anm. 5), S. 447.
54 Gwinner 1862 (wie Anm. 5), S. 447f.
55 Freies Deutsches Hochstift, Frankfurter Goethe-Museum, Frankfurt a. M., Inv. Nr. III 13088.
56 Eine unkoloriertes Aquatintablatt des Motivs befindet sich in der Graphischen Sammlung des Städel Museums, Frankfurt a. M., Inv. Nr. 43089.
57 Zu Wilmans vgl. Paul Raabe: Der Verleger Friedrich Wilmans. Ein Beitrag zur Literatur- und Verlagsgeschichte der Goethezeit. Mit sechs ungedruckten Briefen an Goethe und zwei ungedruckten Briefen Wielands an Wilmans, in: Bremisches Jahrbuch, hg. v. d. Historischen Gesellschaft zu Bremen, Bd. 45, 1956, S. 79–162.
58 In der Folge fertigte Schütz noch weitere Aquarelle an, die zum Teil die Motive der Wilmansschen Publikation wiederholten und in weiteren, sehr erfolgreichen „Ansichten" zu den Rheingegenden publiziert wurden. Zu Schütz und Wilmans vgl. auch Michael Schmitt: Die illustrierten Rhein-Beschreibungen. Dokumentation der Werke und Ansichten von der Romantik bis zum Ende des 19. Jahrhunderts, Köln, Weimar, Wien 1996, Nr. 229, 230.
59 Die Ansicht mit Blick auf Bornhofen ist Erbprinzessin Charlotte Louise von Nassau, geborene Prinzessin von Sachsen-Hildburghausen (1794–1825) gewidmet, die 1813 Kronprinz Wilhelm von Nassau (1792–1839) heiratete. Er wurde 1816 Herzog von Nassau. Dies ermöglicht die Datierung dieses Blattes zwischen 1813 und 1816.
60 Friedrich Wilmans: Der Führer auf der Wasserfahrt von Frankfurt a. M. bis Mainz, Ein unentbehrlicher Anhang zu dem Panorama des Mains nebst dessen nächsten Umgebungen, Frankfurt a. M. 1829. Die unpaginierte Publikation enthält ein Verzeichnis von Druckerzeugnissen des Verlags, darunter auch die Aquatintafolge von Radl nach Schütz d. J. in unterschiedlichen Ausführungen.
61 Ebd.
62 Die unterschiedlichen Bücher hatten – je nach Anzahl der enthaltenen Kupferstiche – auch unterschiedliche Preise.
63 Vgl. Friedrich Wilmans: Verlags-Catalog von Friedrich Wilmans in Frankfurt am Main, Frankfurt a. M. 1836, S. 21ff.

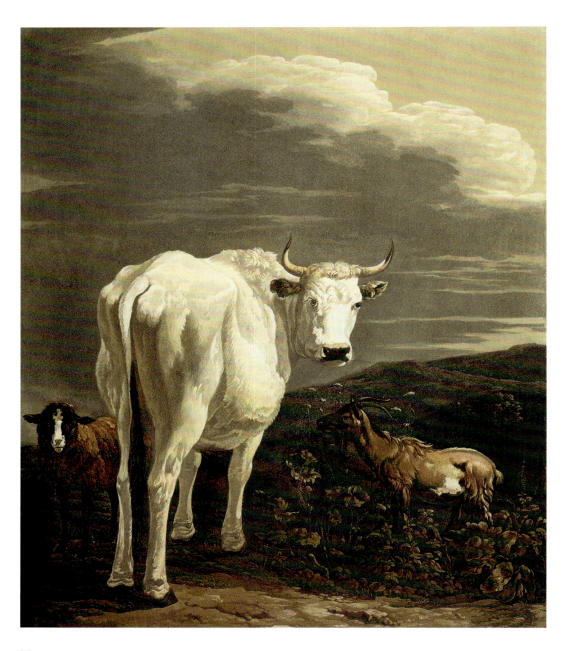

32
Anton Radl nach einem Gemälde von Paulus Potter (1625–1654)
Un bœuf blanc, vor 1806
Aquatinta, 70,5 x 60 cm
Verlag Johann Gottlieb Prestel
Bez. r. u.: A. Radl
Städel Museum, Frankfurt a. M., Graphische Sammlung, Inv. Nr. 51705, erworben 1870 aus Brönners Vermächtnis
Lit.: Prestel 1806, Nr. 74; Meusel 1809, S. 166; Nagler 1842, Bd. 12, S. 188; Passavant 1852, S. 247; Gwinner 1862, S. 447.

Das Gemälde Potters, das sich in der Sammlung des Grafen Johann Friedrich Moritz von Brabeck (1742–1814) befand, gelangte wahrscheinlich in das Museum Boymans, Rotterdam, und wurde dort bei einem Brand 1864 vernichtet (Arps-Aubert 1932, II. Teil, S. 42).

33
Anton Radl nach einem Gemälde von Frans Snyders (1579–1657)
Die Bärenjagd, vor 1806
Aquatinta, 52,3 x 68,2 cm
Verlag Johann Gottlieb Prestel
Bez. l. u.: Print par Schneiers; Bez. r. u.: gravé par A. Radl; in der M.: Chasse d'Ours / D'aprés le Tableau original de la Galerie de Söder appartement á Mr. Bn. de Brabeck / H.5. P.6.p. L.7. P.6.p., unter dem Wappen No. 72
Kunststammlungen der Veste Coburg, Inv. Nr. IV,310,4
Lit.: Prestel 1806, Nr. 72; Nagler 1842, Bd. 12, S. 189; Passavant 1852, S. 247; Gwinner 1862, S. 447.

Das Blatt zeigt eine Komposition von Frans Snyders, die in mehreren Wiederholungen überliefert ist. Die in der Sammlung des Grafen Johann Friedrich Moritz von Brabeck (1742–1814) befindliche Fassung, wurde im Jahr 1859 veräußert und gelangte in das Provinzialmuseum Hannover, wo sie bis 1925 nachweisbar ist (Robels 1989, Nr. 249, S. 345).

34
Anton Radl nach einem Gemälde von Aert van der Neer (1603–1677)
Mondnacht, vor 1802
Aquatinta, koloriert, 42 x 57,7 cm
Verlag Johann Gottlieb Prestel
Bez. auf dem auf die Unterlage geklebten Papier: Mondnacht / aus der Gemälde-Sammlung der J. F. Ettlingischen Erben / in Frankfurt am Main /gemalt von Arthur van der Neer, gestochen von A. Radl
Städel Museum, Frankfurt a. M., Graphische Sammlung, Inv. Nr. 12034, erworben vor 1867
Lit.: Prestel 1802, Nr. 62; Prestel 1806, Nr. 62; Kirchner 1818, Bd. 1, S. 311; Passavant 1852, S. 247; Gwinner 1862, S. 447.

Das Blatt gibt ein Gemälde van der Neers aus der Frankfurter Sammlung Johann Friedrich Ettlings (1712–1786) wieder, die nach seinem Tod auf die Schwester und dann den Neffen überging. Goethe besuchte bei seinem Frankfurtaufenthalt 1814/15 die ihm vertraute Sammlung der Ettlingschen Erben, die um 1820 versteigert wurde. Er lobte das Gemälde, dessen heutiger Verbleib ungeklärt ist, als eines der „schönsten Bilder von van der Neer" (Goethe 1816, S. 50).

35
Das Rödelheimer Schloß, vor 1802
Aquatinta, 47,5 x 64,8 cm
Verlag Johann Gottlieb Prestel
Bez. M. u.: Prospect des Schlosses Roedelheim / erbaut im Jahr 1446
Kunsthandlung Julius Giessen, Frankfurt a. M.
Lit.: Prestel 1802, Nr. 55 (hier: ohne Nennung Radls); Prestel 1806, Nr. 55; Meusel 1809, S. 166; Passavant 1852, S. 247; Gwinner 1862, S. 448.

Als Wasserburg ist das Rödelheimer Schloß seit Mitte des 12. Jahrhunderts nachweisbar. Mit der Überbrückung der Nidda war die Burganlage Teil der wichtigen Handelsstraße zwischen Frankfurt und Köln und seit 1461 im Besitz der Grafen von Solms(-Rödelheim). Wegen Baufälligkeit wurde die Burg 1802 abgetragen und unter Einbeziehung des alten Bergfrieds bis 1859 ein klassizistisches Schloß errichtet. Im Jahr 1944 ausgebrannt, wurde die im heutigen Solmspark gelegene Anlage in den 1950er Jahren abgetragen.

36
Le Vieux Chateau de Hardenberg, vor 1802
Aquatinta, 67,1 x 50,5 cm
Verlag Johann Gottlieb Prestel
Bez. M. u. (ausgeschnitten, unter die Darstellung geklebt): Le Vieux Chateau de Hardenberg. / Dédié à son Exellence Monsieur le Baron de Hardenberg Ministre d'Etat de la Guerre / et du Cabinet de sa Majesté le Roi de Prusse.; l. u.: Dessiné et gravé par Ant. Radl. / sous la Direction de Theoph. Prestel.; r. u.: par son très humble et très respectueux serviteur Jean. Theophil. Prestel.
Kunststammlungen der Veste Coburg, Inv. Nr. IV,309,3
Lit.: Prestel 1802, Nr. 63 (hier: „gezeichnet und gestochen unter der Aufsicht J. G. Prestel von Ant. Radl"); Prestel 1806, Nr. 63; Meusel 1809, S. 166; Nagler 1842, Bd. 12, S. 189; Passavant 1852, S. 247; Gwinner 1862, S. 448; Ausst. Kat. Heidelberg 1965, Nr. 251.

37
Vue du vieux Chateau de Hain, vor 1802
Aquatinta, 66,1 x 50,5 cm
Verlag Johann Gottlieb Prestel
Bez. l. u.: Dessinée et gravé par Ant. Radl / sous la direction de J. Theop. Prestel; r. u.: par son très humble et très respectueux serviteur / Jean Theophil Prestel; M. u.: Vue de vieux Chateau de Hain / dedicé à Monsieur le Conte Ferdinand d'Ysenbourg Philipps. Eich
Kunststammlungen der Veste Coburg, Inv. Nr. IV,309,1
Lit.: Prestel 1802, Nr. 65 (hier: „gezeichnet und gestochen unter Aufsicht J. G. Prestel, von Ant. Radl"); Prestel 1806, Nr. 65; Meusel 1809, S. 166; Nagler 1842, Bd. 12, S. 189; Passavant 1852, S. 247; Gwinner 1862, S. 448; Ausst. Kat. Heidelberg 1965, Nr. 249.

Die ältesten erhaltenen Teile der Burg Dreieichenhain stammen aus dem 11. Jahrhundert. Der Ostgiebel des Hauptgebäudes, des „Palas", – auf Radls Blatt noch zu sehen – stürzte 1804 ein.

38
Johann Gottlieb Prestel (1739–1808) nach Anton Radl
Ruines du Chateau d'Henneberg, vor 1806
Aquatinta, Darstellung: 53,5 x 67,5 cm
Unbez.
Verlag Johann Gottlieb Prestel
Städel Museum, Frankfurt a. M., Graphische Sammlung, Inv. Nr. 14972, erworben vor 1867
Lit.: Prestel 1806, Kat. Nr. 70; Meusel 1809, S. 166; Nagler 1842, Bd. 12, S. 189; Passavant 1852, S. 247; Gwinner 1862, S. 448; Ausst. Kat. Heidelberg 1965, Nr. 252.

Der älteste erhaltene Teil der zunächst unter dem Namen „Burg Prozelten" errichteten Henneburg ist der mächtige Bergfried aus dem 12. Jahrhundert. Von 1275 an gehörte sie den Grafen von Hanau-Wertheim, später dem Deutschen Orden, der sie zu einer Festung ausbaute. Dem letzten Komtur, Graf Georg von Henneberg, verdankt sie ihren heutigen Namen. 1483 ging sie an das Erzstift Mainz, zerstört wurde sie vermutlich im Pfälzischen Erbfolgekrieg 1688–1697. Ab 1803 gehörte die Henneburg mit Stadtprozelten zum Fürstentum Aschaffenburg, 1810 zum Großherzogtum Frankfurt und ab dem Jahr 1814 zum Königreich Bayern.

39
Ruine Henneberg am Main, vor 1806
Gouache, 51,1 x 63,9 cm
Bez. rs.: Ruine von Henneberg gegen Abend bei Prozelten am Mayn Flus
Hessisches Landesmuseum Darmstadt, Graphische Sammlung, Inv. Nr. HZ 3132

40
Ruines du Chateau de Freudenberg, vor 1802
Aquatinta, 64,5 x 48,6 cm
Verlag Johann Gottlieb Prestel
Bez. M. u. (ausgeschnitten und unter die Darstellung geklebt): Ruines du Chateau de Freudenberg. / ancienne Résidence des Comtes de Trimberg, il fut cedé par eux au grand / Chapitre de Würzburg en 1226 / No 64, r. u.: Dessiné et gravé par Ant. Radl. Sous la Direction de Jean. Theoph. Prestel.
Kunststammlungen der Veste Coburg, Inv. Nr. IV,309,2
Lit.: Prestel 1802, Nr. 64 (hier: „gezeichnet und gestochen unter Aufsicht J. G. Prestel, von Ant. Radl"); Prestel 1806, Nr. 64; Nagler 1842, Bd. 12, S. 189; Passavant 1852, S. 247; Gwinner 1862, S. 448; Ausst. Kat. Heidelberg 1965, Nr. 250.

41
Ruine Freudenberg, vor 1802
Gouache, 65,3 x 49 cm
Bez. l. u.: Radl; rs.: Ruines du Chateau de Freudenberg, ancienne Résidence des Comtes de Trimberg, if fut cedé par eux au grand. Chapitre de Würzburg en 1226 [mit Wappen Wertheim]
Hessisches Landesmuseum Darmstadt, Graphische Sammlung, Inv. Nr. HZ 3129
Lit.: Max Schefold: Alte Ansichten aus Baden, 2 Bde., Weißenhorn 1971, Nr. 23, 738, Abb. 146.

Als Burg „Frouwedenberch" wurde Freudenberg zwischen 1190 und 1200 von den Würzburger Fürstbischöfen als Grenzburg errichtet. Zwischen 1497 und 1499 erfolgte dann unter Graf Asmus von Wertheim die Erweiterung durch eine Vorburg und zwei Rundtürme. 1552 wurde die Burg in der Fehde Markgraf Albrechts von Brandenburg mit dem Würzburger Bischof zerstört.

42
Hubertus-Ruine in Bergen
Gouache, 45,1 x 65,7 cm
Unbez.
Privatbesitz
Lit.: Frankfurter Maler. Gemälde – Aquarelle – Zeichnungen, Joseph Fach oHG 1972, Nr. 336, Abb. Taf. 8
(hier: „Kirchenruine in Bergen bei Frankfurt a. M.")

Über die genauen Ursprünge der Hubertuskirche im heutigen Frankfurter Stadtteil Bergen-Enkheim ist nichts bekannt. Der Altardienst war schon aufgegeben, bevor die Kirche durch Blitzschlag Mitte des 16. Jahrhunderts schwer beschädigt wurde. Ein Brand im Jahre 1600 zerstörte die Kirche vollends, und sie wurde in der Folge zur Gewinnung von Bausteinen weitgehend abgetragen. Radl konnte noch Teile des Chores und der westlichen Giebelwand mit ihren gotischen Stilelementen festhalten.

43
Die Friedberger Warte
Gouache, 65,2 x 50,5 cm
Unbez.
Städel Museum, Frankfurt a. M., Graphische Sammlung, Inv. Nr. 5741, erworben 1867
Lit.: Frankfurter Sparkassen-Kalender 1995, Monat Oktober.

44
Johann Gottlieb Prestel (1739–1808) nach Anton Radl
Sachsenhäuser Warte, vor 1802
Aquatinta, 64,9 x 49,4 cm
Verlag Johann Georg Reinheimer
Freies Deutsches Hochstift – Frankfurter Goethe-Museum, Inv. Nr. III-2948
Lit.: Prestel 1802, Nr. 54 (hier: ohne Nennung Radls); Prestel 1806, Nr. 54; Meusel 1809, S. 166; Nagler 1842, Bd. 12, S. 189.

45
Die Sachsenhäuser Warte, vor 1802
Gouache, 65,2 x 50,1 cm
Unbez.
Städel Museum, Frankfurt a. M., Graphische Sammlung, Inv. Nr. 5742, erworben 1867

Militärszenen

Die Militärdarstellungen bilden in Radls Œuvre nur eine kleine, allerdings zeittypische Motivgruppe. Bekannte Künstler wie Johann Baptist Seele (1774–1814) und Wilhelm von Kobell (1766–1853) setzten sich auch mit derartigen Motiven auseinander. Radls detailgenaue Wiedergabe, insbesondere von Uniformen und Ausstattungsgeräten, weist ihn als Augenzeuge der historischen Ereignisse aus. Für alle dargestellten Uniformen können entsprechende Regimentseinheiten für den Zeitraum in der hiesigen Region nachgewiesen werden. Auch decken sich seine Schilderungen mit der zeitgenössischen Memoirenliteratur.

Die Blätter umfassen „klassische" Militärszenen wie Gefechtsdarstellungen (Kat. Nr. 46, 47) und Marsch- oder Rastbilder (Kat. Nr. 52, 53), ohne politische Wertung, aber auch persönliche Eindrücke Radls von nachweisbaren Exzessen (Kat. Nr. 48–51). Aufgrund ihrer Thematik fand sich für letztere nur schwerlich ein breiter Markt.

Das früheste Blatt zeigt den vergeblichen Versuch der französischen Kavallerie, das von den Österreichern gehaltene Frankfurt am 22. April 1797 einzunehmen. Wahrscheinlich noch im selben Jahr schilderte Radl die Attacke in einer Gouache (Kat. Nr. 46), die Ursula Magdalena Reinheimer (1777–1845) in Aquatinta umsetzte (Kat. Nr. 47). Die dynamische Komposition gibt die Dramatik des Gefechts wieder: Von links preschen die weiß uniformierten österreichischen Kürassiere, schwere Reiterei mit Brustpanzer des Regiments Nassau–Usingen, heran. Verfolgt werden sie von französischen Dragonern in grüner Uniform mit Messinghelm und Roßhaarbusch. Von rechts heranstürmende Husaren, leichte Reiter ursprünglich ungarischer Herkunft, des 2. (braun) und 9. (rot) Regiments versuchen, dem Feind den Weg abzuschneiden. Doch gelang den Österreichern der Rückzug.

Auf vier Blättern, die dieselben französischen Truppenteile zeigen und daher zeitlich zusammengehören, beobachtete Radl die ausgelassene Soldateska. Die Szene der Plünderung eines ländlichen Wirtshauses durch Revolutionssoldaten (Kat. Nr. 49) erlaubt durch die linke Personengruppe eine Datierung genau in das Jahr 1800. Denn diese drei Soldaten der polnischen sogenannten Donau-Legion tragen den dreifarbigen, 1799 eingeführten Paßgürtel und den typisch polnischen Tschapka mit quadratischem Deckel als Kopfbedeckung. In der Mitte prosten zwei Husaren in grauer Uniform mit roter Verschnürung sowie ein rot gekleideter Trompeter des 3. Regiments und ein Offizier der Fußtruppen im langen blauen Mantel einander zu. Ein Dragoner rechts, der wie die Husaren das Haar zu einem Zopf gebunden trägt, vergnügt sich mit der Wirtin.

Zwei Weinkellerszenen eines Wirtshauses (Kat. Nr. 48) und eines Zisterzienserklosters (Kat. Nr. 50) sind Schauplätze derber Saufgelage. Soldaten der genannten Einheiten machen sich über die Fässer her, greifen sich die Wirtin, prosten sich einander zu und übergeben sich. Ein volltrunkener Soldat auf dem Boden wird von einem Hund bepinkelt.

Eine andere, vor einer Kirche spielende Szene (Kat. Nr. 51) zeigt feiernde Soldaten sowie entsetzt blickende Mönche. Hierzu gesellen sich am Tisch trinkende Husaren des 9. Regiments, während ein dritter einen Mönch zum Tanz zwingt. Rechts streitet ein leichter Infanterist, gekleidet in einer veralteten grünen, von 1791 stammenden Uniform, mit einem Mönch um eine Flasche Wein.

Während diese Genreszenen nur als Ausführungen in Gouache bekannt sind, lassen sich von dem Motiv „Franzosen in der Fahrgasse" ein Aquarell (Kat. Nr. 52), eine Gouache (Kat. Nr. 53) und eine kolorierte Radierung (Kat. Nr. 54) nachweisen. Bei dieser Szene herrscht friedliches Einvernehmen zwischen Soldaten und Bürgern, lediglich eine Frau mit einem Eierkorb widersetzt sich einem zudringlichen Soldaten. Mit der „Mehlwaage" und dem „Haus Fürsteneck" rechts und dem nördlichen Brückenturm der Alten Mainbrücke im Hintergrund wahrte Radl topographische Genauigkeit. Anhand des Husaren des 3. Regiments, der über die Schar der Grenadiere herausragt, läßt sich dieses Bild auf 1798 datieren. Der Soldat in Rückenansicht mit Bärenfellmütze und weißer Lederschürze hat eine Axt auf den Rücken geschnallt, was ihn als „Sapeur", Zimmermann in Armeediensten, ausweist. Im Druck aktualisierte Radl die Darstellung, indem er den 1801 abgebrochenen Brückenturm entfernte und die Uniformen auf den Stand des Jahres 1806 brachte. Dabei unterlief ihm ein kleiner Fehler: Der Husar trägt fälschlicherweise noch die Flügelmütze statt des nun üblichen Filz-Tschakos. Außerdem veränderte er die Soldatengruppe im Vordergrund und ersetzte den rechten Grenadier durch zwei weitere Sapeure.

Eine Sonderstellung nimmt eine kolorierte Aquatinta mit einem Denkmalentwurf ein (Kat. Nr. 55), die die emotionale Situation nach der Völkerschlacht bei Leipzig reflektiert. Um den Sockel, flankiert von Kanonen, sind russische und österreichische Kürasse, Helme und Stoßdegen der schweren Kavallerie mit gerader Klinge (Pallasche) sowie die Fahnen des österreichischen und russischen Kaiserreiche, Preußens und der weiteren deutschen Verbündeten gruppiert. Und um die kannelierte Säule reihen sich Pistolen und Gewehre. Vor dem Monument liegen zerbrochene Standarten und militärische Ausrüstung der besiegten Franzosen. Rechts vermerkt Klio, die Muse der Geschichtsschreibung, den Sieg der antinapoleonischen Koalition am 18. Oktober 1813.

Alfred Umhey

46
Attaque auf das Bockheimer Thor, 1797/98
Gouache, Weißhöhungen, 42 x 68 cm
Bez. M. u. auf der Unterlage aus der Zeit des Städel-Inspektors Johann Gerhard Malss (1819–1885): Attaque von sechs Regimentern französischer Cavalerie unter General Hoche auf die Stadt Frankfurt a. M. am Bockenheimer Thor durch Überrumpelung der k.k. oesterreichischen Küraßiere (? Dragoner) vier Tage nach der Schlacht bei Neuwied im Jahr V der Republik (22. April 1797) Lieutnant Brzczinski von Manfredini Infant. schloß rechtzeitig das Gitter.
Städel Museum, Frankfurt a. M., Graphische Sammlung, Inv. Nr. 5743

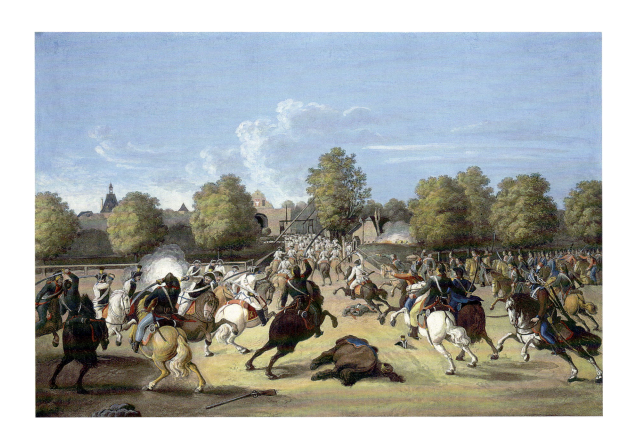

47
Ursula Magdalena Reinheimer (1777–1845) nach Anton Radl
Attaque auf das Bockenheimer Thor, vor 1802
Aquatinta, koloriert, 47,8 x 67,6 cm
Verlag Gottlieb Prestel
Bez. l. u. auf dem Unterblatt in der Zeit des Städel-Inspektors Johann Gerhard Malss (1819–1885): Anton Radl inv.; r. u.: M. C. Reinheimer geb. Prestel sc; M. u.: Attaque von sechs Regimentern französischer Cavalerie unter General Hoche auf die Stadt Frankfurt a. M. am Bockenheimer Thor durch Ueberrumpelung der oesterreichischen Kürassiere? (Dragoner) vier Tage nach der Schlacht bei Neuvied im Jahr V der Republik (22. April 1797) Lieutnant Brzczinski von Manfrechini Infant. schloß rechtzeitig das Gitter.
Städel Museum, Frankfurt a. M., Graphische Sammlung, Inv. Nr. 37313
Lit.: Prestel 1802, Nr. 52 (hier: ohne Nennung Radls); Prestel 1806, Nr. 52 (hier: „Gravée par J. T. Prestel, d'après Ant. Radl); Nagler 1842, Bd.12, S. 189; Passavant 1852, S. 247; Gwinner 1862, S. 376; Ausst. Kat. Frankfurt 2007, B 22, S. 140f. m. Abb.

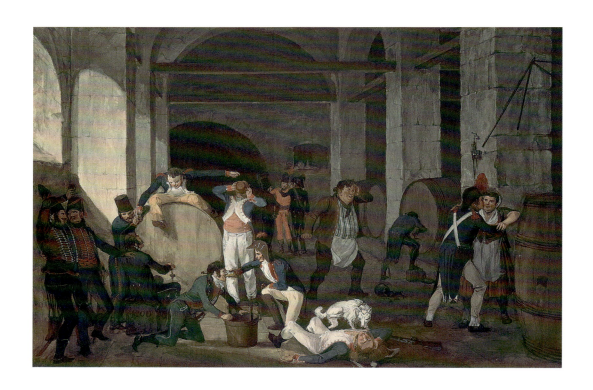

48
Französische Soldaten in einem Weinkeller, um 1800
Gouache, 32,3 x 48,1 cm
Unbez.
Historisches Museum, Frankfurt a. M., Graphische Sammlung, Inv. Nr. C 16988

49
Französische Revolutionssoldaten plündern ein Dorfwirtshaus, 1800
Gouache, 32,2 x 47,4 cm
Unbez.
Historisches Museum, Frankfurt a. M., Graphische Sammlung, Inv. Nr. C 16989

50
Besäufnis französischer Soldaten und entsetzte Mönche im Weinkeller eines Klosters, um 1800
Gouache, 32,9 x 50,6 cm
Bez. l. u.: Prägestempel AR
ALBERTINA, Wien, Inv. Nr. 6177, aus der Sammlung Herzog Albert von Sachsen-Teschen (1738–1822)

51
Ausschweifung und Mißhandlung von Mönchen durch französische Soldaten bei einer Klosterkirche, um 1800
Gouache, Kreide, 33,3 x 51,5 cm
Bez. l. u.: Prägestempel AR
ALBERTINA, Wien, Inv. Nr. 6178, aus der Sammlung Herzog Albert von Sachsen-Teschen (1738–1822)

52
Franzosen in der Fahrgasse, vor 1801
Aquarell, 25,2 x 37,6 cm
Bez. l. u.: A. Rad'l
Privatbesitz
Lit.: Passavant 1852, S. 247.

53
Anton Radl
Franzosen in der Fahrgasse, 1798
Gouache, Aquarell, 24,3 x 34,5 cm
Bez.
Kunststammlungen der Veste Coburg, Inv. Nr. Z.1538
Lit.: Passavant 1852, S. 247.

54
Franzosen in der Fahrgasse, 1806
Kupferstich, Radierung, koloriert, 27,7 x 40,4 cm
Bez.
Städel Museum, Frankfurt a. M., Graphische Sammlung, Inv. Nr. 13704, erworben vor 1867
Lit.: Passavant 1852, S. 247; Kramer 1964, Abb. S. 260 (hier: „Durchziehende französische Truppen in der Fahrgasse 1809").

55
Entwurf für ein Denkmal, 1813
Aquatinta, koloriert, Darstellung: 75 x 57 cm; Blatt: 81 x 61,5 cm;
Bez. r. u.: A. Radl; im Bild an der Bodenplatte: A. RADL
Historisches Museum, Frankfurt a. M., Graphische Sammlung, Inv. Nr. C 17124
Lit.: Beer 1902.

Die am Sockel angebrachte Inschrift lautet: DEN MANNEN DER EDLEN / DIE DEN XVIII OKTOBER MDCCCXIII / FÜR UNABHÄNGIGKEIT UND RECHT / SIEGEND FIELEN.

Graphik nach Bühnenbildern von Giorgio Fuentes (1756–1821)

Von 1796 bis 1800 wirkte am Frankfurter Stadttheater mit dem Italiener Giorgio Fuentes ein Bühnenbildner von internationalem Rang. Fuentes hatte an der Mailänder Scala und an den Theatern von Brescia, Genua und Turin gearbeitet, bevor er nach Frankfurt kam (Pfeiffer–Belli 1926; Bacher 1926, S. 96ff; Mohr 1940, S. 133ff.; Mohr 1986, S. 7ff.; Weeke 1994). Seine phantasievoll-historisierenden Bühnendekorationen mit imposanten Architekturkulissen begeisterten in ihrer barocken Prachtentfaltung und klassizistischen Klarheit das hiesige Publikum, allen voran Johann Wolfgang von Goethe. Nach seinem Besuch der hiesigen Vorstellung der Oper „Palmira, Prinzessin von Persien" von Antonio Salieri (1750–1825) am 13. August 1797 lobte Goethe die Dekorationen über alle Maßen. Wenige Tage später suchte er Fuentes in dessen Atelier auf. Der Versuch des Dichters, den angesehenen Italiener für die Weimarer Bühne zu gewinnen, scheiterte, da er ihm nicht derartig hohe Einkünfte wie in Frankfurt zusichern konnte. Nicht allein das hohe Gehalt des Mailänders, sondern ebenso der enorme Aufwand für seine prächtigen Bühnenbilder stieß auch in der Handelsmetropole Frankfurt auf Kritik: Im Jahr 1800 legte der Bankier Johann Jacob Willemer (1760–1838, Abb. 98) gegen diesen Aufwand Protest ein, was Fuentes noch im gleichen Jahr dazu veranlaßt haben mag, die Stadt zunächst Richtung Paris, sodann nach Italien zu verlassen.

Die Beliebtheit der Operndekorationen auch nach Fuentes Weggang belegt eine Folge prächtiger Reproduktionsgraphiken von Radl, die dieser selbst herausgab und vertrieb (Kat. Nr. 56–59). Die aufwendigen Blätter sind in Aquatintatechnik ausgeführt, die Radl dank der Ausbildung im Verlag Prestel gut beherrschte, und sorgfältig mit Aquarell- und Deckfarben koloriert, so daß sie wie Gouachen und damit Unikate anmuten. Offenbar standen ausschließlich kolorierte Versionen zum Verkauf, unkolorierte Blätter sind nicht überliefert. Einige Drucke erschienen mit einer eigens auf einem Blatt unterhalb der Darstellung mitgedruckten Bezeichnung, die den Titel der Oper sowie Radl als Stecher und Verleger vermerkt. Andere Blätter haben unterhalb der Darstellung gedruckte prestigeträchtige Widmungen an den Fürstprimas des Rheinbundes und Großherzog von Hessen, Carl Theodor von Dalberg (1744–1817), und an die regierende Landgräfin Elisabeth von Hessen-Homburg (1770–1840), so daß deren Datierung in den Jahren 1806–1810, 1810–1813, 1820–1829 anzusetzen ist.

Bei den von Radl reproduzierten Bühnenbildern handelt es sich um Szenen verschiedener Opern. Eine Darstellung entstammt der besagten Oper „Palmira" von Salieri (Kat. Nr. 59), und zwei Bühnenbilder der Oper „La Clemenza di Tito" von Wolfgang Amadeus Mozart (1756–1791, Kat. Nr. 56, 57). Diese Inszenierung von 1799 wurde vom Frankfurter Publikum besonders gefeiert, wie Goethes Mutter ihrem Sohn nach Weimar berichtete. Des weiteren finden sich Szenen der Opern „Der Corsar aus Liebe" von Joseph Weigl (1766–1846, Kat. Nr. 58) und „Camilla" von Ferdinando Paer (1771–1839, Abb. 94). Radl schuf von diesen Theaterdekorationen nicht allein druckgraphische Reproduktionen, sondern bot offenbar auch Gouachen an, die in Vorbereitung der Aquatinten oder aber als Wiederholung in anderer Technik entstanden sein könnten: Das Frankfurter Goethe-Museum besitzt eine Gouache des prächtigen Bühnenbildes für die Oper „Palmira" (Inv. Nr. III-9775), das Hessische Landesmuseum Darmstadt eine Gouache der Theaterdekoration der „Camilla" (Inv. Nr. HZ 3140). Radl konnte auf Arbeiten von Fuentes zurückgreifen, die sich in Frankfurter Sammlungen jener Zeit befanden. So besaß Johann Friedrich Städel (1728–1816) Aquarelle des Italieners (Abb. 39, Ausst. Kat. Frankfurt 1991/92b, Bd. 2, S. 122f.). Ein Vergleich zwischen dem Aquarell von Fuentes und der Reproduktion von Radl zeigt, daß sich Radl engstens an die Vorlage hielt, lediglich die Farbigkeit intensivierte.

Birgit Sander

56
Anton Radl nach Giorgio Fuentes (1756–1821)
Bühnendekration der Oper „La Clemenza di Tito" von Wolfgang Amadeus Mozart (1756–1791),
2. Akt, 2. Szene, 1820–1829
Aquatinta, koloriert, Darstellung: 53,4 x 74 cm; Blatt: 62 x 82 cm
Verlag Anton Radl
Bez. l. u.: Gemalt von Fuentes für die Schaubühne in Frankfurt a/M., r. u.: Gestochen und ausgegeben von A. Radl; M. u.: Vorstellung aus der Oper Titus, II. Act, II. Scene. / Ihro Königlichen Hoheit der regierenden Frau Landgräfin von Hessen Homburg Elisabeth, geborene Prinzessin von Großbritannien und Irland & c.; r. u.: ehrfurchtsvoll gewidmet von A. Radl
Freies Deutsches Hochstift – Frankfurter Goethe-Museum, Inv. Nr. III-14046
Lit.: Kirchner 1818, Bd. 1, S. 311; Passavant 1852, S. 247; Gwinner 1862, S. 447; Mohr 1940, Abb. 26, S. 9; Mohr 1986, Abb.19.

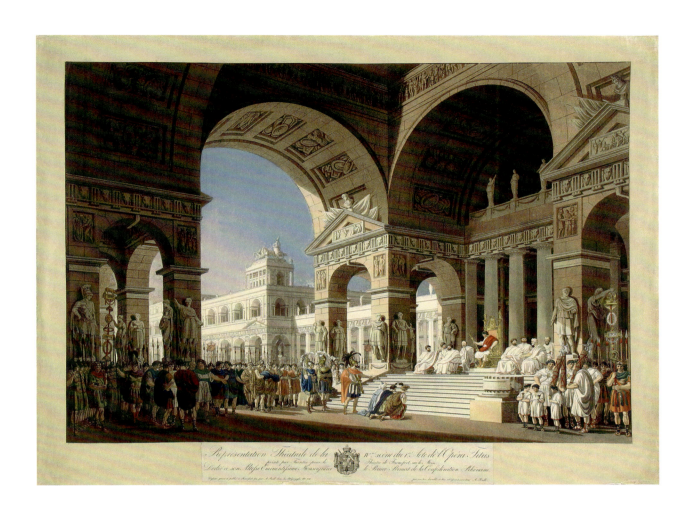

57
Anton Radl nach Giorgio Fuentes (1756–1821)
Bühnendekration der Oper „La Clemenza di Tito" von Wolfgang Amadeus Mozart (1756–1791),
1. Akt, 4. Szene, 1806–1810
Aquatinta, koloriert, Darstellung: 52 x 74 cm; Blatt: 63 x 84,5 cm
Verlag Anton Radl
Bez. M. u. auf separatem Blatt: Représentation Théatrale de la IVme scène du Ier Acte de l'Opéra Titus / peint par Fuentes pour le Théatre de Francfort sur le Mein. / Dedié à son Altesse Eminentissime Monseigneur le Prince Primat de la Conféderation Rhénane. / Dessiné, gravé et publié à Francfort s/M. par A. Radl dans la Stelzengasse N° 231 par son très humble serviteur obéissant A. Radl.
Freies Deutsches Hochstift – Frankfurter Goethe-Museum, Inv. Nr. III-309
Lit.: Kirchner 1818, Bd. 1, S. 311; Passavant 1852, S. 247; Gwinner 1862, S. 447; Bacher 1926, Abb. S. 89; Röhler 1972, Abb. S. 171; Mohr 1940, Abb. 26; Mohr 1986, Abb. 17.

58
Anton Radl nach Giorgio Fuentes (1756–1821)
Le Magazin italien, Bühnendekoration für die Oper „Der Corsar aus Liebe" von Joseph Weigl (1766–1846)
Aquatinta, koloriert, Darstellung: 46,5 x 66 cm; Blatt: 58 x 77, 5 cm
Verlag Anton Radl
Bez. M. u. auf separatem Blatt: Le Magazin italien / Lui a eu tant d'approbation au théatre de Francfort d'apres le dessin original de Monsieur George Fuentes / qui se trouve dans la collection de Monsieur Jean Frederic Staedel à Francfort; l. u.: redactéi à Francfort s/M par Antoine Radl dans la Stelzengasse Nr. 231; r. u.: gravé par Antoine Radl.
Freies Deutsches Hochstift – Frankfurter Goethe-Museum, Inv. Nr. III-252
Lit.: Nagler 1842, Bd. 12, S.189; Passavant 1852, S. 247; Gwinner 1862, S. 447; Bacher 1926, S. 96f, Abb. S. 97; Mohr 1986, Abb. 13.

59
Anton Radl nach Giorgio Fuentes (1756–1821)
Bühnendekoration zur Oper „Palmira, Prinzessin von Persien" von Antonio Salieri (1750–1825),
1. Akt, 4. Szene, 1810–1813
Aquatinta, koloriert, Darstellung: 51,4 x 72,7 cm; Blatt: 63 x 83 cm
Verlag Anton Radl
Bez. M. u. auf separatem Blatt: Représentation Théatrale de la IVme scène du Ier Acte de l'Opéra Palmyre. / peinte par Fuentes pour le Théatre de Francfort sur le Mein. / Dedié à son Altesse Royale Monseigneur le Grand Duc de Hesse; l. u.: Dessiné, gravé et publié à Francfort s/M. par A. Radl; r. u.: par son très humble et très obéissant serviteur A. Radl.
Freies Deutsches Hochstift – Frankfurter Goethe-Museum, Inv. Nr. III-09775
Lit.: Kirchner 1818, Bd. 1, S. 311; Passavant 1852, S. 247; Gwinner 1862, S. 447; Bacher 1926, Abb. 20; Mohr 1940, Abb. 28; Heckmann/Michel 1982, Abb. S.124; Mohr 1986, Abb. 10.

Die literarische und künstlerische Entdeckung des Taunus um 1770 bis 1840
„Der denkwürdige Taunus […] ist werth besucht und besungen zu seyn"

Gerhard Kölsch

Im Schaffen Anton Radls bilden Darstellungen verschiedener Taunusgegenden, etwa der Bade- und Kurorte zwischen Ems, Wiesbaden und Soden, aber auch die von Burgen und Gipfeln bekrönten Landschaften um Eppstein (Abb. 49), Königstein, Kronberg und Homburg vor der Höhe eine besondere und umfangreiche Werkgruppe. Radl wählte somit Landstriche und Orte, die zuvor eher aus bestimmtem Anlaß oder in topographisch-illustrierender Weise dargestellt worden waren, als eigenständiges Bildthema. Ein sprunghaft anwachsendes Interesse am Taunus ist generell seit etwa 1770 festzustellen und hatte Reisende und Literaten, Historiographen und Künstler jener Zeit erfaßt. Die literarische und künstlerische Entdeckung der Taunuslandschaft vollzog sich daraufhin in mehreren Etappen und in vielschichtiger Weise.

Vorauszuschicken wäre, daß der Taunus weder geographisch noch historisch einen einheitlichen Natur- und Kulturraum bildet. Als Teil des Rheinischen Schiefergebirges im Geviert zwischen Lahn, Mittelrhein, Main und der Wetterau gelegen, ist der Taunus wiederum in größere Teillandschaften untergliedert: Zwischen Rheingau und dem Feldbergmassiv erstreckt sich der Vordertaunus, ein von Süden aus steil ansteigender Höhenzug in Form einer Pultscholle, gekennzeichnet durch mächtige Quarzitfelsen und das häufige Vorkommen heißer Mineralquellen entlang der „Bäderlinie". Weiter nördlich fällt hingegen der Hintertaunus mit weiten Hochflächen und tief eingeschnittenen Tälern langsam zum Lahntal ab, unterbrochen durch die Senke von Idstein und das weite Limburger Becken.[1] Morphologie und Charakter der Landschaft, klimatische Verhältnisse, Vegetation und nicht zuletzt die

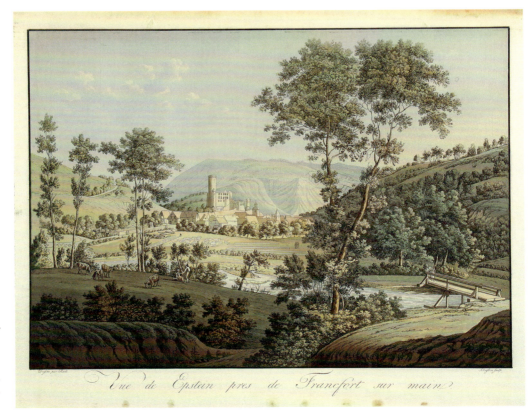

Abb. 49
Johnston nach Anton Radl: Vue de Epstein pres de Francfort sur main, Kupferstich, Radierung, koloriert, Freies Deutsches Hochstift – Frankfurter Goethe-Museum

Nutzung durch Wald- und Landwirtschaft unterscheiden sich in den einzelnen Gebieten erheblich und verleihen dem Taunus ein ausgesprochen abwechslungsreiches Gepräge.

Die Territorialgeschichte des Taunus zeigt sich ähnlich heterogen. Bis in das späte 18. Jahrhundert hatte sich eine starke Zersplitterung des Gebietes vollzogen. Vor 1789 regierten die Fürsten der Nassauer Linien, der Kurfürst von Mainz, die Landgrafen von Hessen-Kassel und Hessen-Darmstadt, die Grafen und Fürsten von Solms sowie weitere kleine Herrschaften mit zum Teil kleinen und kleinsten abgetrennten und versprengten Territorien über den Taunus. Geringe Anteile waren auch unter reichsstädtischer Oberhoheit. Mit der Konstitution des Rheinbundes 1806 erhielt das neugegründete Herzogtum Nassau weite Teile der alten, nun aufgelösten Herrschaften und umfaßte bis zu seinem Ende 1866 den überwiegenden Teil des Taunusgebietes.[2] Eine Besonderheit der Taunusgeschichte waren die Markgenossenschaften, die seit dem Mittelalter als regionale Organisationen die Wald- und Holznutzung in der Region regelten, darunter als wohl bekanntestes Beispiel die Hohe Mark, zu der sich rechts der Nidda gelegene Gemeinden zwischen Homburg, Oberursel und Reifenberg zusammengeschlossen hatten. Das Territorium der Hohen Mark, zu dem auch der Große Feldberg zählte, wurde nach seiner Auflösung 1813 in einem feierlichen Akt auf diesem Gipfel „dreiherrisch" zwischen dem Großherzogtum Frankfurt, dem Großherzogtum Hessen-Darmstadt und dem Herzogtum Nassau aufgeteilt.[3] Insgesamt erscheinen die historisch gewachsenen Verbindungen der Reichsstadt Frankfurt am Main zu den Gebieten des Taunus vor 1800 geringer als in der nachfolgenden Zeit, und frühe Taunusdarstellungen wie im Hintergrund des Frankfurter „Bürgermeisterbildes" (Abb. 50)[4] von 1629 bleiben eine Ausnahme.

„in monte Tauno"

Auch der Name „Taunus" wurde erst gegen Ende des 18. Jahrhunderts zunächst bei einem historisch interessierten Publikum gebräuchlich, und es dauerte noch bis um 1840, bis sich der Begriff in der Alltagssprache durchgesetzt hatte.[5] Zuvor war eine einheitliche Bezeichnung für das Gebiet in seiner gesamten Ausdehnung nicht existent. Für die steil abfallende Südkante des Gebirgszuges vom Mittelrhein bis zur Wetterau war seit mittelalterlicher Zeit der einfache Name „Höhe" üblich, der noch heute als Unterscheidungszusatz bei gleichlautenden Ortsnamen wie Bad Homburg vor der Höhe überlebt hat, oder man sprach vom „Gebirge". Das nördlich liegende Gebiet zwischen Rhein und Lahn wurde hingegen seit dem 8. Jahrhundert mit diversen Varianten des Namens „Einrich" oder „Heirich" bezeichnet.[6] Der Begriff „Taunus" hatte bereits im 16. Jahrhundert das Interesse humanistischer Philologen bei deren Bearbeitung antiker Autoren geweckt und entstammte den „Annales" des römischen Historikers Publius Cornelius Tacitus (um 55–um 115). Dieser berichtete von einem Kastell des Germanicus „in monte Tauno" (auf dem Berg Taunus), das als römischer Vorposten rechts des Rheins im Gebiet der Chatten gelegen habe.[7] Bedeutung und Herkunft des Begriffes „Taunus" wurden fortan in einem kleinen Zirkel von Historikern, Philologen und Geographen kontrovers diskutiert.[8] Eine Identifizierung mit der heute als Taunus bezeichneten Region veröffentlichte erstmals der in Diensten des Kasseler Landgrafen stehende Baumeister und Geograph Wilhelm Dilich (1571 oder 1572–1650) in seiner Publikation „Hessische Chronica" von 1605.[9] Spätere Inschriftenfunde aus dem Gebiet des ehemaligen römischen Ortes Nida bei

Abb. 50
Wohl deutscher Maler: Die Frankfurter Bürgermeister Jeremias Orth und Hieronymus Stalburg (Ausschnitt), 1629, Öl auf Kupfer, ehemals Freies Deutsches Hochstift – Frankfurter Goethe-Museum, Kriegsverlust

Frankfurt-Heddernheim, mehr noch die Publikationen zur römischen Geschichte aus der Feder des Seligenstädter Benediktiners Pater Joseph Fuchs (1732–1782)[10] und des Hessen-Homburgischen Regierungsrates Elias Neuhof (1724–1799)[11] ließen diese These im ausgehenden 18. Jahrhundert letztlich zur Gewißheit werden.[12]

Während Johann Wolfgang Goethe in „Dichtung und Wahrheit" die Taunusausflüge seiner Kindheit noch als „Wanderungen nach dem Gebirge" titulierte[13], berichtete Sophie von La Roche (1730–1807) 1798 in einem Brief an Johann Isaac von Gerning: „gestern bin [ich] mit André zwischen Römischen Grabhügeln herum gefahren – die Sonne gieng hinter dem Taunus unter in voller pracht [...]"[14] und verwendete hierbei ganz selbstverständlich die neue Bezeichnung. Der Adressat dieser Zeilen, der Frankfurter Jurist und Diplomat, Schriftsteller und Sammler Johann Isaac von Gerning (1767–1837, Abb. 51)[15] trat schließlich in seinen poetischen und praktischen Publikationen als Protagonist des Taunus hervor. Gernings 1821 erschienenes Reisebuch „Die Lahn= und Main=Gegenden"[16] umfaßt historische, antiquarische und allgemein geographische Beschreibungen von Ems über das Gebiet des Lahntaunus und Hochtaunus bis nach Frankfurt und dessen Umgebung, wobei auch das „Taunusgebirg" als Ganzes Darstellung findet.[17] Seine Taunusdichtungen datieren hingegen bereits früher, so der kurze Hymnus „Der Taunus" von 1799[18], insbesondere jedoch die 1813/14 in zwei Ausgaben erschienenen „Heilquellen am Taunus" (Abb. 52).[19]

In den „Heilquellen" folgen auf Widmung und die einleitende Ode „Der Taunus" vier längere Gesänge. Zwischen knapp zweihundert und gut sechshundert Verse umfassend, sind diese den Orten Soden, dem Feldberg und Altkönig, Wiesbaden und Schlangenbad, Schwalbach und Ems gewidmet, berühren jedoch auch die umliegenden Gegenden. Die erquickende und heilende Wirkung der Quellen, die Schönheiten der Natur, die Erhabenheit der Landschaft und die Historie einzelner Orte bilden die Themen von Gernings Dichtung, und ein umfassender Anhang erläutert und kommentiert dem Leser die oft verschlüsselten Zusammenhänge.[20] Formal schuf Gerning, der auch als Übersetzer antiker Autoren ins Deutsche erfahren war[21], im Wechsel von Hexametern und Pentametern eine Nachschöpfung klassischer Elegien, freilich „ohne sich überall an die strengeren Anforderungen der Zeit- und Ton-Messung zu binden"[22] – doch das Werk entsprach in „freyer leichter Bewegung, heiterer Farbgebung, in [...] sinnreichen Anspielungen am meisten dem Ovid"[23] und damit vollkommen dem Interesse einer vom klassischen Altertum faszinierten Leserschaft. Indem er die heimische Landschaft immer wieder begeistert den

Abb. 51
Johann Christian Ernst Müller nach einem Gemälde von Angelika Kauffmann: Johann Isaac von Gerning, nach 1798, Radierung, Freies Deutsches Hochstift – Frankfurter Goethe-Museum, Graphische Sammlung

Schönheiten Italiens gleichsetzte, indem er weiterhin den Taten der alten Römer das Heldentum der „Teutschen" gegenüberstellte und schließlich vielfache Ausflüge in die Geschichte und Sagenwelt des Mittelalters anschloß, verwendete Gerning genau jene Motive, die auch in der Folge bei der literarischen und künstlerischen Entdeckung des Taunus mit anklangen. Auf Gernings Annäherung an die Klassik folgte rasch romantisch überhauchte Stimmungshaftigkeit, etwa bei dem Hamburger Domherrn Friedrich Johann Lorenz Meyer (1760–1844), der 1821 in einem Reisebericht emphatisch ausrief: „Auch hier sind Götter – und Helden! auch hier umweht mich der Geist des hohen Alterthums und ehrwürdiger Erinnerungen an eine große Vorzeit, [...] Von höherer geschichtlicher Würde und alterthümlichem

Interesse, ist [...] keine Gegend Deutschlands, als die des Taunus=Gebirgs".[24]

Heilquellen des Taunus

Die Badeorte des Taunus wurden Dank ihrer heilkräftigen Quellen früh von Reisenden und Kurgästen besucht.[25] Bereits den Römern bekannt, fanden etwa die heißen Kochsalzquellen in Wiesbaden nachweislich seit 1232 wieder als Bäder Verwendung. Auch in Ems ist der Badebetrieb seit dem frühen 14. Jahrhundert belegt, ab etwa 1500 gewann der Ort an der Lahn überregionale Bekanntheit. Der Flecken Langenschwalbach (heute Bad Schwalbach, Abb. 53) stieg seit Mitte des 16. Jahrhunderts rasch zum berühmten Kurort auf. Der Leibarzt des Pfalzgrafen Johann Casimir von der Pfalz-Simmern (1543–1592), Jacob Theodor, gen. Tabernaemontanus (1522–1590), hatte neben der älteren Badekur eine neue Trinkkur mit Schwalbacher Wasser propagiert und spektakuläre Heilungserfolge bei prominenten Patienten erzielt. Auch im benachbarten Schlangenbad richteten der Landgraf von Hessen-Kassel und der Kurfürst von Mainz ab 1696 Badehäuser für ihren Hofstaat ein. Die Gründung weiterer Kurbetriebe häufte sich seit dem 18. Jahrhundert, etwa 1722 im Reichsdorf Soden bei Frankfurt am Main oder 1777 in Wilhelmsbad bei Hanau, im 19. Jahrhundert sodann bei der Schwefelquelle von Weilbach nahe Flörsheim, in Homburg vor der Höhe und im Kronthal bei Kronberg (Abb. 54). Nach Gründung des Großherzogtums Nassau 1806 zählten die meisten Heilquellen des Taunus zu dessen Territorium und wurden, ab 1816 per Dekret der großherzoglichen Generaldomänendirektion unterstellt, zu einem tragenden Wirtschaftszweig des ansonsten armen Landes. Der Badebetrieb in Nassau wurde vielerorts durch neue Anlagen wie Kur- und Gesellschaftshäuser befördert, man setzte offizielle Badeärzte ein, analysierte und publizierte die Quellen und versandte Mineralwasser in die ganze Welt.

Zu den frühesten Darstellungen der Kurorte im Taunus zählen jene Zeichnungen, die Anton Mirou (1578–vor 1627) im Sommer 1615 bei einem Aufenthalt in Langenschwalbach schuf. Die Folge leicht angelegter, wohl vor Ort entstandener Federzeichnungen schildert in lebensnaher Weise die bescheidenen Gebäude und einfachen Straßen des Fleckens, teils auch Spaziergänge und Fahrwege. Matthäus Merian d. Ä. (1593–1650) stach nach einigen dieser Zeichnungen 1620

Abb. 52
Johann Isaac von Gerning: Die Heilquellen am Taunus. Ein didaktisches Gedicht in vier Gesängen, Leipzig 1814, Titelblatt und radiertes Frontispiz von Joseph Nikolaus Peroux nach Johann Georg Schütz, Freies Deutsches Hochstift – Frankfurter Goethe-Museum, Bibliothek

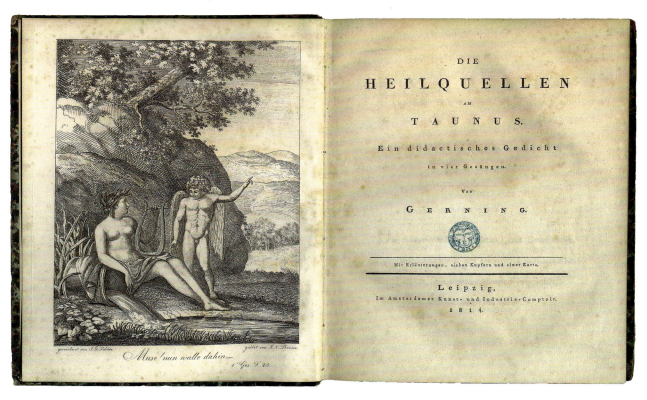

Abb. 53
Christian Gottlob Hammer nach Anton Radl: Schwalbach von Kemel aus, 1819, Kupferstich, Radierung, koloriert, Verlag Gebrüder Wilmans, Museum Wiesbaden, Sammlung Nassauischer Altertümer

Abb. 54
Blick auf Kronberg, Tusche, laviert, Klassik Stiftung Weimar, Graphische Sammlungen, Weimar

„Der denkwürdige Taunus [...] ist werth besucht und besungen zu seyn"

die sechsundzwanzigblättrige Folge der „Schwalbacher Reise", wobei er die Vorlagen Mirous um vielfältige Figuren- und Tierstaffage bereicherte.[26] Die Ansicht eines Schwalbacher Brunnens hatte hingegen Lucas van Valckenborch (wohl 1536–1597) bereits 1596 in einem Gemälde wiedergegeben (Abb. 55)[27], wobei er den realistisch anmutenden Blick in das Aartal in eine zeittypische Landschaftskomposition einband. Im Vordergrund erkennt man die gefaßte Quelle, Bedienstete bieten vornehm gekleideten Kurgästen Heilwasser in Krügen und Gläsern an, Spaziergänger und Rastende runden die Szene ab. Eine weitere, 1631 datierte Brunnendarstellung publizierte Matthäus Merian d. Ä. in der „Topographia Hassiae". In einer aus der Vogelschau gesehenen Ansicht von Langenschwalbach erscheint links unten die Ansicht des etwas außerhalb gelegenen, bekannten und beliebten Weinbrunnens.[28] Die tiefer liegende, gefaßte und von einer Blattlaube hinterfangene Quelle ist mit Brunnenknechten beim Wasserschöpfen und einer großen Schar von Kurgästen staffiert und vermittelt ein anschauliches Bild des frühen Kurbetriebs. Daß landeskundlichen Beschreibungen des 17. Jahrhunderts wie Merians „Topographia Hassiae" oder die bereits oben erwähnte „Hessische Chronica" des Wilhelm Dilich von 1605 überdies vielfache Ansichten weiterer Kurorte und anderer Städte und Flecken im Taunus enthalten, sei an dieser Stelle nur der Vollständigkeit halber erwähnt.[29]

Mit dem Aufschwung der nassauischen Badeorte nach 1800 entstanden diverse Reisebeschreibungen aus der Region, die zum Teil auch mit entsprechenden Ansichten illustriert waren.[30] Gernings „Heilquellen" von 1814 enthalten etwa sechs Aquatintaradierungen nach Zeichnungen von Christian Georg Schütz d. J. (1758–1823), genannt „der Vetter"[31], darunter Darstellungen der „klassischen" Kurorte Soden, Wiesbaden, Schlangenbad, Langenschwalbach und Ems. Diese führen im steten Changieren zwischen Ideal und Wirklichkeit die künstlerische Tradition seines Verwandten und Lehrers Christian Georg Schütz d. Ä. (1718–1791) fort. Und ebenso, wie bereits der ältere Schütz um 1750 auf einer Rheinreise vielfältige Eindrücke aus dieser Gegend gesammelt hatte, gingen auch die Stichvorlagen des Vetters auf Reisen und Wanderungen zwischen Rhein, Lahn und quer durch den Taunus und vielfach vor Ort aufgenommene Studien zurück.[32] Die Tradition „malerischer" Rheinreisen, im 17. Jahrhundert von niederländischen Künstlern begründet und seit etwa 1800 insbesondere von Deutschen und Engländern enthusiastisch wieder aufgegriffen, ließ zur gleichen Zeit zahllose illustrierte Beschreibungen des Rheintals entstehen, die prägend für alle weiteren Beispiele dieser Gattung wurden.[33] Alben ausschließlich mit Ansichten der Taunusbäder erschienen indes in vergleichsweise geringer Zahl, etwa die wohl nach 1823 durch Ernst Fries (1801–1833) und Carl Rottmann (1797–1850) eher traditionell und bescheiden illustrierten „Bäder des Taunus"[34], ein um 1830 vom Frankfurter Verleger Carl Jügel (1783–1869) publiziertes Album unter französischem Titel[35] oder der um 1840/45 von George Barnard (nachgewiesen seit 1832, ge-

Abb. 55
Lucas van Valckenborch: Der „Borner Brunnen" in Langenschwalbach, 1596, Öl auf Holz, Herzog Anton Ulrich-Museum Braunschweig

Abb. 56
Friedrich August Schmidt nach Anton Radl: Ansicht von Hohenstein, 1819, Kupferstich, Radierung, koloriert, Verlag Gebrüder Wilmans, Museum Wiesbaden, Sammlung Nassauischer Altertümer

storben 1891) herausgegebene, mit besonders prachtvollen Farblithographien geschmückte und in einem persönlichem Exemplar Großherzog Adolph von Nassau gewidmete Großfolioband „The Brunnens of Nassau".[36] Von Anton Radl wäre eine Stichserie „klassischer" Taunusbäder zu erwähnen, die neben Darstellungen von Frankfurt am Main und seiner Umgebung und bekannter Orte aus dem Hochtaunus die „Ansichten von Frankfurt am Main" (Kat. Nr. 80) aus der Feder des Theologen und Historikers Anton Kirchner (1779–1834) illustrieren.[37] Die großformatigen, in Aquarell- oder in Gouachetechnik (Kat. Nr. 66–71, 84–89, 91–93) ausgearbeiteten Einzelansichten von Wiesbaden, Schlangenbad, Langenschwalbach und Ems wie auch der beliebten Ausflugsziele in der jeweiligen Umgebung – wie Sonnenberg, Biebrich, Adolphseck oder Hohenstein (Abb. 56) – dürfte Radl gleichermaßen auf den Geschmack und die Wünsche anspruchsvoller Kurgäste in den nassauischen Bädern ebenso wie auf ein heimisches Publikum zugeschnitten haben.

Geniereisen und Gesellschaftstouren zum Feldberg

Der Große Feldberg, dessen Gipfel mit 878,50 Metern über dem Meeresspiegel den gesamten Taunus überragt und der bis heute als Frankfurter „Hausberg" zahllose Ausflügler anlockt, war bereits gegen Ende des 18. Jahrhunderts ein festes Ziel neugieriger Wanderer, aber auch geselliger Touren geworden. Bei den frühen Reiseberichten und Beschreibungen des Feldbergs fallen indes vielfach stereotype Erfahrungsmuster auf, und die Erkundungen dieser Landschaft verliefen erstaunlich früh nach tradiertem Muster und in wohlgeordneter Weise.[38] Als frühester Chronist einer Feldbergbesteigung gilt der Theologe und Luther-Schüler Erasmus Alber (um 1500–1553)[39], der in seiner deutsch gereimten Fabel „Von einem Zugochsen und einem jungen Mast- oder Weidochsen" von 1534 befand: „Ich halt', es sei im deutschen Land / nicht viel ein höher' Berg bekannt" und weiter ausführte: „genannt der Feldberg, darauf man / in dreien Stunden nicht wohl kann / von Falkenstein gesteigen bald". Alber hatte also bei seiner Besteigung des Feldbergs die weniger steile, auch später beliebte Route von Süden aus gewählt, und vom damals bereits entwaldeten Gipfel[40] berichtete er: „wann man nicht höher kommen kann, / da steht ein großer, weiter Plan. / [...] sieht man schier bis gen Köln hinan. / und wann's hie unten ist so heiß, / [...] so ist's dort oben also kalt".[41] Die Schilderung des faszinierenden Weitblicks, oft auch das Klagen über die unfreundliche Witterung sollten noch zahlreiche „Tauniden", wie man Besucher der Region später gerne nannte, wiederholen, etwa der Historiograph Johann Just Winkelmann (1620–1699)[42] im sechsten Band seiner „Beschreibung der Fürstenthümer Hessen und Hersfeld". Er selbst ging „im Jahr 1649 wegen der steigen [sic] Höhe / mehrentheils zu Fuß sehr mühsam hinauf", wurde jedoch belohnt von einem „überaus schönen Prospect gegen Frankfurt / Maynz / Oppenheim / Worms / Darmstatt / Hanau / in den Mayn und Rhein: [...] / da sahe ich [...] eine überaus große Lieblichkeit zu meiner größten Ergötzung / indem man vermeinet / als ob Himmel und Erden in einer Cirkelründe wunderschön in eins geformet und gebildet weren".[43] Gut ein Jahrhundert später war auch der bereits erwähnte Elias Neuhof durch den Rundblick ähnlich ergötzt[44], und der Frankfurter Kunstschriftsteller Henrich Sebastian Hüsgen (1745–1807)[45] berichtete in seinen „Verrätherischen Briefen" in extenso von einer am 23. Juni 1775 unternommen Feldbergtour, zu der man mitten in der Nacht von Reifenberg bei Schmitten aus aufgebrochen war, um das Schauspiel des Sonnenaufgangs hoch auf dem Gipfel zu beobachten.[46] Daß auch Anton Kirchner 1818 einen mitternächtlichen Aufstieg besonders empfahl und das Erscheinen der „ersehnte[n] Morgenröthe" und bald darauf des „goldene[n] Wagen(s) des Phöbus" in den schönsten Farben ausmalte[47], läßt die Beliebtheit dieser nächtlichen Wanderungen erahnen. Fast noch eindrucksvoller ist die Schilderung des Kronberger Pfarrers, „Pomologen" [Obstkundler] und Bienenzüchters Johann Ludwig Christ (1739–1813)[48], der im August 1782 auf dem Feldberg bekennt „Ich war ganz Gefühl für die Natur und die Unterwelt war bei mir vergessen", um sich bei Sonnenuntergang schließlich vollkommen der Größe Gottes nahe zu fühlen. Die in zwei fingierten Briefen beschriebene Wanderung titulierte Christ gar als „Geniereise"[49], was seine Affinität zu der damals freilich schon etwas angestaubten Ideenwelt des „Sturm und Drang" bekundet.[50] Den Rundblick vom Gipfel gedachte er „in perspektivische Zeichnungen zu bringen"[51], und Hüsgen berichtete 1783, er habe den Pfarrer im Vorjahr beim Zeichnen mit einer Camera obscura angetroffen. Christ beabsichtige ferner, ein Panorama in zwölf Kupferstichen herauszubringen, „um die wunderschöne [sic] Aussichten des Feldbergs einem jeden gefühlvollen Menschen desto näher ans Herz zu legen".[52] Der Verbleib dieser Zeichnungen ist leider nicht bekannt, und auch sonst läßt sich kein Künstler der Zeit nachweisen, der den vielbewunderten Rundblick festgehalten hätte.[53] Ein von Friedrich August Ravenstein (1809–1881)[54] aufgenommenes „Panorama vom Feldberg" dürfte hingegen kaum vor Mitte des 19. Jahrhunderts datieren[55] und verrät den nüchtern-beschreibenden Blick des versierten Kartographen, der auch als Verleger und Buchhändler tätig war.

Auch sonst sind Darstellungen vom Gipfel des Großen Feldbergs recht selten, was daran liegen mag, daß die vor Ort beeindruckende Szenerie und der weite Ausblick sich schwerlich in eine pittoreske Bildkomposition bringen ließen.[56] Eine Ausnahme machte der sogenannte Brunhildenstein, ein mächtiger, vielfach zerklüfteter Quarzitblock am Nordrand des Gipfels (Abb. 57). Der solitäre Fels wurde erstmals in einer Urkunde aus dem Jahre 1043 als „lectulus Brunihilde" erwähnt und über die Jahrhunderte mit Sagen um die westgotische Prinzessin Brunchildis aus dem 6. Jahrhundert oder die burgundische Königin Brünhild aus dem Nibelungenlied in Verbindung gebracht.[57] Dieser vermeintliche Ort „teutscher" Geschichte

Abb. 57
Der Brunhildenstein auf dem Feldberg, August 2007

Abb. 58
Unbekannter Künstler: Der Brunhildenstein auf dem Feldberg, Radierung, Landesmuseum Mainz, Graphische Sammlung

weckte geradezu zwangsläufig das Interesse antiquarischer Chronisten wie Neuhof, Hüsgen und Gerning, und den Wanderern der Zeit bot der Brunhildenstein einen willkommenen, gegen Wind und Wetter geschützten Nachtplatz. Eine kleine Radierung von unbekannter Hand, wohl Ende des 18. Jahrhunderts datierend (Abb. 58)[58], zeigt den Felsblock fast bildfüllend, und im Maßstab deutlich verkleinerte Staffagefiguren betonen Größe und Erhabenheit des Naturdenkmals. Genauer in der Erfassung und Wiedergabe geologischer Strukturen erscheint die großformatige, 1810 von Christian Georg Schütz „dem Vetter" gemalte „Aussicht vom Feldberg nach Usingen bei Sonnenaufgang" mit Brunhildenstein (Kat. Nr. 119). Das Fehlen jeglicher Figuren, die atmosphärische Wirkung des farb- und lichtdurchfluteten Himmels und die umgebende, weite und fast leere Landschaft mit tiefgezogenem Horizont wirken wie ein Widerhall romantischer Landschaftskunst. Die Radikalität dieser Komposition blieb jedoch singulär, denn in seiner Illustration zu Gernings „Heilquellen" ergänzte Schütz den hoch aufragenden Brunhildenstein in traditioneller Weise durch einen sitzenden Wanderer mit Zeichenmappe und den Ausblick auf die nördlich gelegene Burg Reifenstein.[59]

Die „Geniereisen" erhielten frühe Konkurrenz durch organisierte Gesellschaftstouren, die sich gleichermaßen auf den Weg zum Feldberggipfel begaben. So kündigte etwa bereits eine Anzeige im „Frankfurter Intelligenzblatt" vom 25. Juli 1769 an, „daß, so das Wetter günstig, eine zahlreiche Compagnie den 29. Juli mit einer außerordentlichen Musik einen Spaziergang auf den Feldberg und den Altking machen wird".[60] Ebenso berichtete Hüsgen in der Vorrede seiner „Verrätherische[n] Briefe": „man hört ja genug von jung und mitlerm Alter, die die Feldbergshöhe, mit Kutschen und Musik, gleich den Pindusnymphen erstiegen haben". Hüsgen beklagte zugleich, „da bey solchen Gelegenheiten selten andere als vergnügte Absichten regieren", sei an eine „gründliche Untersuchung der Sache und des Orts selbsten" bei solcher Gelegenheit nicht zu denken, weshalb er seine ausführliche Beschreibung des Feldbergs auch dazu liefere, daß „sothane Berge hübsch nach der Bequemlichkeit in der Stube bestiegen werden könnten".[61] Auch Kirchner und Gerning berichteten, daß der bequemste Weg auf den Feldberg von Königstein aus zu nehmen sei und man zur Not auch mit einem Wagen zum Gipfel gelangen könne.[62] Wie sich Reisegesellschaften zusammensetzten und welchen Verlauf die Feldbergfahrten nahmen, ist aus verschiedenen Berichten en détail bekannt, etwa der Schilderung des Frankfurter Handelsmannes Samuel Gottlieb Finger d. J. (1777–1827) einer „Feldbergpartie im Juny 1801" oder der des Kaufmanns Gustav Scholl von einer frühen „Schülerwanderung Anno 1820".[63]

Besonderen Reiz besitzt jedoch die teils romantisch-gefühlvoll gefärbte, teils von groteskem Humor durchsetzte Darstellung einer mehrtägigen Taunusreise, die die Maler Peter Cornelius (1783–1867) und Christian Xeller (1784–1872) zu Pfingsten 1811 gemeinsam mit ihrem Frankfurter Freundeskreis unternahmen.[64] Man logierte im berühmten, von allen Reiseführern empfohlenen „Grünen Baum" zu Königstein, besichtigte die Burgruine ebendort, wanderte auf den Feldberg und schließlich auch nach Eppstein. Cornelius hielt Motive der Reise in acht Bleistiftzeichnungen fest.[65] Hierbei wechseln, ähnlich wie in der Beschreibung, ironisch-burleske Szenen, etwa eine Prügelei mit Einheimischen in der Königsteiner Burg oder eine heroisch übersteigerte Bachüberquerung, mit einfühlsam-privat anmutenden Freundschaftsporträts im Freien, die ganz auf die Personen fokussiert sind. Das vergnügte Treiben auf dem Gipfel schilderte schließlich der Historien-

Abb. 59
Adolf Schmitz: Feldbergszene, 1853, Öl auf Leinwand, ehemals Historisches Museum, Frankfurt a. M., 1931 im Münchener Glaspalast verbrannt

Abb. 60
Johann Wolfgang Goethe: Bergige Flußlandschaft mit Burgturm und Mühle, Graphit, Klassik Stiftung Weimar, Goethe-Nationalmuseum

maler Adolf Schmitz (1825–1894) in einer „Feldbergscene"
von 1853 (Abb. 59)⁶⁶ als frisch anmutende Beobachtung
nach der Natur. Die elegante Kleidung der im Grünen lagern-
den Personen, die zur Stärkung geleerte Flasche im Gras, ein
gemeinsam angestimmtes Lied und, etwas im Hintergrund,
ein mit dem Fernrohr gebannt in die Weite blickender Mann
entsprechen allesamt den längst eingespielten Ritualen einer harmlos-vergnügten Gesellschaftsreise in die – mittlerweile der Stadt nahegerückte – Naturwelt des Taunus.

Malerische Reisen

Das historische Interesse vieler Gegenden, die Berühmtheit der
Brunnenorte und generell die wachsende Vorliebe für heimische Landschaften ließ bereits vor Anton Radl eine Reihe regionaler Künstler den Taunus mit Wanderschuhen und Zeichen-
stift erkunden. Unter deren ersten wäre der junge Johann Wolfgang Goethe zu nennen. Dieser berichtete später in „Dichtung
und Wahrheit" von seinen zu Zeichenzwecken und „in zufälli-
ger Gesellschaft" um 1765 unternommenen frühen Taunus-
touren: „So besuchten wir Homburg, Kronberg, bestiegen den
Feldberg, von dem uns die weite Aussicht immer mehr in die
Ferne lockte. Da blieb denn Königstein nicht unbesucht; Wiesbaden, Schwalbach mit seinen Umgebungen beschäftigten uns
mehrere Tage [...]." Da es dem wenig geübten Zeichner Goethe
noch schwer fiel, die freie, weite Landschaft in die Komposition eines Bildes zu bringen, hielt er sich zunächst an alte Archi-
tekturen: „[...] denn ich traf kein verfallenes Schloß, kein Gemäuer, das auf die Vorzeit hindeutete, daß ich es nicht für einen
würdigen Gegenstand gehalten und so gut als möglich nach-
gebildet hätte."⁶⁷ Unter den sehr sporadisch erhaltenen ersten
Goethe-Zeichnungen dürfte eine „Bergige Flußlandschaft mit
Burgturm und Mühle" (Abb. 60)⁶⁸ in diesem Zusammenhang
entstanden sein. Die um eine Burgruine samt hoch aufragendem
Bergfried gruppierte Komposition kann die von Goethe tradier-
te Arbeitsweise bestätigen. Literarisch überliefert sind ferner die
Taunuswanderungen von Christian Georg Schütz d. J. Dieser
führte in seiner Autobiographie „Umriß meines Lebens" nach
einer Beschreibung der Rheinreise von 1779 aus: „Jeden Sommer wurde nun, soviel die Möglichkeit zuließ, eine Wanderung
bald dahin, bald dorthin vorgenommen; vorzüglich zog mich
das mannigfaltig schöne Taunusgebirge an, und ich machte
daran [sic] in den Tälern von Oberursel, Cronberg, Falkenstein,
Reifenberg, Königstein und Epstein, viele Studien."⁶⁹

Durch Zeichnungen in einem Skizzenbuch ist eine Taunusreise
bekannt, die der Mainzer Maler Caspar Schneider (1753–1839)
wohl um 1795/1800 unternahm.⁷⁰ Die sicher vor Ort aufge-
nommenen Landschaften zeigen unter anderem Gegenden
um Königstein, Falkenstein und Kronberg, Eppstein und Fisch-

Abb. 61
Caspar Schneider: Blick auf Falkenstein und Kronberg, um 1795/1800,
Tusche, Aquarell, Privatbesitz

Abb. 62
Caspar Schneider: Ansicht des Fischbachtals, um 1795/1800, Graphit,
Tusche, laviert, Privatbesitz

bach. Schneider erwanderte und zeichnete demnach eben jene pittoresken Regionen, die sich unter Taunusreisenden besonderer Beliebtheit erfreuten.⁷¹ Viele der Skizzen, wie der von
einem hohen Baum im Vordergrund ausgehende Doppelblick
auf Burg Falkenstein und das tief in der Ferne liegende Kronberg (Abb. 61), folgen einer traditionellen Landschaftsauffassung, doch vereinzelt finden sich auch betont nahansichtige
Situationen⁷² oder weiträumige, ohne rahmende Elemente aufgenommene Partien von panoramaartiger Wirkung, wie eine
Landschaft mit Bachlauf und Steg aus der Gegend von Fischbach (Abb. 62). Daß Schneider seine Taunuszeichnungen ganz
im Gegensatz zu zahlreichen Skizzen der Rheingegenden oder
der Landschaft um Mainz offenbar in keinem Fall als Vorlagen
zu späteren Gemälden nutzte, verleiht seiner Taunusreise einen persönlich-privaten Charakter. Auch ein Schüler von Caspar Schneider, der gebürtige Mainzer Johann Adam Ackermann (1781–1853), unternahm um 1835 bis 1842 mehrere

Reisen in den Taunus und hielt Motive aus der Gegend von Eppstein, Falkenstein und Langenschwalbach in stimmungshaft-romantischen Aquarellen fest (Kat. Nr. 126, Abb. 29).[73] Der Frankfurter Johann Friedrich Morgenstern (1777–1844, Kat. Nr. 117) ging im August 1802 auf eine Taunuswanderung und fertigte vor Ort zahlreiche Skizzen, die ihm als Vorlagen zu Radierungen dienten. Morgenstern beschrieb seine Unternehmung im Folgejahr in dem illustrierten Bändchen „Malerische Wanderung auf den Altkönig".[74] Die Route führte demnach über Frankfurt-Bockenheim, Hausen und Eschborn nach Kronberg, auf den Gipfel des Altkönigs und über die Ruine Falkenstein nach Königstein, schließlich durch das Fischbachtal nach Eppstein, von wo sich der Rückweg über Soden nach Frankfurt anschloß. Die einzelnen Etappen wurden in kleinen Texten erläutert, wobei der Autor besondere Schönheiten der Gegend und diverse Sehenswürdigkeiten mehr oder weniger knapp würdigte und die reine Gehzeit mit insgesamt sechseinhalb Stunden angab.[75] Unter den dreißig Radierungen wechseln kleinere, vignettenhafte Darstellungen – darunter Ortsansichten in deutlicher Tradition des „niederländischen Geschmacks" Frankfurter Maler im 18. Jahrhundert – mit ganzseitigen Landschaften, die in ihrer panoramenhaft-weiten Wirkung bei niedrigem Horizont Morgensterns Kenntnisse der aktuellen Landschaftsmalerei belegen. Indem er wiederholt die Gipfel des Altkönigs oder des Stauffens bei Fischbach ins Zentrum seiner Kompositionen rückte, konnte Morgenstern den Fortschritt und das Erleben seiner Wanderung überzeugend visualisieren (Abb. 63). Zum Schluß seiner „Malerische[n] Wanderung" forderte der Maler den Leser ausdrücklich zur Nachahmung auf, denn: „Jeder, der dieselbe [Wanderung] unternimmt, wird sich jederzeit derselben mit Vergnügen erinnern."[76] Auch der Sohn Carl Morgenstern (1811–1893, Kat. Nr. 128) stellte Motive aus der gleichen Gegend da, was die Tradition „Malerischer Reisen" durch den Taunus auch in der nächsten Generation belegt. Unter Carl Morgensterns frühesten Ölgemälden findet sich die Ansicht des „Kupferhammers von Oberursel" von 1828, und Zeichnungen der Gegend um Lorsbach und Eppstein aus dem gleichen Jahr sowie verschiedene, 1829 datierte Skizzenbuchblätter von Eppstein und Falkenstein lassen auf mehrere Erkundungstouren durch diese besonders beliebte Region schließen.[77] Von anderen Künstlern sind Besuche einzelner Orte bekannt, etwa von Wilhelm von Kobell (1766–1853)[78] oder Friedrich Christian Reinermann (1764–1835, Kat. Nr. 118)[79], die beide das Schloß sowie die landschaftliche Umgebung von Homburg vor der Höhe darstellten. Auch der sonst als Historienmaler und Porträtist tätige Philipp Veit (1793–1877) schuf eine in Lichtwirkung und Konsequenz ihrer strengen Komposition sehr eindrucksvolle, in seinem Œuvre jedoch singuläre Taunuslandschaft.[80]

Hohe Burgen, sanfte Täler

Daß Wanderer, Ausflügler und Maler seit etwa 1800 bestimmte Gebiete des Taunus favorisierten und neben dem Feldberg auffallend häufig die Gegenden um Kronberg, Königstein und Eppstein aufsuchten, wurde bereits mehrfach angedeutet. Diese Vorliebe dürfte darin begründet liegen, daß genau jene Gegend eine besondere Fülle interessanter Blickwinkel und pittoresker Motive bot, die Anziehungspunkte für Reisende wa-

Abb. 63
Johann Friedrich Morgenstern: Ansicht von Fischbach und dem Stauffen, Radierung, aus: Malerische Wanderung auf den Altkönig, Frankfurt a. M. 1803

Abb. 64
Friedrich Geißler nach Anton Radl: Ansicht von Eppstein, Kupferstich, aus: Anton Kirchner: Ansichten von Frankfurt am Main und der Umgegend, Frankfurt a. M. 1818

ren und die sich von Malern in mannigfaltiger Weise ins Bild setzen ließen. Die genaue Betrachtung eines Gemäldepaares von Anton Radl kann dies ebenso verdeutlichen, wie ein Seitenblick in zeitgenössische Reisebeschreibungen eine entsprechend stimmungsgeladene Wahrnehmung der verschiedenen Landschaften aufzeigen mag. Im Jahre 1815 malte Radl eine Ansicht des Eppsteiner beziehungsweise Lorsbacher Tales[81] (Kat. Nr. 61) und 1817 entstand, wohl als Gegenstück[82], der Blick von Nordosten auf die hochgelegene Ruine Falkenstein (Kat. Nr. 64). Die Ähnlichkeit beider Gemälde beschränkt sich indes auf den in beiden Fällen betont nahsichtigen Landschaftsausschnitt, während die jeweilige Komposition wie auch Charakter und Stimmung als gegensätzlich zu beschreiben sind: Das von Hügeln sanft begrenzte, ansonsten jedoch flache „Eppsteiner Tal" erscheint durch den gemächlich nach vorne fließenden Schwarzbach, das friedlich weidende Vieh und eine Landstraße mit Pferdefuhrwerk rechts als harmonische und idyllische Komposition. Radls Landschaftsauffassung wirkt, bei allen realistischen Details, stark inszeniert und knüpft in gewisser Weise an im 18. Jahrhundert entwickelte Vorstellungen des „Schönen" an. Die „Ruine Falkenstein" fällt hingegen, von einem talseitigen, tiefen Standpunkt aus gesehen, durch das steil ansteigende Terrain und die hoch in den Bildraum gezogene Hügellinie auf, die von einem schroffen Burgberg samt ruinösen Mauern und Bergfried bekrönt werden. Ein diagonal die Komposition durchkreuzender Weg und das Motiv eines abbrechenden Felsens geben der Komposition zusätzliche Spannung und eine fast dramatische Stimmung. Das per se pittoreske Motiv der Burg wird von Radl somit im Sinne der ebenfalls im 18. Jahrhundert geprägten Tradition einer „erhabenen" Landschaft inszeniert.[83]

Beide Gemälde sind mit ländlichen Figuren und bescheidenen Hütten oder Häusern in Fachwerk staffiert, die von Zeitgenossen gerne als Chiffren einfacher Sittlichkeit verstanden wurden: „Hier trifft man nun etwa nicht grosse Palläste oder Seltenheiten der Kunst an, nein in altdeutschen Gebäuden wohnen da die guten Menschen", schilderte Hüsgen bereits 1783 einen Besuch des Bachtales von Oberursel.[84] Die vier anmutigen, doch engen, von Bächen durchflossenen und von hohen Hügelketten umgebenen Täler rings um Eppstein verglich man häufig mit den vielgerühmten Landschaften der Schweiz. Gerning rief bei ihrem Anblick emphatisch aus: „Hier auch hat die Natur freudig vollendet ihr Werk. / Sieh, Helvetia's Fluren, geschmückt mit Italiens Anmuth!"[85], und kaum weniger überhöht wirkt auch die Beschreibung bei Kirchner: „Da drängt sich durch den üppigen Wiesengrund ein silberheller Forellenbach an klappernden Mühlen vorbei [...] Was ist doch alle Herrlichkeit der grossen Welt, was alle Gartenkunst der Britten und Franzosen gegen diese kunstlosen Haine. Hier sind Stellen, wo die sich selbst überlassene Natur den Wanderer mit ihrem heiligen Zauber erfüllt."[86] Die idyllische und abwechslungsreiche Gegend und das scheinbar vollkommen natürliche und sittliche Leben in dieser „kleinen Schweiz" zog, wie Kirchner weiterhin berichtete, „zumal an Sonntagen, die zahlreichsten Gesellschaftskreise aus Frankfurt" an. Man fand freundliche Rast unter freiem Himmel oder in der „schöne[n] Mühle im Vorgrunde" von Eppstein, die dem Ausflügler neben „erfrischenden Mineralbädern" auch kulinarische Gefälligkeiten verhieß: „Ausser dem guten Niersteiner, der hier perlt, liefert der Bach wohlschmeckende Forellen und Krebse; der Forst kühlende Beeren."[87] Eben diese Eindrücke einer idyllischen Naturszenerie finden sich trefflich in diversen Ansichten des Lorsbacher Tales von Anton Radl umgesetzt;[88] ja der Frankfurter Künstler näherte sogar das Motiv der pittoresk über Eppstein thronenden, alten Burg dem Muster dieser Naturwahrnehmung an (Abb. 64), indem er das Gebäude tief in den Hintergrund rückte und mit entsprechenden Versatzstücken einer mehr oder weniger ideal komponierten Landschaft umrahmte.[89] Carl Morgenstern bereicherte indessen in den 1830er Jahren eine in effektvolles Helldunkel getauchte Ansicht der idyllisch im Lorsbacher Tal liegenden Schneidmühle um den schroff aufragenden „Teufelsfelsen" und verlieh dem beschaulichen Bachtal hierdurch eine erhabene Note (Kat. Nr. 128).[90]

Radls Gemälde der „Ruine Falkenstein" (Kat. Nr. 64) belegt ferner das zeitgenössische Interesse an mittelalterlichen Höhenburgen. So schilderte etwa Kirchner diese Bauten als dramatische Überbleibsel alter Zeiten und als Gegenpart zur friedvoll-ländlichen Welt im Tal: „Wie in die Felsen gewurzelt, stehn da die Mauern von Reiffenberg, Falkenstein, Königstein, Hatstein – sie bilden durch ihre dunklen schwarzgrauen Massen einen seltsamen Gegensatz zum freundlichen Gelb der friedlichen Hütten im Thale. Der arme Ländler, er hat den stolzen Herrn der Felsenburg längst überlebt!"[91] Die Burgen von Kronberg, Falkenstein und Königstein hatte zuvor bereits der seit

Abb. 65
Georg Melchior Kraus: Falkenstein, um 1796/1803, Graphit, Aquarell, Freies Deutsches Hochstift – Frankfurter Goethe-Museum, Graphische Sammlung

Abb. 66
Georg Melchior Kraus: Falkenstein, 1803, Radierung, koloriert, Freies Deutsches Hochstift – Frankfurter Goethe-Museum, Graphische Sammlung

1775 in Weimar tätige, doch in Frankfurt am Main geborene Georg Melchior Kraus (1737–1806) aquarellierte (Abb. 65)[92] und 1803 in drei großformatigen, aufwendig kolorierten Radierungen (Abb. 66, Kat. Nr. 116)[93] reproduzierte. Die im Vergleich mit Radls „Falkenstein" ausgesprochen heiter-idyllisch gestimmten Ansichten erschienen mit der fünften Lieferung des Mappenwerkes „Ansichten aus verschiedenen Ländern von Europa", und eine Anzeige im „Journal des Luxus und der Moden" kündigte sie als „vaterländische Prospekte" für den „Liebhaber der ächten Pittoreske" und den „teutschen Altertumsforscher" an.[94] In diesem Sinne erläuterte später auch Gerning die wechselhafte Geschichte der Taunusburgen mit reichem Detailwissen und ernstem historischen Interesse, bisweilen aber auch durchtränkt von schwärmerischer Bewunderung für eine ruhmreiche Epoche der eigenen Vergangenheit. So erschienen ihm „Kronbergs Ritter [...] muthig und mächtig";[95] und die Herren von Reifenstein charakterisierte er als „stets rüstige Fehdekämpfer".[96] Immer wieder berichtete Gerning von der verwickelten Geschichte der Herrscherfamilien, um hiernach herausragende Einzelfiguren zu würdigen, wie den Reichskämmerer Philipp I. zu Falkenstein oder dessen Schwester Beatrix (gestorben 1277), die als „schönste ihrer Zeit"[97] zur dritten Gattin des deutschen Königs Richard von Cornwall (1209–1272) aufstieg. Das Aussterben der alten Dynastien erschien stets mit Niedergang konnotiert, und auch die Sprengung der mächtigen Festung Königstein durch die abziehenden Franzosen im Jahre 1796 schilderte der Autor als Barbarei seiner eigenen Zeit.[98] Bei aller Begeisterung für Vergangenheit und Geschichte fragte Gerning jedoch an anderer Stelle rhetorisch-distanziert: „Wer möge wohl da gelebt haben, oder eine solche nur in fabelhaften Erzählungen, Romanen und Schauspielen, durch ihren mystischen Nebelschleyer, so reizend schöne Zeit, bewundernd zurückwünschen?"[99] Weitaus romantischer blitzten dagegen Kirchners Phantasien zwischen seinen objektiv-historischen Beschreibungen der Taunusburgen auf, etwa bei den Ausführungen zu der der Herren von Kronberg: „Ihr Schloss war der Sammelplatz des benachbarten Raubadels; in ihren Burgverliesen schmachteten Gefangene, von denen man schweres Lösegeld zu erpressen hoffte."[100]

Charakteristisch für die Landschaftswahrnehmung der Zeit ist schließlich ein steter Wechsel der zeitlichen und räumlichen Perspektive, etwa, wenn auf Erläuterungen zur alten Geschichte der Burgen die Schilderung der unmittelbaren Landschaftsumgebung folgt. So schwärmte Kirchner beim Besuch einer Burg: „Herrlich ist die Aussicht von Falkenstein nach der weiten Ebene [...] auf der einen, und nach den waldgeränzten Gipfeln des Taunus, seinen Schluchten, Burg- und Felstrümmern auf der andern Seite."[101] Ein ähnlicher Perspektivwechsel vom Kleinen zum Großen findet sich auch bei Anton Radl, der einige Jahre nach dem „Eppsteiner Tal" und der „Ruine Falkenstein" zwei 1823 beziehungsweise 1825 datierte Taunuslandschaften mit der Ansicht vom Kronthal über Kronberg zum Gipfel des Altkönigs (Kat. Nr. 72) sowie von Königstein samt der Höhe von Falkenstein (Kat. Nr. 73) malte. Der in den beiden früheren Gemälden nahe und ausschnitthafte, auch ästhetisch stark inszenierte Landschaftsblick wich hierbei einem von leicht erhöhtem Standpunkt gesehenen und breit gelagerten, realistisch wirkenden Panorama, das die Hügelketten und die Täler des Taunus, Wiesen und Wälder, kleine Orte unten und bekrönende Burgen oben zu einer quasi natürlichen und gewachsenen Einheit verschmolz. Die beiden Landschaften scheinen den Betrachter zur Erkundung dieser anziehenden Gegenden einzuladen – ganz ähnlich wie Gernings Beschreibung der Umgebung von Königstein: „Dieser Theil des Taunusgefilde hat einen ganz eigenen Reiz und im Anblicke derselben wird man unwiderstehlich dahin gezaubert. Mit ausgebreiteten Armen scheint das holde Gebirg dann die sinnigen Wanderer und Freunde der Natur lohnend und labend zu empfangen."[102] Radl wiederholte beide Motive leicht abgewandelt in zwei Kupferstichen zu Kirchners „Ansichten von Frankfurt am Main und seiner Umgegend"[103], den Blick auf Königstein und Falkenstein zudem in mehreren gemalten und graphischen Fassungen.[104]

„Ein Tusculum im teutschen Hesperien"

Auch das angenehme, südliche Licht der beiden letztgenannten Radl-Landschaften, ja selbst die dezenten, doch stets erkennbaren Anleihen an die klassische Landschaftsmalerei in der Art eines Jakob Philipp Hackert (1737–1807, Abb. 20) fanden ihre Entsprechung in literarischen Schilderungen der Taunusgegenden, insbesondere aus Gernings Feder. Dieser knüpfte, voller Begeisterung für Italien und die Antike, vielfach an klassische Dichtungen an und verglich die heimischen Fluren gerne mit des Südens vielgepriesenem Boden. Bei seiner Beschreibung von Kronberg charakterisierte Gerning die umliegenden Orte jeweils durch Kategorien der klassischen Poesie, um den besonderen Reiz ihrer „verschiedene[n] Naturgepräge" auszudrücken: „In poetisch=paradoxer Betrachtung, könnte man also die Lage von: Kronberg, lyrisch; Falkenstein, romantisch; Epstein, idyllisch; Soden, elegisch; Oberursel, mit seinem Bache,

Abb. 67
Gernings Landhaus, das „Tauninum" in Kronberg, 1804, Gouache, ehemals Freies Deutsches Hochstift – Frankfurter Goethe-Museum, Kriegsverlust

Abb. 68
Das „Tauninum" oder „Türmchen" in Kronberg, von der Katharinenstraße aus, Juli 2007

Abb. 69
Kronberg im Taunus, Graphit, Kunsthandlung J. P. Schneider jr., Frankfurt a. M.

didactisch; und Homburg, episch nennen."[105] Die Umgebung des „lyrischen" Kronberg hatte bereits Hüsgen nach seiner Schilderung der mittelalterlichen Burg als „Elisiumsgefilde der Natur" gepriesen.[106] Gerning, der den gesamten Taunus „durch das fortgesetzte Studium [desselben]" als seine geistige Heimat ansah[107], rühmte die Kronberger Landschaft sogar als „eine der schönsten Gegenden Deutschlands"[108], sah die Hügelkette des Taunus so schön als das Sabinergebirge bei Rom und verglich die Gegend von Kronberg selbst, „umgeben von Obst und Castanien=Hainen, Baumschulen und Gärten", mit der „der gepriešenen [Lage] von Tivoli", ja befand sie „ohne das traurige Grün der Oelbäume fast noch angenehmer". Er schwärmte: „Ein Hesperien eröffnet sich überraschend an dieser Seite des Taunus, wo Teutschlands milder Süden beginnt"[109], und er besang die Gegend in den Oden der „Heilquellen" inbrünstig: „Hier ist Italia's Flur, da blüh'n die Lusthaine Pomona's".[110]

Tatsächlich begünstigt das besondere Klima vor den Höhen des Taunus die Gegend und läßt noch heute den wohl nördlichsten Edelkastanien-Hain in Deutschland gedeihen.[111] Das seit etwa 1750 in Mengen kultivierte Kern- und Steinobst gab zu Gernings Zeiten etlichen Bewohnern der einst mächtigen, doch längst verarmten Stadt Kronberg – 1704 an den Kurstaat Mainz und 1802/03 an Nassau gefallen, zum Provinzort abgesunken, 1726, 1780 und 1792 durch Brände verwüstet und ab 1792 auch von den mehrfach durchziehenden Franzosen geschädigt[112] – Arbeit und Brot. Der bereits erwähnte Pfarrer und Pomologe Johann Ludwig Christ hatte den Obstbau zudem durch neue Techniken der Kultur, der Veredlung und Verarbeitung entscheidend befördert.[113] Gerning aus Frankfurt war hiermit wohlvertraut, da er wohl seit 1802 ein Anwesen in Kronberg besaß:[114] Einen Turm der zweiten Stadtmauer von 1390, am südlichen Ortsrand unter Altstadt und Burg und über dem Kronthal mit der Christschen Baumschule gelegen, den er bald zu einem bescheidenen Landsitz, seinem „Tauninum" gestaltete.[115] Eine 1804 datierte Gouache von Anton Radl (Abb. 67)[116] dokumentiert den Zustand vor allen späteren Um- und Anbauten (Abb. 68): Den aus Bruchsteinen gemauerten Turm bekrönt ein verputztes Obergeschoß mit hohem Satteldach, zur Seite hin, auf der alten Stadtmauer gewährt ein Altan weite Aussicht, und weiter unten führt eine Treppe zur freien Umgebung samt idyllisch weidenden Ziegen.[117] Das Innere besaß 1821 einen „neuen Salon, wo Bilder der schönsten Gegenden Europa's [....] prangen"[118], was den Anschein erweckt, Gerning wollte den unmittelbaren Ausblick in die reizende Taunusgegend in seine Galerie berühmter Landschaften einreihen. Kirchner bezeichnete das Landhaus beziehungsreich als „Tusculum"[119], und Gerning selbst beschrieb es in den „Heilquellen" poetisch als „Tiburnisches Landhaus, / Klein, doch räumig genug Freude zu spenden und Glück; / Schwesterlich schmückt es die sinnige Kunst mit sprechenden Bildern, / euch, o Classiker! Euch, teutschen Hellenen! Geweiht."[120] Sein „Tauninum" diente ihm als Ort der dichterischen Arbeit[121], und hier mag Gerning auch be-

Abb. 70
Anton Burger: Blick auf Kronberg, 1850, Öl auf Leinwand, Städel Museum, Frankfurt a. M.

freundete Maler wie Anton Radl[122], vielleicht auch Christian Georg Schütz „den Vetter" empfangen haben.[123] Ob jedoch auch „Hellenen" seiner Zeit, also Denker und Dichter der deutschen Klassik das Kronberger Landhaus beehrten, ist nicht überliefert. Der Weimarer Olympier Goethe, den Gerning 1793 und 1814 in Frankfurt in persona treffen durfte, dem er über Jahre „Taunusopfer" wie Kastanien und Dörrobst „nach Griechischer Sitte" verehrte[124] und für den er allerlei andere Gefälligkeiten aus der Ferne erledigte[125], kam den mehrfachen Einladungen in den Taunus jedenfalls niemals nach. Da Gerning 1837 ledig und kinderlos starb und sein Nachlaß mehrfach geteilt wurde[126], verblieben in Kronberg kaum mehr als immaterielle Erinnerungen an den „Sänger des Taunus".

Es sollte hiernach noch etwa zwei Jahrzehnte dauern, bis Kronberg (Abb. 69) und seine Umgebung zum traditionsreichen Wirkungsort Frankfurter Künstler wurden. Bereits von 1854 bis 1856 war der in Frankfurt gebürtige Landschaftsmaler Karl Schäffer (1821–1902) im Kronthal ansässig gewesen.[127] Und seit 1860 ist Kronberg als Wohnanschrift seines Schwagers Anton Burger (1824–1905) dokumentiert, der bereits in früheren Jahren verschiedene Ausflüge in den Taunus unternommen hatte.[128] Gemeinsam mit Jakob Fürchtegott Dielmann (1809–1885) gilt Burger als Begründer der daraufhin stets wachsenden „Kronberger Malerkolonie", und diese verlieh dem Taunusstädtchen schließlich eine konstante Bedeutung im Kunstgeschehen der Region.[129] Viele der „Kronberger" malten neben beschaulichen Genreszenen und den pittoresken Winkeln der Stadt auch Ansichten aus der Umgebung (Abb. 70). Die aktuellen Vorbildern folgende Realitätsnähe dieser Darstellungen, und auch der durchweg hochentwickelte Sinn der Kronberger für Farbe und Licht sollten die allgemeine Vorstellung von Taunuslandschaften für lange Zeit und nachhaltig prägen. Die hier dargelegte, frühe künstlerische Entdeckung der Region rückte hingegen mehr oder weniger beständig aus dem Gesichtsfeld vieler Kunstfreunde.

„Leb' o lebe nun wohl du lieblich lachende Gegend!
Grabe dein Bild noch tief mir in die Seele hinein."[130]

Das Zitat im Aufsatztitel nach Johann Isaac von Gerning: Die Heilquellen am Taunus. Ein didaktisches Gedicht in vier Gesängen, Leipzig 1814, S. 3. Meine Recherchen zur Entdeckung des Taunus wurden durch vielfältige Gespräche, Hinweise und Hilfestellungen von Kolleginnen und Kollegen gefördert und unterstützt. Mein herzlicher Dank gilt daher allen Mitarbeitern des Museums Giersch sowie Dr. Christoph Andreas, Kunsthandlung J. P. Schneider jr., Frankfurt a. M.; cand. phil. Claudia Bamberg, Kelkheim; Dr. Wolfgang Cilleßen und Anja Damaschke, Historisches Museum, Frankfurt a. M.; Matthias Cropp, Kronberg; Dr. Jörg Diefenbacher, Mannheim; Dr. Udo Felbinger, Berlin; cand. phil. Anja Frommator, Wiesbaden; Dr. Irene Haberland, Bonn; Dr. Andreas Hansert, Frankfurt a. M.; Dr. Ursula Alice Härting, Hamm; Dr. Henriette Kramer, Oberursel; Dr. Astrid Krüger, Stadtarchiv Bad Homburg vor der Höhe; Dr. Rainer Maaß, Hessisches Staatsarchiv Darmstadt; Dr. Franz Stephan Pelgen, Institut für Buchwissenschaft der Universität Mainz; Dr. Berthold Picard, Eppstein; Dr. Wilhelm R. Schmidt und Bernd Wirth, Universitätsbibliothek Frankfurt a. M.; Dr. Norbert Suhr, Landesmuseum Mainz, und Dipl. Ing. Björn Wissenbach, Frankfurt a. M.

1 Vgl. Matthias Oppl: Der Taunus und seine Gebiete in Rheinland-Pfalz, Mainz 2006/07, online unter http://www.staff.uni-mainz.de/hjfuchs/RLP-Hauptseminar-2006/Hausarbeiten/taunus.htm (zugegriffen am 19.10.2007) sowie http://de.wikipedia.org/wiki/Taunus (zugegriffen am 19.10.2007), beide mit weiterer Lit.

2 An der östlichen Grenze des Taunus hatten das Großherzogtum Hessen sowie das Fürstentum Hanau bzw. das Großherzogtum Frankfurt geringe Territorien inne; im Westen zählte eine größere Enklave zwischen Rhein und Lahn bis 1813/15 zum Großherzogtum Berg. Vgl. die grundlegende und übergreifende Darstellung von Barbara Dölemeyer: Die territoriale Entwicklung im Hochtaunuskreis, in: Ingrid Berg, Eugen Ernst, Hans-Joachim Galuschka, Gerta Walsh (Hg.): Heimat Hochtaunus, Frankfurt am Main 1988, S. 619–635; ferner Geschichtlicher Atlas von Hessen, begründet und vorbereitet v. Edmund Ernst Stengel, bearb. v. Friedrich Uhlhorn, Marburg 1960 bis 1978, Karten 22 bis 23 sowie Wolf-Heino Struck: Die Gründung des Herzogtums Nassau, in: Herzogtum Nassau 1806–1866, Ausst. Kat. Museum Wiesbaden 1981, S. 1–17.

3 Vgl. Johann Isaac von Gerning: Die Lahn= und Main=Gegenden, von Embs [sic] bis Frankfurt; antiquarisch und historisch, Wiesbaden 1821, S. 132–137, mit Angabe verschiedener Quellen; Reinhard Michel: Von der Waldgenossenschaft Hohe Mark und den Märkergedingen in Oberursel, in: Berg/Ernst/Galuschka/Walsh 1988 (wie Anm. 2), S. 227–231; http://de.wikipedia.org/wiki/Hohemark (zugegriffen am 20.10.2007); zur Waldentwicklung und Forstgeschichte schließlich Jörg Freudenstein: Die Waldentwicklung im Hochtaunus, in: Berg/Ernst/ Galuschka/ Walsh 1988 (wie Anm. 2), S. 610–618.

4 Wohl deutscher, eventuell Frankfurter Maler: Die Frankfurter Bürgermeister Jeremias Orth und Hieronymus Stalburg sowie vier Reitknechte, Öl auf Kupfer, 34 x 29,5 cm, bez. im Spruchband: „Jeremias Orth Elter / Bürgermeister 1629 / Hieronimus Stalberg Jünger", ehemals Freies Deutsches Hochstift – Frankfurter Goethe-Museum, Inv. Nr. IV-01199a, Kriegsverlust 1944. Der im Mittelgrund wiedergegebene Schießstand ließ sich nicht genau lokalisieren, könnte jedoch auf den Bastionen oder außerhalb der Stadt, etwa bei der Stalburg Oede gelegen haben; frdl. Mitteilung v. Björn Wissenbach, E-Mail v. 24.10.2007. Ob der Ausblick auf die Höhenzüge des Taunus als rein topographische Darstellung zu verstehen ist oder eine weiterreichende Bedeutung besitzt, war nicht zu ermitteln.

5 Hierzu ausführlich und mit zahlreichen Quellenbelegen Hermann Roth: Taunus. Der germanische Name Friedbergs. Geschichte und Deutung des Namens, selbständig erschienener Sonderdruck aus: Friedberger Geschichtsblätter, Bd. 14, Friedberg 1940 sowie Marieluise Petran-Belschner: Taunusnamen – zum Reden gebracht. Eine sprachhistorische Studie über einige geographische Namen des Hochtaunuskreises, in: Berg/Ernst/Galuschka/Walsh 1988 (wie Anm. 2), S. 553–557, hier S. 556f.

6 Roth 1940 (wie Anm. 5), S. 5–10.

7 Tacitus: Annales I, Kap.56, zit. nach Roth 1940 (wie Anm. 5), S. 10. Eine zweite Fundstelle nach ebd. bei Tacitus: Annales XII, Kap. 27 und 28; weitere, jedoch weniger relevante Belege für den antiken Begriff nachfolgend.

8 Die Diskussion über die Lokalisierung ist ausführlich dargelegt bei Roth 1940 (wie Anm. 5), S. 12–18; zur Namensherkunft ebd., S. 34–39. Daß die römische Bezeichnung vom keltischen „dun" oder „dunum" für Hügel bzw. Höhe oder, so eine ebenfalls lange verbreitete These mit Bezug auf die „Pfahlgräben" der Region, vom alten „teutschen" (=germanischen) „tuna" (lautgesetzlich rekonstruiert) oder „taun" für Zaun abgeleitet sei, gilt in der modernen Sprachwissenschaft als widerlegt. Man neigt heute vielmehr zu der Annahme, die Bezeichnung „Tauno" stamme noch aus vorkeltischer Zeit und besitze im indogermanischen „tïu" (lautgesetzlich rekonstruiert) für Schwellen oder Anhäufen seine Wurzeln; Petran-Belschner 1988 (wie Anm. 5), S. 557.

9 Wilhelm Dilich: Hessische Chronica [...], Kassel 1605, Bd. 1, S. 30: „[...] Tauni / welches ist der Feldberg / die Höhe unnd der gantze Härich [...]"; zit. nach Helmut Bode (Hg.): Das Feldberg-Buch. Aus Sage, Geschichte und Gegenwart der beiden höchsten Taunus-Gipfel, Frankfurt a. M. 1985, S. 25.

10 Joseph Fuchs: Alte Geschichte von Mainz. Aus den aeltesten und ersten Zeiten, von dem Anfange dieser Hauptstadt unter dem Kaiser Augustus bis zu Ende des siebenten Jahrhundert, Bd. 1, Mainz 1771, S. 434f.; Bd. 2, Mainz 1772, S. 262f. Zu Fuchs vgl. die Diss. von Franz Stephan Pelgen: Pater Joseph Fuchs OSB (1732–1782) professus Seligenstadiensis. Ein Mainzer Gelehrter und die Editionsgeschichte seiner archäologischen und klosterpolitischen Schriften (=Beiträge zur Geschichte der Stadt Mainz, Bd. 36), Mainz 2008 (im Druck).

11 Elias Neuhof: Nachricht von den Alterthümern in der Gegend und auf dem Gebürge bey Homburg vor der Höhe mitgeteilt, und mit accuraten Zeichnungen versehen [...], Hanau 1777, passim.

12 Die rasch anerkannte Gleichsetzung wurde von späteren Forschern wieder abgelehnt, ohne daß sich dieser Widerspruch durchgesetzt hätte; so bei Roth 1940 (wie Anm. 5), passim, der den Burgberg von Friedberg als Ort des „monte Tauno" vermutete.

13 Zweiter Teil, sechstes Buch; nach der Chronologie der Ereignisse sind diese Ausflüge um 1765 anzusetzen; zit. nach Johann Wolfgang von Goethe: Werke. Hamburger Ausgabe in 14 Bde., München 1998, Bd. 9, S. 226.

14 Sophie von La Roche an Johann Isaac von Gerning, 14.8.1798, Handschrift im Freien Deutschen Hochstift Frankfurt a. M. Für die Überlassung der Transkription gilt Claudia Bamberg mein herzlicher Dank.

15 Zu Gernings Leben und Wirken vgl. Wilhelm Rüdiger: Johann Isaac von Gerning. Eine Jahrhundert-Erinnerung, in: Nassauische Annalen, Bd. 43, 1914, S. 234–249; Franz Götting: Johann Isaac von Gerning (1767–1837), in: Nassauische Lebensbilder, Bd. 5, 1955, S. 112–131 sowie Helmut Bode: Johann Ludwig Christ. Pfarrer, Naturforscher, Ökonom, Bienenzüchter und Pomologe 1739–1813. Mit Kapiteln über seine Freunde und Kritiker [...], Frankfurt a. M. 1984, S. 426–440.

16 Gerning 1821 (wie Anm. 3).

17 Gerning hatte bereits kurz zuvor ein Reisebuch zum Rhein publiziert; vgl. Johann Isaac von Gerning: Die Rheingegenden von Mainz bis Cölln, Wiesbaden 1819; englische Ausg. unter dem Titel: A picturesque tour along the Rhine from Mentz to Cologne [...], London 1820.

18 Johann Isaac von Gerning: Der Taunus. An Hüsgen und Münchhausen [das sind Henrich Sebastian Hüsgen, 1745–1807, und Karl Ludwig August Heino Freiherr v. Münchhausen, 1759–1836], in: Der Neue Teutsche Merkur, 1799, Bd. 3, S. 53f.

19 Johann Isaac von Gerning: Die Heilquellen am Taunus. Ein didaktisches Gedicht in vier Gesängen, Leipzig 1814. Das Buch erschien bereits 1813 als einfacher Oktavband zu einem Reichstaler, ohne Illustrationen, und 1814 sodann in einer aufwendigen Quartausgabe zu fünf Reichstalern, mit sechs Aquatintatafeln von Heinrich Joseph Schütz (1760–1822) nach Christian Georg Schütz d. J. (1758–1823) und einem radierten Frontispiz von Joseph Nicolaus Peroux (1771–1841) nach Johann Georg Schütz (1755–1813); Preisangaben nach der Rezension von Alois Wilhem Schreiber in: Jenaische Allgemeine Literatur-Zeitung, Nr. 35, Februar 1815, Sp. 274–278.

20 Eine Zusammenfassung und Inhaltsangabe bei Rüdiger 1914 (wie Anm. 15), S. 239–244.
21 Publius Ovidius Naso: Erotische Gedichte, übersetzt v. Johann Isaac von Gerning, Frankfurt a. M. 1815.
22 Schreiber 1815 (wie Anm. 19), Sp. 277.
23 Ebd.
24 Friedrich Johann Lorenz Meyer: Brief-Fragmente vom Taunus, Rhein, Neckar und Mayn, Hamburg 1822, S. 9f.
25 Zur Geschichte der Bäder vgl. Martina Bleymehl-Eiler: Ein kleines Elysium – die nassauischen Bäder im 19. Jahrhundert, in: Nassau und seine Bäder in der Zeit um 1840. Das Widmungsexemplar „The Brunnens of Nassau and the River Lahn" von Georg Barnard an Herzog Adolph zu Nassau, hg. v. Gast Mannes, Ausst. Kat. Nassauische Sparkasse, Wiesbaden 2005, S. 70–117, mit grundlegender Bibliographie im Ergänzungsbd.
26 Jörg Diefenbacher: Die Schwalbacher Reise gezeichnet von Anton Mirou, in Kupfer gestochen von Matthäus Merian d. Ä., 1620, Mannheim 2002.
27 Öl auf Eichenholz, 26,5 x 34,7 cm, bez. mittig auf dem Felsen: „1596 / L / VV", Herzog Anton Ulrich-Museum Braunschweig, Nr. 54; Angaben nach Alexander Wied: Lucas und Marten van Valckenborch (1535–1597 und 1534–1612). Das Gesamtwerk mit kritischem Œuvrekatalog, Freren 1990, S. 180, VVZ Nr. 86. Die Quelle wird ebd. als der Langenschwalbacher „Borner Brunnen" (später Stahlbrunnen) identifiziert, die Landschaft wird als Blick vom Rotfeld gen Norden, im Hintergrund Burg Adolfseck beschrieben. Jörg Diefenbacher sieht in der Darstellung hingegen vorrangig „Züge einer Phantasielandschaft, in die natürlich auch topographische Vorstudien eingegangen sein können"; E-Mail v. 30.11.2007.
28 Radierung, bez. r. u.: „Matth. Merian / fecit 1631.", 27,2 x 36,4 cm; Abb. bei Diefenbacher 2002 (wie Anm. 26), S. 38.
29 Die Auswahl entsprechender Ortsansichten steht dabei repräsentativ für die Beschreibung des ganzen Territoriums und ihre Gestaltung folgt dem üblichen Stil topographischer Illustrationen. Eine weitergehende Analyse erübrigt sich hierdurch. Ein Digitalisat der „Topographia Hassiae" online unter http://www.digitalis.uni-koeln.de/Merianh/merianh_index.html (zugegriffen am 3.11.2007); die Illustrationen aus der „Hessischen Chronica" lassen sich online recherchieren im Landesgeschichtlichen Informationssystem Hessen: http://web.uni-marburg.de/hlgl/lagis/ansichten_xs.html, Personen-Suchbegriff „Dilich" (zugegriffen am 3.11.2007).
30 Eine grundlegende Bibliographie in Ausst. Kat. Wiesbaden 2005 (wie Anm. 25), Ergänzungsbd., insbes. S. XIV–XVII.
31 Gerning 1814 (wie Anm. 19).
32 Vgl. Gerhard Kölsch: Schütz (Schüz), Landschaftsmaler, in: Neue Deutsche Biographie, Bd. 23, Berlin 2007, S. 656ff., mit Quellen und weiterer Lit.
33 Zu den Rheinreisen vgl. Klaus Honnef, Klaus Weschenfelder, Irene Haberland (Hg.): Vom Zauber des Rheins ergriffen... Zur Entdeckung der Rheinlandschaft, München 1992; zu den Rheinalben grundlegend: Irene Haberland: Zwischen Kunst und Kommerz. Illustrierte Rheinbücher vom 17. bis 19. Jahrhundert aus Beständen der Rheinischen Landesbibliothek Koblenz (=Schriften des Landesbibliothekszentrums Rheinland-Pfalz, Bd. 1), Koblenz 2006.
34 Die Bäder des Taunus. Dargest. in sechs malerischen Ansichten. Gezeichnet von Fries, Kunz [vielmehr: Kuntz] u. Rottmann, u. gestochen von Schnell. Mit einem kurzen Texte u. einer poetischen Zugabe, Heidelberg o. J. [wohl nach 1823]. Der Band enthält Ansichten von Wiesbaden, Sonnenberg, Eppstein, Langenschwalbach, Schlangenbad und Ems.
35 Vues pittoresques de Wiesbade [sic], Ems, Schwalbach, Schlangenbad et de Leurs Environs. Dessinées et gravées par les plus habiles artistes [d. i. Jakob Fürchtegott Dielmann], Frankfurt a. M. o. J. [um 1830].
36 George Barnard: The Brunnens of Nassau and the river Lahn, London o. J. [um 1840/45]. Vgl. Ausst. Kat. Wiesbaden 2005 (wie Anm. 25), mit Abb. des kompletten Bandes und aller Illustrationen. Barnard lieferte teils klassisch-topographische Ansichten, teils genrehaft oder gar karikaturartig anmutende Szenen aus Wiesbaden, Biebrich, Sonnenberg, Ems, Langenschwalbach, Schlangenbad, Kiedrich, Limburg, Dietz, Niederselters, Langenau und Arnstein, Königstein und Weilburg.
37 Anton Kirchner: Ansichten von Frankfurt am Main und seiner Umgegend, 2 Bde., Frankfurt a. M. 1818. Die Beschreibungen der Taunusbäder finden sich im zweiten Band; die entsprechenden Kupfer verschiedener Stecher nach Vorlagen Radls zeigen Wilhelmsbad, Soden, Wiesbaden, Langenschwalbach, Schlangenbad und Ems.
38 Eine frühe, kleine Anthologie von Reiseberichten zum Feldberg bei Gerning 1821 (wie Anm. 3), S. 251–258. Grundlegend ist die Zusammenstellung bei Bode 1985 (wie Anm. 9). Die „Entdeckung" des Feldberges wie der Taunus-Landschaft generell ließen sich weitergehend motivgeschichtlich und erfahrungspsychologisch etwa mit der Erkundung und Schilderung der Alpen durch Reisende und Künstler vergleichen, die sich seit etwa Mitte des 18. Jahrhunderts mit großer Dynamik vollzog; vgl. Susanne B. Keller: Gipfelstürmer. Künstler und Wissenschaftler auf der Suche nach dem Überblick, in: Expedition Kunst. Die Entdeckung der Natur von C. D. Friedrich bis Humboldt, hg. v. Jenns E. Howoldt, Uwe M. Schneede, Ausst. Kat. Hamburger Kunsthalle 2002/03, S. 27–36, mit weiterer Lit.
39 Zu Alber vgl. Friedrich Wilhelm Bautz, in: Biographisch-Bibliographisches Kirchenlexikon, online-Version unter: http://www.bautz.de/bbkl/a/alber_e.shtml (zugegriffen am 9.11.2007), mit weiterer Lit.
40 Vgl. Freudenstein 1988 (wie Anm. 3).
41 Zit. nach Bode 1985 (wie Anm. 9), S. 21ff.
42 Winkelmann wurde unter seinem Pseudonym Stanislaus Mink von Wennsshein außerdem als Erfinder des Major-Systems bekannt, das Ziffern und Zahlen mit Hilfe von Buchstaben und Worte memoriert; vgl. http://en.wikipedia.org/wiki/Johann_Just_Winkelmann und http://de.wikipedia.org/wiki/Major-System (zugegriffen am 9.11.2007).
43 Zit. nach Bode 1985 (wie Anm. 9), S. 27.
44 Neuhof 1777 (wie Anm. 11), S. 6.
45 Zu Hüsgen vgl. Gerhard Kölsch: Henrich Sebastian Hüsgen. Ein Frankfurter Kunstkenner der Goethezeit als Kunstsammler, in: Jahrbuch des Freien Deutschen Hochstifts 2007, S. 1–54.
46 [Henrich Sebastian Hüsgen:] Verrätherische Briefe von Historie und Kunst, Frankfurt a. M. 1776, S. 22–27.
47 Kirchner 1818 (wie Anm. 37), Bd. 2, S. 172ff.
48 Zu Christ vgl. Bode 1984 (wie Anm. 15).
49 Zit. nach Bode 1985 (wie Anm. 9), S. 40f. sowie S. 39.
50 Zum Begriff der Geniereise und deren Bedeutung für das Seelenleben der jungen Generation vgl. Petra Maisak: Die Geniereise in die Schweiz 1775, in: Sturm und Drang, hg. v. Christoph Perels, Ausst. Kat. Freies Deutsches Hochstift – Frankfurter Goethe-Museum und Goethe-Museum Düsseldorf 1988/89, S. 163–178.
51 Zit. nach Bode 1985 (wie Anm. 9), S. 40
52 [Henrich Sebastian Hüsgen:] Fortsetzung einiger verrätherischen [sic] Briefe von Historie und Kunst, Frankfurt a. M. 1783, S. 204.
53 Als frühes Beispiel entsprechender Landschaftspanoramen wäre auf den singulären „Prospect von dem Meliboco" des Darmstädter Hofmalers Johann Tobias Sonntag von 1747 zu verweisen (Öl auf Leinwand, 225 x 375 cm, bez.: „J. T. Sonntag 1747", heute stark beschädigt und fragmentiert im Depot des Schloßmuseums Darmstadt); vgl. die grund-

54 legende Dokumentation von Rouven Pons und Rainer Maaß: Johann Tobias Sonntag (1716–1774). Der Darmstädter Maler, sein Gesamtwerk und der „Prospect von dem Meliboco und dessen Gegend", Darmstadt 2007, m. Abb.

54 Zu Ravenstein, der auch als „Frankfurter Turnvater" und Mitbegründer des Taunusclubs bekannt ist, vgl. Bode 1985 (wie Anm. 9), S. 200–212.

55 Gestochen durch P. Arens, 34,5 x 38 cm, erschienen im Bibliographischen Institut Hildburghausen; ein Exemplar im Historischen Museum, Frankfurt a. M., Graphische Sammlung, Inv. Nr. C 769, ohne andere Angaben; als verkleinerte Reproduktion lose beiliegend bei: Bode 1985 (wie Anm. 9). Da in der Darstellung einerseits der Festplatz der seit 1844 stattfindenden Bergturnfeste auf dem Feldberg eingezeichnet ist und andererseits das Bibliographische Institut 1874 von Hildburghausen nach Leipzig übersiedelte, muß das Panorama zwischen diesen beiden Daten entstanden sein.

56 Eine kleine Skizze von Carl Theodor Reiffenstein (1820–1893) bindet etwa den Gipfel aus einiger Entfernung gesehen und am Rand liegend einen weiten Landschaftsblick ein, ein vogelschießender Jäger im Vordergrund belebt die Komposition; Feder und Bleistift, 9,2 x 13,8 cm, Historisches Museum, Frankfurt a. M., Graphische Sammlung, Inv. Nr. C 25216; Abb. bei Bode 1985 (wie Anm. 9), S. 100 sowie Georg Jacob Wolf: Verlorene Werke deutscher romantischer Malerei, 3. Aufl. München 1931, S. 46.

57 Ausführlich und mit Quellen dargelegt von Bode 1985 (wie Anm. 9), S. 11–19.

58 Radierung, monogr.: DB. [ligiert], 8,4 x 10,8 cm, Landesmuseum Mainz, Graphische Sammlung, ohne Inv. Nr., aus der Sammlung Lindenschmidt. Ob das Monogramm eventuell auf Johann Daniel Bager (1734–1815) verweist, der auch einige wenige Radierungen schuf, konnte nicht abschließend geklärt werden.

59 Aquatintaradierung in Gerning 1814 (wie Anm. 19); Abb. bei Bode 1985 (wie Anm. 9), S. 45. Die Vorzeichnung von Schütz befindet sich im Städel Museum, Frankfurt a. M., Graphische Sammlung, Feder in Grau, laviert und aquarelliert, bez. „Aussicht vom Feldberg nach Reifenberg gezeichnet von C. G. Schütz / Vetter 1808.", 38,6 x 47,4 cm, Inv. Nr. 5799; vgl. Edmund Schilling (Bearb.): Städelsches Kunstinstitut Frankfurt am Main. Katalog der deutschen Zeichnungen. Alte Meister, München 1973, Bd. 1, S. 194, Nr. 2001; Bd. 2, Taf. 187.

60 Zit. nach Bode 1985 (wie Anm. 9), S. 30.

61 Hüsgen 1776 (wie Anm. 46), S. 5f.

62 Kirchner 1818 (wie Anm. 37), Bd. 2, S. 172, 179f.; Gerning 1821 (wie Anm. 3), S. 33.

63 Beide Berichte im Wortlaut bei Bode 1985 (wie Anm. 9), S. 57–63 bzw. S. 97–101.

64 Das Manuskript wurde gemeinsam von Christian Xeller und Peter Cornelius, zu Beginn noch in Frankfurt am Main, später dann bereits in Rom geschrieben und an den Frankfurter Verleger Friedrich Wenner (1772–1835) – den späteren Herausgeber von Cornelius' Faust-Illustrationen – gesendet, die beabsichtigte Veröffentlichung kam jedoch nicht zustande. Es befindet sich heute im Städel Museum Frankfurt a. M. Eine umfassend kommentierte Textausgabe besorgte Rosy Schilling: Die Taunusreise beschrieben und gezeichnet von Peter Cornelius und Christian Xeller, München 1923.

65 Städel Museum, Frankfurt a. M., Graphische Sammlung; Abb. aller Blätter bei Schilling 1923 (wie Anm. 64), passim, eine Aufstellung S. 73.

66 Öl auf Leinwand, 58,5 x 60 cm, ehemals Historisches Museum Frankfurt a. M., Inv. Nr. B 1120, 1931 im Münchener Glaspalast in der Ausstellung „Werke deutscher Romantiker" präsentiert und dort am 6.7.1931 verbrannt. Das Gemälde stammte aus dem Besitz des Verlagsbuchhändlers Carl Jügel, der auch als der Auftraggeber gilt; vgl. Bode 1985 (wie Anm. 9), S. 129–132; mit Abdruck einer Besprechung Karl Simons von 1917.

67 Zit. nach Goethe HA (wie Anm. 13), Bd. 9, S. 226.

68 Bleistift auf weißem Papier, 19 x 23,1 cm, aus dem Besitz von Bettine von Arnim, heute Klassik Stiftung Weimar, Goethe-Nationalmuseum, Inv. Nr. alt 1915. Vgl. Petra Maisak: Johann Wolfgang Goethe. Zeichnungen, Stuttgart 1996, S. 29, Nr. 1. Maisak weist auf eine gewisse Ähnlichkeit der Landschaft und der Burganlage mit Altweilnau im nördlichen Hochtaunus-Kreis hin, sieht hierin jedoch kein konkretes Vorbild.

69 Zit. nach Karl Simon: Christian Georg Schütz der Vetter: „Umriß meines Lebens", in: Archiv für Frankfurts Geschichte und Kunst, 4. Folge, Bd. 2, 1929, S. 124–146, hier S. 128. Schütz verbrachte nach eigenen Angaben ferner 1803 eine Kur in Schlangenbad und weilte auch in den folgenden Jahren ebendort sowie in Langenschwalbach; vgl. ebd., S. 145. Das bislang fast nicht aufgearbeitete Werk von Schütz erlaubt leider keinen Überblick über seine diversen Taunus-Darstellungen; auf die nach seinen gezeichneten Vorlagen gestochenen Ansichten in Gernings „Heilquellen" wurde bereits hingewiesen (Anm. 19).

70 Einfacher, in blauen Papierumschlag gehefteter Band mit 25 Blatt Büttenpapier, 20,7 x 33,5 cm, darauf Zeichnungen in wechselnder Technik, Privatbesitz. Vgl. Arkadien am Mittelrhein. Caspar und Georg Schneider, Ausst. Kat. Landesmuseum Mainz, Wiesbaden 1998, S. 191f., Nr. 91, mit genauer Aufstellung der einzelnen Darstellungen und der jeweiligen Technik und Bezeichnung. Die vorgeschlagene Datierung ergibt sich aus dem noch lockeren, der Zeichenkunst eines Ferdinand Kobell (1740–1799) oder auch eines Christian Georg Schütz d. Ä. verpflichteten Duktus der Darstellungen. Schneider mag entsprechende Vorlagen 1793 in Mannheim und 1794 in Frankfurt a. M. kennengelernt haben.

71 Die Taunuszeichnungen finden sich auf fol. 1 bis 13; hierauf folgen Ansichten aus dem Mittelrheintal und aus der Gegend von Aschaffenburg, die sicher später als 1800 datieren.

72 Etwa eine „Felspartie auf dem Hattensteiner Berg", fol. 1v., Abb. in: Ausst. Kat. Mainz 1998 (wie Anm. 70), S. 191.

73 Konvolut im Landesmuseum Mainz. Zu Ackermann existiert keine monographische Literatur; grundlegend die Angaben bei Marlene Landschultz: Mainzer Maler aus der ersten Hälfte des 19. Jahrhunderts. Die Meister und ihre Werke, Diss. Mainz 1977, S. 147–168.

74 Johann Friedrich Morgenstern: Malerische Wanderung auf den Altkönig und einen Theil der umliegenden Gegend. Im Sommer 1802, Frankfurt a. M. 1803. Einen Nachdruck der heute seltenen Publikation besorgte Dietrich Kleipa, Kelkheim im Taunus 1976. Vgl. auch Inge Eichler: Die Frankfurter Malerfamilie Morgenstern, Ausst. Kat. Freies Deutsches Hochstift – Frankfurter Goethe-Museum Frankfurt a. M. 1999/2000, S. 64, Nr. 37 sowie S. 53f.

75 Eichler, in: ebd., S. 54, schließt hieraus, Morgenstern sei den gesamten Weg in einem Tag gelaufen und habe hierbei auch alle Skizzen angefertigt. Tatsächlich enthält der Text keinerlei Hinweise auf Übernachtungsmöglichkeiten in Gasthöfen oder weitere praktische Angaben zur Durchführung der Wanderung. Es ist jedoch selbstverständlich davon auszugehen, daß die anspruchsvolle Tour in mindestens zwei Tagesetappen erfolgte, vielleicht mit der üblichen und auch in zeitgenössischen Reiseführern empfohlenen Übernachtung in Königstein.

76 Morgenstern 1803 (wie Anm. 74), o. S., bei „XII. Klein Schwalbach".

77 Vgl. Inge Eichler: Carl Morgenstern. Unter besonderer Berücksichtigung seiner Schaffensphase von 1826–1846 (=Kunst in Hessen und am Mittelrhein, H. 15 und 16), Darmstadt 1976, S. 136ff., WVZ Nr. Ö 3, Z 23 und Z 24, Z 30 bis Z 35 sowie passim, teils mit Abb.

78 Zwei um 1791 entstandene Ansichten des Homburger Schlosses von Westen bzw. Osten, jeweils Feder in Schwarz, laviert bzw. aquarelliert, 23,1 x 38,1 cm bzw. 29 x 48,4 cm, Privatbesitz; vgl. Siegfried Wichmann: Wilhelm von Kobell. Monographie und kritisches Verzeichnis der Werke, München 1970, S. 193, Nr. 162f., Abb. S. 192.

79 Eine Reihe von Aquarellen sowie Gouachen und Pinselzeichnungen, entstanden um 1800 sowie 1819, Historisches Museum Frankfurt a. M. bzw. Sammlung Eric Leonhardt, Bad Homburg v. d. Höhe, Nachweis,

weitere Angaben sowie Abb. online beim Landesgeschichtlichen Informationssystem Hessen (wie Anm. 29), Suchworte „Reinermann" und „Bad Homburg" (22.11.2007); zu Reinermann vgl. auch Stadt – Land – Fluss. Skizzen zu Leben und Werk des Landschaftsmalers Friedrich Christian Reinermann (1764–1835), bearb. v. Roswitha Mattausch-Schirmbeck, Ausst. Kat. Museum im Gotischen Haus Bad Homburg v. d. Höhe 2006/07.

80 Blick auf den Taunus, Öl auf Leinwand, 28,3 x 35,7 cm, bez. rs.: 1840, Städel Museum Frankfurt a. M., Inv. Nr. 2047; vgl. Hans-Joachim Ziemke: Städelsches Kunstinstitut Frankfurt am Main. Die Gemälde des 19. Jahrhunderts, hg. v. Ernst Holzinger, Frankfurt a. M. 1972, Textbd., S. 455, Bildbd., Taf. 19. Die eher skizzenhaft aufgefaßte Darstellung zeigt den Blick über eine baumbestandene Ebene auf einen entfernten Höhenzug, bei dem höchsten Gipfel mag es sich dabei um den Großen Feldberg von Osten oder Südosten aus gesehen handeln.

81 Die Gegend des Schwarzbaches zwischen Eppstein und Lorsbach bezeichnete man meist als „Lorsbacher Tal", bisweilen auch als „Eppsteiner Tal", während die drei gen Norden abzweigenden Täler als „Brennertal" (mit dem Laibach), „Fockenhäuser Tal" (mit dem Goldbach) und „Fischbachtal" spezifiziert wurden, vgl. Kirchner 1818 (wie Anm. 37), Bd. 2, S. 180.

82 So Barbara Bott: Gemälde hessischer Maler des 19. Jahrhunderts im Hessischen Landesmuseum Darmstadt. Bestandskatalog, Heidelberg 2003, S. 215ff., hier S. 216.

83 Die Kategorie des „Erhabenen" wurde, ausgehend von Edmund Burkes 1757 publizierter Betrachtung „A philosophical enquiry into the origin of our ideas of the sublime and beautiful", in der ästhetischen Diskussion jener Zeit als Gegensatz zum stets wohlgefälligen „Schönen" verstanden und meinte etwas Großes und Entferntes, nicht Begreifbares oder Unerreichbares, das den Betrachter gleichermaßen erschreckt und fasziniert; vgl. die kurze, aber treffende Definition bei http://de.wikipedia.org/wiki/Das_Erhabene (zugegriffen am 22.11.2007), mit Erläuterungen zur historischen Entwicklung des Begriffs und weiterer Lit.

84 Hüsgen 1783 (wie Anm. 52), S. 147.

85 Gerning 1814 (wie Anm. 19), S. 35.

86 Kirchner 1818 (wie Anm. 37), Bd. 2, S. 181f.

87 Ebd., S. 182f.

88 So, wie bereits erwähnt, Kat. Nr. 61, ferner die vorbereitende Gouache hierzu von 1809 (Kat. Nr. 60) und ein Gemälde, um 1836, Öl auf Leinwand, 32,3 x 39,7 cm, Städel Museum, Frankfurt a. M., Inv. Nr. 1053 (Abb. xx).

89 U. a. in einer studienhaften Gouache, 52,6 x 73 cm, Städel Museum, Frankfurt a. M., Graphische Sammlung, Inv. Nr. 1772 und dem hiernach gefertigten, jedoch stärker durchkomponierten Kupferstich in Kirchner 1818 (wie Anm. 37), Bd. 2, nach S. 180, ferner in einer weiteren Gouache (Kat. Nr. 65) und dem von Friedrich Geißler hiernach gefertigten Kupferstich, ein Exemplar im Freien Deutschen Hochstift – Frankfurter Goethe-Museum, Frankfurt a. M., Graphische Sammlung, Inv. Nr. III-12973. Die Häufung des stets ähnlichen Motivs dürfte dessen Beliebtheit, sicher auch als Erinnerungsstück an Ausflüge in die Gegend von Eppstein anzeigen.

90 Morgenstern hielt dieses Motiv bei seiner Taunusreise 1829 in zwei Aquarellen (Eichler 1976 [wie Anm. 77], S. 138, WVZ Nr. Z 30 und Z 31) fest und führte hiernach 1831 ein Gemälde aus (Kat. Nr. 128). Bei dem sogenannten „Teufelsfelsen" dürfte es sich um einen Teil der nördlich von Lorsbach gelegenen Lorsbacher Wand handeln, wobei anzumerken ist, daß Morgenstern die Felsformation offenbar deutlich monumentalisierte.

91 Kirchner 1818 (wie Anm. 37), Bd. 2, S. 174.

92 Die Aquarellstudien zu den Ansichten von Königstein und Kronberg sind nicht bekannt. Jene von Falkenstein befindet sich in der Graphischen Sammlung des Freien Deutschen Hochstift – Frankfurter Goethe-Museums Frankfurt a. M., 27,4 x 46,9 cm, unbez., Inv. Nr. III-12867; vgl. Birgit Knorr: Georg Melchior Kraus (1737–1806). Maler – Pädagoge – Unternehmer. Biographie und Werkverzeichnis, Diss. Jena 2003, online-Fassung unter: http://deposit.ddb.de/cgi-bin/dokserv?idn=971939691 (zugegriffen am 23.11.2007), S. 59, WVZ Nr. A 238, mit weiteren Angaben. Da die radierte Ansicht von Königstein die Burg im Zustand nach der Zerstörung von 1796 zeigt, dürften alle drei Studien bei einer Taunuswanderung Kraus' zwischen 1796 und 1803 entstanden sein, zumal sich die drei nahe beieinander liegenden Burgen bequem auf einer einzigen Tagestour besichtigen ließen.

93 Knorr 2003 (wie Anm. 92), S. 138, WVZ Nr. D 114 bis D 116, mit genauen Angaben. Ein Vergleich zwischen der aquarellierten (Abb. 13) und der radierten Ansicht von Falkenstein (Abb. 14) zeigt, daß Kraus vor Ort allein die Architektur und die landschaftliche Umgebung aufnahm und erst für die Radierung Kühe, Ziegen und Figuren als ländlich-idyllische gestimmte Staffage einfügte.

94 Journal des Luxus und der Moden, 1803, H. 10, S. 556; zit. nach Knorr 2003 (wie Anm. 92), S. 205.

95 Gerning 1814 (wie Anm. 19), S. 110.

96 Ebd., S. 125.

97 Ebd., S. 113.

98 Letzteres insbesondere bei Gerning 1821 (wie Anm. 3), S. 65, Anm.

99 Ebd., S. 66.

100 Kirchner 1818 (wie Anm. 37), Bd. 2, S. 169.

101 Ebd., S. 178.

102 Gerning 1821 (wie Anm. 3), S. 70.

103 Kirchner 1818 (wie Anm. 37), Bd. 2, Taf. bei S. 168 und 174.

104 Eine weitere, 1828 datierte Gemäldefassung, 65,5 x 95 cm, mit leicht veränderter Staffage wurde 1998 im Kunsthandel bekannt; vgl. Dorotheum Wien, Aukt. 3.12.1998, Nr. 14 (http://www.artnet.de, zugegriffen am 5.2.2008), 1828, Öl auf Leinwand, 65,5 x 95 cm. Vgl. auch die ähnliche Ansicht einer vor 1817 entstandenen Gouache (Kat. Nr. 63), die das Motiv des Kupferstichs bei Kirchner vorwegnimmt. Für weitere Kronberger Ansichten wählte Radl einen Standpunkt von Nordwesten, in etwa dem später berühmten „Malerblick" entsprechend, oder von Osten aus, mit der Schönberger Kirche im Vordergrund.

105 Gerning 1821 (wie Anm. 3), S. 33.

106 Hüsgen 1783 (wie Anm. 52), S. 151. Als „Elysion" (lateinisch: Elysium) galt in der griechischen Mythologie eine im äußersten Westen gelegene Insel, auf die jene Helden entrückt wurden, die von den Göttern geliebt wurden oder denen diese Unsterblichkeit geschenkt hatten.

107 Gerning 1821 (wie Anm. 3), S. VIII.

108 Gerning 1814 (wie Anm. 19), S. 110.

109 Gerning 1821 (wie Anm. 3), S. 31f. Als „Hesperien" (abgeleitet von „Hesperos" = Abendstern) wurde in der antiken griechischen Literatur ein westlich gelegenes Land bezeichnet, meist das heutige Italien, bisweilen auch die iberische Halbinsel. Der Begriff war vor Gerning in der Literatur der Deutschen Klassik mehrfach verwendet worden, so von Friedrich Hölderlin („Brodt und Wein", 1800/01) und Friedrich Schiller (u. a. „Theoderich, König der Ostgothen", in: Die Horen, Jg. 1796, 7. Stück).

110 Gerning 1814 (wie Anm. 19), S. 30. Pomona (von lat. „Pomum" = Baumfrucht) war die römische Göttin des Obstsegens.

111 Vgl. Helmut Bode: Die Edelkastanien im Vordertaunus und der Kronberger Kastanienhain, in: Berg/Ernst/Galuschka/Walsh 1988 (wie Anm. 2), S. 40–44.

112 Grundlegend zu der Thematik der Sammelband von Helmut Bode und Verein für Geschichte und Heimatkunde der Stadt Kronberg e. V. (Hg.): Kronberg im Taunus. Beiträge zur Geschichte, Kultur und Kunst, Frankfurt a. M. 1980; eine tabellarische Chronologie Kronbergs S. 11–20.

113 Hierzu sehr ausführlich Bode 1984 (wie Anm. 15).

114 Gerning berichtete am 13.12.1802 an Karl Ludwig von Knebel (1744–1834) in Weimar: „Mein Tauninum zu Kronberg ist ein lieblicher Sommeraufenthalt; es thront unter Obst- und Kastanienhainen und beherrscht die schönste Gegend von Deutschland"; zit. nach Bode 1984 (wie Anm. 15), S. 432, ohne Quellenangabe. Bode vermutet ebd., S.

431, Gerning habe den Turm nach dem Tod des Vaters am 15. März 1802 und mit Unterstützung von Christ und Brückner, der in nassauischen Diensten stand, erworben. Gerning nannte außerdem ein „Eckzimmerchen" in Soden sein Eigen, in dem 1816 auch Marianne von Willemer logierte. 1803 erwarb er zwei weit größere Anwesen, davon eines mit 20 Zimmern und Garten, in Homburg vor der Höhe, die er jedoch bereits 1811 wieder veräußerte; ebd., S. 432 und 436.

115 Der Turm wurde um 1700 als „Peter Beyers Turm" bezeichnet und liegt an der heutigen Gasse „An der Stadtmauer"; vgl. die Karte der Kronberger Altstadt in: Bode 1980 (wie Anm. 112), S. 408f. Kronbergern ist das noch heute in verändertem Umfeld bestehende, auch von der heutigen Katharinenstraße aus sichtbare Gebäude vielfach unter dem Namen „Türmchen" bekannt.

116 Bildgrund nicht dokumentiert, 71,5 x 53,5 cm, nach alten Angaben bez. „Radl / 1804", ehemals Freies Deutsches Hochstift – Frankfurter Goethe-Museum, Inv. Nr. IV-01064, Kriegsverlust 1944, erworben 1929 von einem „Fräulein Blum" aus Frankfurt a. M., die einen Teil von Gernings Nachlaß besaß.

117 Eine Beschreibung nach dem Tode Gernings berichtet: „Das Haus steht am Wege nach Cronthal auf der Stadtmauer, einen Anbau von mächtigen Eichenpfeilern, die von Epheu umrankt sind, getragen, im Innern aber durch die Pietät der Erbin im Ganzen noch mit der Einrichtung versehen, wie sie der Dichter sich geschaffen hatte"; Aloys Henninger: Das Herzogtum Nassau, Darmstadt 1862; zit. nach Bode 1980 (wie Anm. 112), S. 418.

118 In einem Brief an Knebel, wobei Gerning explizit gestochene Veduten von Georg Melchior Kraus, darunter Ansichten der Weimarer „Parkschnecke" und der Wartburg erwähnt; zit. nach Bode 1984 (wie Anm. 15), S. 438, ohne Quellenangabe.

119 Kirchner 1818 (wie Anm. 37), Bd. 2, S. 169. Tusculum war eine antike, am Rand der Sabiner Berge (nahe dem heutigen Frascati) gelegene und ab 1191 vollkommen zerstörte Stadt, in der einst zahlreiche vornehme altrömische Familien, darunter auch Cicero, Villen und Landhäuser besessen hatten.

120 Gerning 1814 (wie Anm. 19), S. 32. Tibur war der antike Name des heutigen Tivoli, in Antike wie Neuzeit ebenfalls für ausgedehnte Villen und Gärten berühmt.

121 Im Vorbericht zu den „Heilquellen" gibt Gerning an, er habe „das vorliegende Gedicht, in heiteren Stunden an Ort und Stelle niedergeschrieben, oder entworfen"; Gerning 1814 (wie Anm. 19), S. 3.

122 Anton Radl soll „1827 längere Zeit bei Gerning" gewohnt haben; so August Wiederspahn: Die Kronberger Malerkolonie, hg. v. Helmut Bode, 2., erweiterte Aufl. Frankfurt a. M. 1976, S. 36, o. Quellenbeleg sowie Bode 1984 (wie Anm. 15), S. 435, o. Quellenbeleg; Bode vermutet ebd. auch Carl Morgenstern als Besucher.

123 Schütz war bereits mit Gernings Vater Christian Georg bekannt und führte für dessen Frankofurtensien-Sammlung ein großes Aquarell mit einer Ansicht der Stadt aus. Nach Gerning junior soll Schütz auch mehrere Gemälde mit Landschaften aus der Gegend von Kronberg geschaffen haben, die jedoch bislang noch nicht identifiziert wurden: „Unser Claude Rhenan C. G. Schüz, (der Flörsheimer,) hat auch diese Fluren, jüngst noch, von ihnen malerisch begeistert, in zaubervollen Gemälden dargestellt."; Gerning 1821 (wie Anm. 3), S. 33, zweite Fußnote. Der Beiname „Claude Rhenan" (von lat. „Rhenus" = Rhein) ist dabei als Analogiebildung zu Claude Lorrain (frz. Lothringen, eigentlich Claude Gellée) zu verstehen.

124 Eine zahlreiche Zusammenstellung jener Briefstellen, die Gernings „Taunusopfer" betreffen, bei Bode 1984 (wie Anm. 15), S. 428ff. Das Zitat der „Griechischen Sitte" nach ebd., S. 433, mit Datum 1804, jedoch o. Quellenangabe.

125 Gerning spendierte Goethe nicht nur die eigenen Druckwerke, sondern besorgte dem Dichter auf dessen Wunsch 1815 etwa auch eine spätantike Alabasterschale, die aus dem aufgelassenen Kloster Eibingen über Rüdesheim stammte und lange als Reliquie der Hochzeit von Kanaa gegolten hatte; vgl. Wiederholte Spiegelungen. Weimarer Klassik 1759–1832, hg. v. Gerhard Schuster, Caroline Gille, Katalog der Ständigen Ausstellung des Goethe-Nationalmuseums Weimar, München 1999, Bd. 1, S. 468, Nr. 9, m. Abb. Ein Brief an Knebel, in dem sich Gerning über den „große[n], dank- und gemüthlose[n] Goethe" mokiert und anmerkt, für das „Weihbecken von Eibingen, was 20 bis 30 Louisdors werth ist, hat er mir nicht einmal ein Buch geschenkt", war 1820 sodann der Auslöser des bis 1827 anhaltenden Bruches zwischen Frankfurt und Weimar; zit. nach Bode 1984 (wie Anm. 15), S. 436f., o. Quellenangabe.

126 Seine unfangreichen Sammlungen zu Kunst und Natur hatte Gerning bereits 1824 gegen eine jährliche Leibrente von 2000 Gulden dem Staate Nassau vermacht. Sie bildeten, bis heute erst in Umrissen dokumentiert und erschlossen, den Grundstock des Wiesbadener Museums. Das von seinem Vater übernommene Konvolut an Frankofurtensien und sonstigen Graphiken ging hingegen an die Stadt Frankfurt a. M., die das Konvolut nach 1877/78 an das Historische Museum übergab, wo die Werke in der allgemeinen Graphischen Sammlung aufgingen; vgl. Gerhard Bott: Die Graphische Sammlung des Historischen Museums Frankfurt am Main, Frankfurt a. M. 1954, S. 6f. Gernings großer schriftlicher Nachlaß, darunter die sehr umfangreiche Korrespondenz mit vielen Zeitgenossen, konnte früh und in weiten Teilen vom Freien Deutschen Hochstift erworben werden. Das zum Teil wassergeschädigte Konvolut ist erst zu einem geringen Teil ediert. Ein kleiner Teilnachlaß an Handschriften gelangte hingegen in die Handschriftensammlung der Frankfurter Stadt- und Universitätsbibliothek; bestätigt durch Günter Kroll ebd., E-Mail v. 15.8.2007. Weitere, Gernings Sammlungen und seinen Nachlaß betreffende Funde erscheinen somit durchaus denkbar.

127 Vgl. die knappen Anmerkungen bei Wiederspahn 1976 (wie Anm. 122), S. 103.

128 Zu Burger zuletzt: Anton Burger 1824–1905. Zum 180. Geburtstag, Ausst. Kat. HAUS GIERSCH – Museum Regionaler Kunst, Frankfurt a. M. 2004, vgl. insbesondere die von Anja Frommator zusammengestellte Biographie, S. 69–81.

129 Die Frage, warum die Maler gerade nach Kronberg zogen, wurde in der zusammenfassenden Literatur bezeichnenderweise nie explizit gestellt, und man begnügte sich häufig mit völlig allgemeinen Aussagen wie dem Interesse der Maler an einer „ganz ländlichen Stadt mit einer Fülle von malerischen Motiven und eine[r] romantische[n] Umgebung" (Wiederspahn 1976 [wie Anm. 122], S. 46) oder gar: „Der Exodus aus den Städten war auch eine Flucht vor dem Fortschritt in eine unangetastete Landschaft zu einer naturgemäßen Lebensweise, zu Ruhe und Beschaulichkeit" (Inge Eichler: Die Entstehung der Künstlerkolonien im 19. Jahrhundert unter besonderer Berücksichtigung der Kronberger Malerkolonie, hg. v. der Museumsgesellschaft Kronberg e. V. [1989], online-Version unter http://www.kronberger-maler.de/history/eichler.html, zugegriffen am 8.12.2007). Diese Perspektive kann die Bevorzugung Kronbergs gegenüber anderen Orten im Taunus jedoch schwerlich erklären, zumal leider keine entsprechenden Aussagen von Burger oder seinen Zeitgenossen überliefert sind (frdl. Auskunft v. Anja Frommator, Gespräch v. 2.12.2007). Im Übrigen war Kronberg keineswegs eine Idylle ohne alle Probleme und Umbrüche des 19. Jahrhunderts: Bereits 1813 hatte etwa Nassau den Abbruch der meisten mittelalterlichen Stadtmauern, Türme und Torpforten angeordnet; und eine umfassende Beschreibung des Amtes Kronberg durch Johannes Becker zeichnete 1840/43 das aufschlußreiche Bild eines vom Kleinhandwerk geprägten Gemeinwesens, für dessen Auskommen der stete wirtschaftliche Austausch mit Frankfurt am Main maßgeblich war. Ein angeblich „verderblicher" Einfluß der Handelsstadt auf Traditionen, Moral und Sitten der Kronberger wurde folglich mehrfach beklagt; vgl. Helmut Bode: Johannes Beckers Amtsbeschreibung: Kronberg 1840/43, in: Bode 1980 (wie Anm. 112), S. 473–491.

130 Gerning 1821 (wie Anm. 3), S. 42, nach der Beschreibung von Kronberg.

60
Lorsbacher Tal im Taunus, 1809
Gouache, 55 x 75 cm
Bez. r. u.: A. Radl 1809
Städel Museum, Frankfurt a. M., Graphische Sammlung, Inv. Nr. 1771, erworben aus der Sammlung Johann Georg Grambs (1756–1817)
Lit.: vielleicht identisch mit Ausst. Kat. Frankfurt 1920, Nr. 79 (hier: „Sommerabend im Lorsbacher Tal bei Eppstein i. T."); Bott 2003, S. 216 (hier: „Eppsteiner Tal im Taunus" und „1805").

61
Das Eppsteiner Tal im Taunus, 1815
Öl auf Leinwand, doubliert, 64 x 84 cm
Bez. r. u.: Rad'l 1815
Hessisches Landesmuseum Darmstadt, Inv. Nr. GK 399
Lit.: Ausst. Kat. Darmstadt 1963, Nr. 33 m. Abb.; Herzog 1969, Nr. 22, Abb. S. 71 (hier: „Lorsbachtal bei Eppstein im Taunus"); Bott 2003, S. 215f. m. Abb.

62
Kronberg im Taunus, um 1810
Gouache, 58,4 x 84,5 cm
Unbez.
Städel Museum, Frankfurt a. M., Graphische Sammlung, Inv. Nr. 1774, erworben aus der Sammlung Johann Georg Grambs (1756–1817)

63
Falkenstein und Königstein im Taunus, um 1810
Gouache, 56,2 x 83,4 cm
Unbez.
Städel Museum, Frankfurt a. M., Graphische Sammlung, Inv. Nr. 1773, erworben aus der Sammlung Johann Georg Grambs (1756–1817)
Lit.: Herzog 1969, Nr. 23, Abb. S. 73 (hier: „um 1820").

64
Ruine Falkenstein im Taunus, 1817
Öl auf Leinwand, 64,2 x 83,2 cm
Bez. r. u.: Rad'l 1817
Hessisches Landesmuseum Darmstadt, Inv. Nr. GK 400
Lit.: Ausst. Kat. Darmstadt 1963, Nr. 34 m. Abb.; Ausst. Kat. Frankfurt 1966, Nr. 117 m. Abb.; Bott 2003, S. 216f. m. Abb.

65
Eppstein, um 1815
Gouache, 38,3 x 52,8 cm
Unbez.
Historisches Museum, Frankfurt a. M., Graphische Sammlung, Inv. Nr. C 35508
Lit.: Bott/Vogel 1958, Abb. V (hier: „um 1815"); Biehn 1972, Abb. S. 58f. Druckgraphik gleichen Motivs siehe Abb. 49.

66
Ansicht des Stahlbrunnens in Schwalbach, 1819
Gouache, 36,5 x 52,2 cm
Bez. l. u.: A. Radl 1819
Privatbesitz
Lit.: Druckgraphik gleichen Motivs siehe Kat. Nr. 86.

Der Schwalbacher Grindbrunnen erhielt den Namen „Stahlbrunnen" aufgrund des hohen Eisengehalts seines Wassers. Dessen Heilkraft, die der Wetzlarer Arzt Dr. Schweizer erkannt hatte, verhalf dem Badeort zu neuem Aufschwung. Bis 1769 war der Stahlbrunnen in Privatbesitz, dann erwarb ihn Landgraf Constantin von Hessen-Rotenburg, der ihn den Schwalbacher Bürgern zur Verfügung stellte.

67
Schlangenbad im Taunus, 1818
Gouache, 37,7 x 52,7 cm
Bez. r. u.: A. Radl 1818
Historisches Museum, Frankfurt a. M., Graphische Sammlung, Inv. Nr. C 35502
Lit.: Ausst. Kat. Frankfurt 1966, Nr. 121; Biehn 1972, Abb. S. 38f. Druckgraphik gleichen Motivs siehe Kat. Nr. 87.

68
Wiesbaden (Kurhaus von der Parkseite), um 1815/20
Gouache, 37,9 x 52,3 cm
Unbez.
Historisches Museum, Frankfurt a. M., Graphische Sammlung, Inv. Nr. C 35506
Lit.: Ausst. Kat. Frankfurt 1966, Nr. 124. Druckgraphik gleichen Motivs siehe Abb. 48.

69
Ansicht von Wiesbaden, um 1815/20
Gouache, 37,7 x 52,6 cm
Unbez.
Historisches Museum, Frankfurt a. M., Graphische Sammlung, Inv. Nr. C 35507
Lit.: Bott/Vogel 1958, Abb. VI; Ausst. Kat. Frankfurt 1966, Nr. 120; Herzog 1969, Nr. 24, Abb. S. 75; Biehn 1972, Abb. S. 14f.

70
Ruine Sonnenberg bei Wiesbaden, um 1815/20
Gouache, 38,3 x 52,5 cm
Unbez.
Historisches Museum, Frankfurt a. M., Graphische Sammlung, Inv. Nr. C 40886
Lit.: Biehn 1972, Abb. S. 22f.; Herzog 1969, Nr. 25, S. 77.

Als Feste an der Grenze zu den Herren von Eppstein wurde die Burg an den Hängen des Vordertaunus im heutigen Wiesbaden-Sonnenberg ab 1200 von den Grafenbrüdern Heinrich II. und Ruprecht von Nassau errichtet. Der prominent hervortretende Bergfried wurde 1208 fertiggestellt. Der Ausbau des oberen Burgteils fand zwischen 1221 und 1242 statt, doch wurde die Burg bis 1298 zweimal zerstört und schließlich unter Graf Gerlach zu Beginn des 14. Jahrhunderts wieder aufgebaut und weiter vergrößert. Zur Ruine verfiel die Burg endgültig nach dem Dreißigjährigen Krieg.

71
Ansicht von Burg Hohenstein, um 1815/20
Gouache, 36,6 x 51 cm
Bez. r. u.: A. Radl
Museum Wiesbaden, Sammlung Nassauische Altertümer, Inv. Nr. A 68
Lit.: Ausst. Kat. Wiesbaden 1981, Nr. A 68. Druckgraphik gleichen Motivs siehe Abb. 56.

Unter den Grafen von Katzenelnbogen sowie den Grafen von Nassau-Laurenburg wurde die Burg 1190 erbaut. Eine Erweiterung erhielt sie 1422 unter Johann III. Im Dreißigjährigen Krieg zerstört, verfiel die Burg in den folgenden Jahren. Sie gehört heute zur Gemeinde Hohenstein in der Nähe von Bad Schwalbach.

72
Taunuslandschaft mit Kronberg, 1823
Öl auf Leinwand, 87 x 130 cm
Bez. r. u.: A Rad'l 1823; rs.: Ansicht von Kronenberg gemalt im Jahr 1823 von Anton Rad'l
Hessisches Landesmuseum Darmstadt, Inv. Nr. GK 402
Lit.: Ausst. Kat. Frankfurt 1966, Nr. 118 m. Abb.; Wiederspahn/Bode 1982, S. 699, Farbtaf. S. 262; Bott 2003, S. 217f., Farbtaf. S. 21.

73
Taunuslandschaft mit Königstein, 1825
Öl auf Leinwand, 87 x 130 cm
Bez. r. u: A Rad'l 1825; rs.: Ansicht von Königstein vom Fuse des Altkönigs
Hessisches Landesmuseum Darmstadt, Inv. Nr. GK 403
Lit.: Ausst. Kat. Darmstadt 1963, Nr. 35 m. Abb.; Bott 2003, S. 218f. m. Abb.

74
Blick auf Schönberg mit Kirche, Kronberg mit Burg und die Ruine Falkenstein
Gouache, 39 x 56 cm
Bez. r. u.: A. Radl
Kunsthandlung J. P. Schneider jr., Frankfurt a. M.
Lit.: Frankfurter Sparkassen-Kalender 1995, Monat Mai.

75
Kronberg im Taunus (Kronberg von Schönberg aus), 1824
Öl auf Holz, 49 x 66,6 cm
Bez. r. u.: A Rad'l 1824; rs. Aufschrift in zierlicher Kursive: Der Vorgrund ist Schönberg / Mittelgrund Kronenberg / in der Ferne Falkenstein
Städel Museum, Frankfurt a. M., Inv. Nr. SG 741
Lit.: Ziemke 1972, Textbd., S. 291f., Bildbd., Taf. 2; Wiederspahn/Bode 1982, S. 699, Abb. S. 585.

76
Falkenstein
Aquarell, Gouache, 47 x 63 cm
Bez. r. u.: A. Radl
Privatbesitz

77
Blick von Falkenstein auf Kronberg
Gouache, Aquarell, Graphit, 10,8 x 20 cm
Unbez.
Privatbesitz

Anton Radl und der Verlag von Friedrich Wilmans (1764–1830)

Der aus Bremen stammende Buchhändler, Verleger und Kunsthändler Friedrich Wilmans hatte nach einer Buchhändlerlehre in Frankfurt zunächst in seiner Heimatstadt Bremen 1793 eine eigene Buchhandlung mit Verlag eröffnet. Er baute ein anspruchsvolles Verlagsprogramm auf und sollte sich bald als ein Wegbereiter romantischer Dichtung der noch unbekannten Dichter Brentano, Hölderlin und Schlegel einen Namen machen (Raabe 1957; Klötzer 1994/96, Bd. 2, S. 564; Schulz 2002, S. 174f.). Als erfolgreich erwies sich sein seit 1800 jährlich erscheinendes „Taschenbuch. Der Liebe und Freundschaft gewidmet", ein Musenalmanach, für den er auch Herder, Wieland, Schiller, Goethe und Jean Paul Beiträge entlocken konnte. 1802 siedelte Wilmans, mit der Frankfurterin Jeanette Dorothea Vogelhuber verheiratet, nach Frankfurt über und widmete sich hier zunehmend seinem Kunstverlag, insbesondere der Herausgabe von illustrierten Reiseberichten und druckgraphischen Ansichten. Zwischen 1816 und 1822 firmierte der Verlag als Gebrüder Wilmans, da sein Bruder Heinrich Johann Christian in dieser Zeit das Verlagsgeschäft mitbetrieb (Handlungs-Addreß-Kalender von Frankfurt am Main). Der kunstsinnige Wilmans besaß selbst eine umfangreiche Sammlung an Werken Alter Meister, die nach seinem Tod 1830 versteigert werden sollte (Wilmans 1831). Zudem stand sein Haus jungen, zeitgenössischen Künstlern offen: Von 1809 bis 1811 lebte hier der Maler Peter Cornelius (1783–1867), der Wilmans auch porträtierte (Kat. Nr. 78).

Die romantische Begeisterung für die Schönheiten des Rheins bewog Wilmans zunächst zur Herausgabe von Rheinansichten, dann auch von Rhein- und Mainpanoramen, die den wachsenden Bedarf des Tourismus an orientierender und memorierender Illustration bediente. So lieferte Radls Frankfurter Malerkollege Christian Georg Schütz d. J. (1758–1823) ihm Vorlagen für eine 32 Blätter umfassende Kupferstichfolge von Rheinansichten, die bis 1807 erschienen (Schmitt 1996, S. 229ff.). Für eine weitere Ansichtenfolge gewann er dann Radl als Reproduktionsstecher. Radl übertrug zwölf Rheinansichten (darunter Kat. Nr. 79, Abb. 45, 46), deren Vorlagen Schütz zwischen 1807 und 1813 geschaffen hatte, in die ihm durch die Tätigkeit bei Prestel bestens vertraute Aquatintatechnik. Die aufwendigen Blätter wurden als Folge oder einzeln in drei Ausgaben angeboten: „en noir", „colorié" oder „peint en guache" (Wilmans 1829). Wenige Jahre nach dieser Tätigkeit als Reproduktionsstecher sollte Radl dann selbst als Künstler für den Verlag von Wilmans Vorlagen schaffen, die dieser von anderen Stechern druckgraphisch umsetzen und kolorieren ließ. Wilmans beauftragte Radl mit Ansichtsillustrationen (Kat. Nr. 80–83, Abb. 47), die für Bücher mit historisch-topographischen Beschreibungen der vier Freien Reichsstädte Frankfurt (1818), Lübeck (1822), Bremen (1822) und Hamburg (1824, 1828) bestimmt waren.

Im Gegensatz zu Schütz d. J., dessen Landschaften noch eher versatzstückartig komponiert und im Detail deutlich weniger naturgetreu ausgebildet waren, vertrat der immerhin 16 Jahre jüngere Radl eine von wirklicher Beobachtung ausgehende Landschaftsauffassung. Mit seinen naturgetreuen Schilderungen dieser vier Städte, ihrer landschaftlichen Lage und ihren Sehenswürdigkeiten zählen diese Bände zu den bedeutendsten Ansichtswerken der vier Freien Reichsstädte aus jener Zeit. Das ehrgeizige Verlagsvorhaben band die Kräfte des Künstlers über einen längeren Zeitraum, galt es doch, nicht allein in Frankfurt und Umgebung Motive zu finden, sondern auch auf Reisen in die Hansestädte vor Ort zu zeichnen und Tuschvorlagen für die druckgraphische Reproduktion von insgesamt 76 charakteristischen Ansichtsmotiven zu schaffen. Gleichfalls baute Wilmans in den 1820er Jahren das Angebot an Ansichten Frankfurts, seiner Umgebung und an Reiseliteratur zum Taunus aus: Radl lieferte ihm die Vorlagen für eine druckgraphische Folge mit Motiven aus Wiesbaden, Schwalbach, Nassau und Ems (Kat. Nr. 88, 89, 91, 92), die 1819 erschien (Nagler 1842, S. 188) und dann auch als Ergänzung zu dem ebenfalls bei Wilmans 1828 erschienenen Buch „Neuestes Gemälde von Wiesbaden und Schwalbach, zum Gebrauch für Kurgäste bestimmt" angeboten wurde (Wilmans 1829). Das Buch ebenso wie die Drucke, die in kolorierter wie unkolorierter Version angeboten wurden, zielten auf das heimische Publikum und auf Kurgäste der Taunusbäder. Ferner bot Wilmans eine Reihe von neun Radierungen mit Ansichten aus Frankfurt, Eppstein, Homburg, Wiesbaden und Schlangenbad nach Radls Vorlagen an (Kat. Nr. 84, 87, 90). Obwohl diese Folge nur koloriert in den Handel kam, sind auch unkolorierte Exemplare überliefert (Kat. Nr. 92, Abb. 48, 96). Nach dem Tod von Wilmans 1830 wurde der Verlag von seiner Witwe noch bis 1839 weitergeführt. Der Verlagskatalog von 1836 belegt, daß das Angebot an topographischen Ansichten, Karten und Panoramen weiter kontinuierlich ausgebaut wurde, nun auch Motive von Künstlern aus anderen Regionen Deutschlands ebenso wie Pläne und Karten umfaßte, aber keine weiteren Ansichtsmotive von Radl hinzugekommen waren (Wilmans 1836). Von sämtlichen seiner Ansichten aus den vier Büchern zu den Reichsstädten bot der Verlag nun schwarz-weiße ebenso wie kolorierte Kupferdrucke auf größerem Papier als „zu Zimmerverzierungen geeignet" an, was auf eine ungebrochene Beliebtheit von Radls Ansichten in den 1830er Jahren schließen läßt.

Birgit Sander

78
Peter Cornelius (1783–1867)
Georg Friedrich Wilmans, um 1810
Öl auf Leinwand, 68 x 56 cm
Bez. r. u. auf dem Buchrücken: P. Cornelius
Historisches Museum, Frankfurt a. M., Inv. Nr. 805
Lit.: Raabe 1957, Abb. S. 83.

Cornelius lebte von 1809 bis 1811 in Frankfurt als Gast im Hause des Porträtierten. In dieser Zeit entstanden Porträts, mythologische Wanddarstellungen, religiöse Gemälde sowie Federzeichnungen für einen „Faust"-Zyklus. In der mit Zeichnungen illustrierten Schrift „Die Taunusreise" beschrieb Cornelius eine Taunusbesteigung mit Freunden.

79
Anton Radl nach Christian Georg Schütz d. J. (1758–1823)
Vue d'Astmannshausen, nach 1810
Aquatinta, Darstellung: 42, x 59,5 cm; Blatt: 50,2 x 66, 5 cm
Verlag Friedrich Wilmans
Bez. l. u.: Dessiné par Schütz le neveu 1810; r. u.: Gravé par Radl; M. u.: Vue d'Astmannshausen avec les chateaux de Bauzberg et de Falkenberg / Dedié à son Altesse Royale Madame la Grande Duchesse de Hesse, neé Princesse de Hesse. / Publié à Francfort sur le Mein par son humble et très obeissant Serviteur Fréderic Wilmans.
Freies Deutsches Hochstift – Frankfurter Goethe-Museum, Inv. Nr. III-2978
Lit.: Kirchner 1818, Bd. 1, S. 311; Wilmans 1829, o. S.; Wilmans 1836, S. 26; Nagler 1842, Bd. 12, S. 189; Ausst. Kat. Berlin/Mainz 2001/02, S. 70, Nr. 55 (kolorierte Fassung).

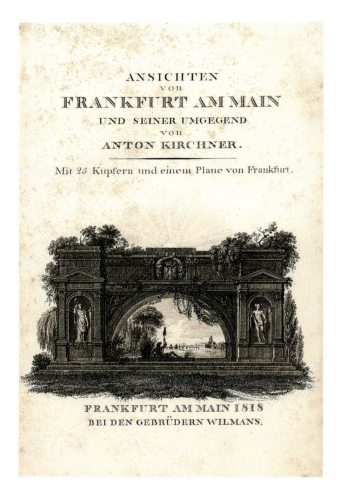 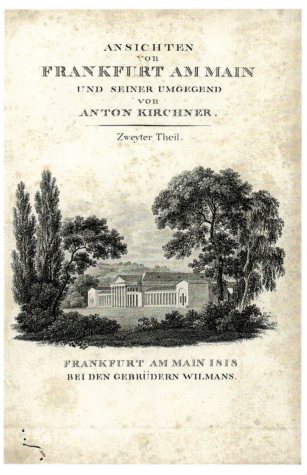

80
Ansichten von Frankfurt am Main und seiner Umgegend von Anton Kirchner. Mit 25 Kupfern und einem Plane von Frankfurt, Frankfurt am Main 1818. Bei den Gebrüdern Wilmans
Buchdruck, Kupferstich, 22,5 x 14, 5 cm
Galerie Brumme, Mainz
Lit.: Wilmans 1829, o. S.; Wilmans 1836, S. 22f.; Passavant 1852, S. 247; Raabe 1957, S. 159, Nr. 102; Articus 1993.

80a
Ansichten von Frankfurt am Main und seiner Umgegend von Anton Kirchner. Zweyter Theil, Frankurt am Main 1818. Bei den Gebrüdern Wilmans

80b
Wilhelm Jury (1763–1829) nach Anton Radl
Ansicht von Bergen
Kupferstich, aus: Kirchner 1818, Bd. 1

80c
Unbekannter Stecher nach Anton Radl
Ansicht von Wilhelmsbad
Kupferstich, aus: Kirchner 1818, Bd. 2

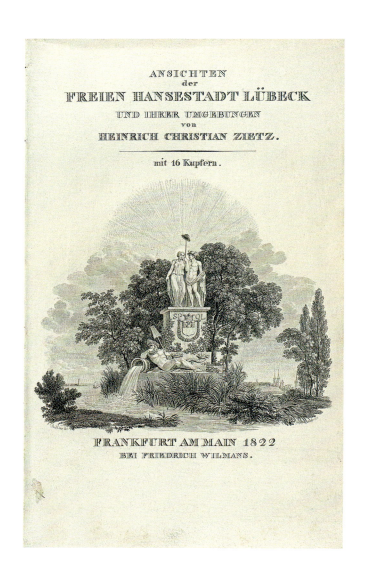

81
Ansichten der Freien Hansestadt Lübeck und ihrer Umgebungen von Heinrich Christian Zietz. mit 16 Kupfern. Frankfurt am Main 1822. Bei Friedrich Wilmans.
Buchdruck, Kupferstich, 23 x 14 cm
Galerie Brumme, Mainz
Lit.: Wilmans 1829 o, S.; Wilmans 1836, S. 24; Passavant 1852, S. 247; Raabe 1957, S. 159, Nr. 104; Articus 1993.

81a
Ansicht von Lübeck von Marly aus
Kupferstich von Carl Schleich (1788–1840) nach Radl (links), Tuschzeichnung von Radl (rechts)

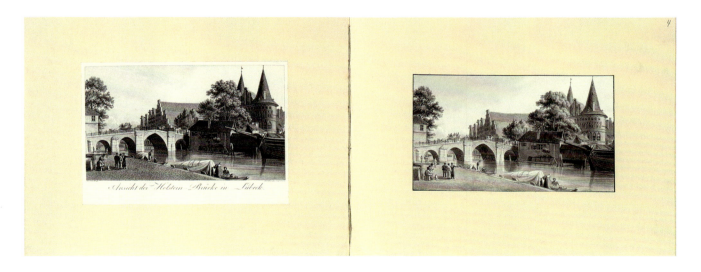

81b
Ansicht der Holsteinbrücke in Lübeck
Kupferstich von Martin Eßlinger (1793–1841) nach Radl (links), Tuschzeichnung von Radl (rechts)

Aus: Album mit 17 Originalzeichnungen von Anton Radl von Lübeck und seinen Umgebungen mit den nach denselben gestochenen Kupferstichen, mit einem Autograph von Radl, Notizen über die Marienkirche.
Städel Museum, Frankfurt a. M., Graphische Sammlung, Inv. Nr. Bibl. 2542

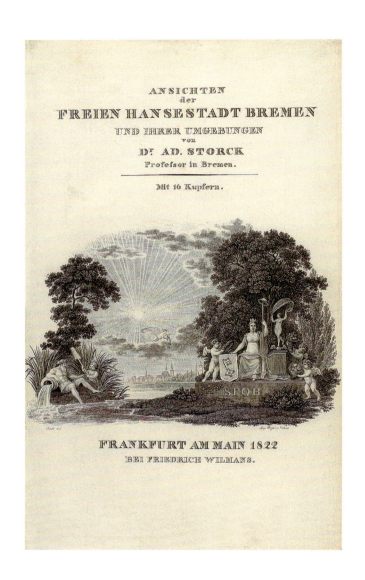

82
Ansichten der Freien Hansestadt Bremen und ihrer Umgegenden von Dr. Ad. Storck, Professor in Bremen.
Mit 16 Kupfern. Frankfurt am Main 1822. Bei Friedrich Wilmans.
Buchdruck, Kupferstich, 23 x 13,9 cm
Galerie Brumme, Mainz
Lit.: Wilmans 1829, o. S.; Wilmans 1836, S. 21f.; Passavant 1852, S. 247; Raabe 1957, S. 159, Nr. 105; Articus 1993.

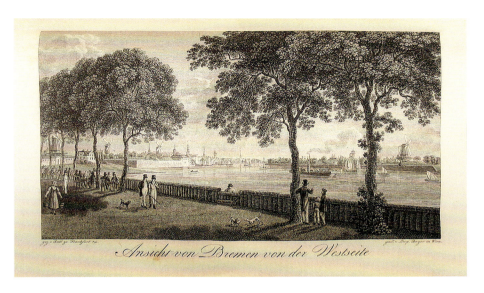

82a
Leopold Beyer (1789–1877) nach Anton Radl
Ansicht von Bremen von der Westseite
Kupferstich, aus: Storck 1822.

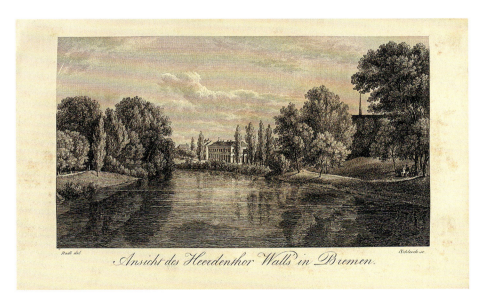

82b
Carl Schleich (1788–1840) nach Anton Radl
Ansicht des Heerdenthor Walls in Bremen
Kupferstich, aus: Storck 1822.

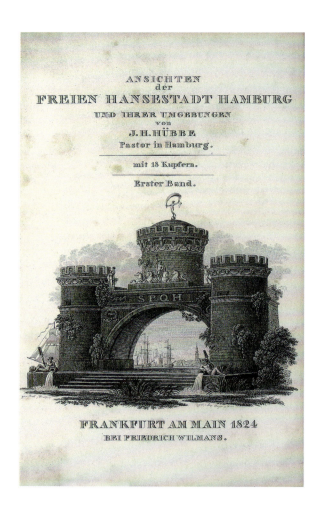

83
Ansichten der Freien Hansestadt Hamburg und ihrer Umgebungen von J. H. Hübbe, Pastor in Hamburg. mit 18 Kupfern. Erster Band. Frankfurt am Main 1824. Bei Friedrich Wilmans.
Buchdruck, Kupferstich, 23 x 14 cm
Antiquariat Patzer & Trenkle, Konstanz
Lit.: Wilmans 1829, o. S.; Wilmans 1936, S. 23f.; Passavant 1852, S. 247; Raabe 1957, S. 159, Nr. 196; Articus 1993.

83a
Ansichten der Freien Hansestadt Hamburg und ihrer Umgebungen, von J. C. Plath, Prediger zu St. Michaelis in Hamburg. Zweiter Band. Frankfurt am Main 1828. Bei Friedrich Wilmans.

83b
Leopold Beyer (1789–1877) nach Anton Radl
Ansicht des Jungfernstiegs vom Walle
Kupferstich, aus: Hübbe/Plath 1824/28, Bd. 2

83c
Carl Schleich (1788–1840) nach Anton Radl
Der Hafen beim Blockhause in Hamburg
Kupferstich, aus: Hübbe/Plath 1824/28, Bd. 1

84
Christian Gottlob Hammer (1779–1864) nach Anton Radl
Ansicht von Homburg vor der Höhe, 1820
Kupferstich, Radierung, koloriert, Darstellung: 37 x 51,4 cm; Blatt: 53 x 60,6 cm
Verlag Gebrüder Wilmans
Bez. l. u.: Radl gez.; r. u.: G. Hammer gest.; M. u.: Ansicht von Homburg vor der Höhe / Königlichen Hoheit der regierenden Frau Landgräfin von Hessen-Homburg Elisabeth / geb. Prinzessin von Großbrittannien und Irland etc. / ehrfurchtsvoll gewidmet / von den Verlegern / Gebr. Wilmans in Frankfurt a/m.; l. u. im Bild (seitenverkehrt): G. Hammer fecit 1820.
Privatbesitz
Lit.: Wilmans 1829, o. S.; Wilmans 1836, S. 22 (hier: Angabe des Koloristen „Baltzer in Dresden", vermutlich Andreas Balzer (1771–?).

85
Bad Homburg vor der Höhe, um 1820
Gouache, 37,6 x 53,3 cm
Bez. r. u.: Radl
Historisches Museum, Frankfurt a. M., Graphische Sammlung, Inv. Nr. C 35501
Lit.: Biehn 1972, Abb. S. 134f.

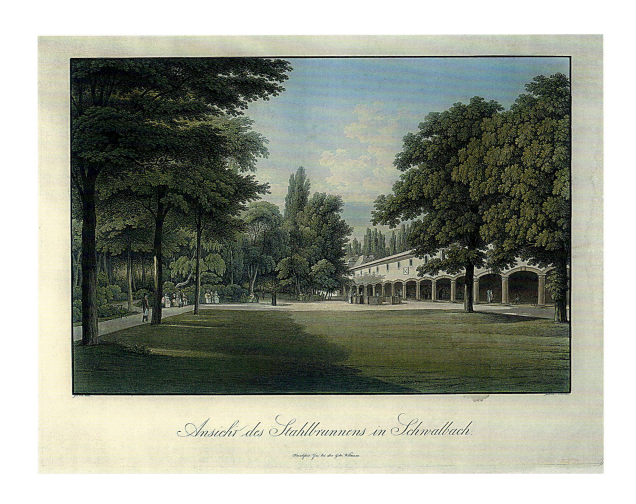

86
Christian Gottlob Hammer (1779–1864) nach Anton Radl
Ansicht des Stahlbrunnens in Schwalbach, 1819
Kupferstich, Radierung, koloriert, Darstellung: 36 x 50 cm; Blatt: 46 x 59 cm
Verlag Gebrüder Wilmans
Bez. l. u.: gez. von Radl; r. u.: gest. von C. G. Hammer; M. u.: Ansicht des Stahlbrunnens in Schwalbach / Frankfurt a/M bei den Gebr. Wilmans
Privatsammlung Bad Schwalbach
Lit.: Wilmans 1829, o. S.; Wilmans 1836, S. 21. Gouache gleichen Motivs siehe Kat. Nr. 66.

87
Friedrich August Schmidt (1796–1866) nach Anton Radl
Ansicht von Schlangenbad, 1819
Kupferstich, Radierung, koloriert, Darstellung: 37 x 53 cm; Blatt: 51 x 72 cm
Verlag Gebrüder Wilmans
Bez. l. u.: gez. von Radl; r. u.: gest. von F. A. Schmidt; M. u.: Ansicht von Schlangenbad / Frankfurt a/M bei den Gebr. Wilmans.
Galerie Brumme, Mainz
Lit.: Wilmans 1829, o. S.; Wilmans 1839, S. 22 (hier: Angabe des Koloristen „Baltzer in Dresden", vermutlich Andreas Balzer (1771–?). Gouache gleichen Motivs siehe Kat. Nr. 67.

88
Christian Gottlob Hammer (1779–1864) nach Anton Radl
Ansicht von Adolphseck bei Schwalbach, 1819
Kupferstich, Radierung, koloriert, Darstellung: 37,3 x 52,3 cm; Blatt: 52,1 x 72,8 cm
Verlag Gebrüder Wilmans
Bez. l. u.: gez. v. Radl; r. u.: gest. v. Hammer; M. u.: Ansicht von Adolphseck bei Schwalbach
Museum Wiesbaden, Sammlung Nassauische Altertümer, Inv. Nr. 08/81/1
Lit.: Wilmans 1829, o. S.; Wilmans 1836, S. 21; Ausst. Kat. Wiesbaden 1981, Nr. A 66, S. 390.

89
Friedrich August Schmidt (1796–1866) nach Anton Radl
Ansicht der Mühle von Adolphseck bei Schwalbach, 1819
Kupferstich, Radierung, koloriert, Darstellung: 37,8 x 51,8 cm; Blatt: 45,4 x 58,3 cm
Verlag Gebrüder Wilmans
Bez. l. u.: gez. von Radl; r. u.: gest. von F. A. Schmidt; M. u.: Ansicht der Mühle von Adolphseck bei Schwalbach
Museum Wiesbaden, Sammlung Nassauische Altertümer, Inv. Nr. Adolfseck 9
Lit.: Wilmans 1829, o. S.; Wilmans 1836, S. 21; Ausst. Kat. Wiesbaden 1981, Nr. A 67, S. 390f.

90
Friedrich August Schmidt (1796–1866) nach Anton Radl
Ansicht von Frankfurt am Main, vom Mühlberg aus, 1819
Kupferstich, Radierung, koloriert, Darstellung: 37,2 x 51,4 cm; Blatt: 47 x 71 cm
Verlag Gebrüder Wilmans
Bez. l. u.: gez. von Radl; r. u.: gest. von F. A. Schmidt; M. u.: Ansicht von Frankfurt am Main, vom Mühlberg aus. / Frankfurt a. M. bei den Gebr. Wilmans.
Galerie Brumme, Mainz
Lit.: Wilmans 1829, o. S.; Wilmans 1836, S. 26. Gouache gleichen Motivs siehe Kat. Nr. 17.

91
Friedrich August Schmidt (1796–1866) nach Anton Radl
Ansicht des Klosters Arnstein an der Lahn, 1819
Kupferstich, Radierung, koloriert, Darstellung: 37,7 x 51, cm; Blatt: 55,2 x 71,8 cm
Verlag Gebrüder Wilmans
Bez. l. u.: gez. von Radl; r. u.: gest. von F. A. Schmidt; M. u.: Ansicht des Klosters Arnstein an der Lahn / Frankfurt a/M. bei den Gebr. Wilmans.
Galerie Brumme, Mainz
Lit.: Wilmans 1829, o. S.; Wilmans 1836, S. 21.

Das Kloster geht auf eine 1052 erstmals erwähnte Burg Arnstein, Sitz der Grafen von Arnstein, zurück. Graf Ludwig III. richtete 1139 anstelle der Burg ein Prämonstratenserkloster ein, in das er selbst als Laienbruder eintrat. Das Kloster erhielt 1145 unter König Konrad III. die Bestätigung seiner Reichsunmittelbarkeit. Die Klosterkirche besteht aus einem romanischen, 1208 geweihten Westteil und einem bis 1359 errichteten hochgotischen Ostteil. 1803 wurde das Kloster im Zuge der Säkularisation aufgelöst.

92
Christian Gottlob Hammer (1779–1864) nach Anton Radl
Ansicht von Nassau und Stein bei Ems, 1819
Kupferstich, Radierung, Darstellung: 37,5 x 51 cm; Blatt: 43 x 63 cm
Verlag Gebrüder Wilmans
Bez. l. u.: Radl gez.; r. u.: Hammer gest.; M. u.: Ansicht von Nassau und Stein bei Ems / Frankfurt a/M bei den Gebr. Wilmans
Galerie Joseph Fach, Frankfurt a. M.
Lit.: Wilmans 1829, o. S.; Wilmans 1836, S. 21.

93
Christian Gottlob Hammer (1779–1864) nach Anton Radl
Ansicht von Nassau und Stein bei Ems, 1819
Kupferstich, Radierung, koloriert, Darstellung: 37,5 x 51 cm; Blatt: 55 x 74,5 cm
Verlag Gebrüder Wilmans
Bez. l. u.: Radl gez.; r. u.: Hammer gest.; M. u.: Ansicht von Nassau und Stein bei Ems / Frankfurt a/M bei den Gebr. Wilmans.
Galerie Brumme, Mainz
Lit.: Wilmans 1829, o. S.; Wilmans 1936, S. 21.

Der Zeichner Anton Radl

Mareike Hennig

Im Jahr 1819 war Anton Radl ein angesehener Künstler in der Freien Stadt Frankfurt (Kat. Nr. 1). Er war 45 Jahre alt, verheiratet, und hatte sich, obwohl nicht gebürtig von hier, in der selbstbewußten Bürgerschaft der Stadt als Künstler gut positioniert. Aus dem Knaben, der 25 Jahre zuvor ausschließlich mit zeichnerischen Grundkenntnissen in die Werkstatt des berühmten und vielbeschäftigten Johann Gottlieb Prestel (1739–1808) aufgenommen wurde, war ein etablierter und geachteter Frankfurter geworden. Seit dem Tod Prestels im Jahr 1808 arbeitete Radl für den Frankfurter Verleger Friedrich Wilmans (1764–1830, Kat. Nr. 78), blieb also seinem Metier treu. Doch hatte sich sein Status geändert, eigene Kompositionen und zunehmend auch eigene Ölbilder bestimmten sein Œuvre. Nicht allein als Künstler wurde Radl geschätzt, auch als Kunstsachverständigen bat man ihn um Stellungnahmen. Als solcher verfaßte er 1819 zusammen mit seinen Malerkollegen Christian Georg Schütz d. J. (1758–1823, Kat. Nr. 119) und Johann Friedrich Morgenstern (1777–1844, Kat. Nr. 117) – beide aus in der Stadt eingeführten Malerfamilien stammend – den Versteigerungskatalog der Sammlung des Kaufmanns Heinrich Zunz. Daß hier drei anerkannte Frankfurter Künstler über eine Kunstsammlung urteilten, sagt viel darüber aus, welchen Rang diese Herren im Selbstverständnis der Stadt einnahmen, und somit auch darüber, welches Bild vom Künstler 1819 in Frankfurt existierte. Morgenstern und Schütz standen für Tradition, für eine Kunst, die von einer Generation an die nächste weitergegeben wurde, eine Kunst, die lern- und lehrbar war und deren Publikum gleichfalls Stetigkeit verlangte. Radl fügte sich als Schüler Prestels in diese Tradition von Handwerk und Meisterschaft ein, die den Künstler im Frankfurt des frühen 19. Jahrhunderts als bürgerlichen Geschäftsmann mit handwerklichem Hintergrund betrachtete. Friedrich Gwinner formulierte dies wie folgt: „Anton Radl [ist] einer der letzten, aber auch der tüchtigsten hiesigen Maler, die ihre Bildung noch im achtzehnten Jahrhundert auf dem alten, handwerksmäßigen, aber soliden Weg erlangt hatten."[1] Im Versteigerungskatalog der Sammlung Zunz bezeichnete sich Anton Radl selbst als „Maler und Kupferstecher".[2]

Anton Radl: Zeichner

Daß Anton Radl, der sein Leben lang beständig gezeichnet hatte und dessen überliefertes zeichnerisches Werk eine gewandte, flüssige und sichere Beherrschung unterschiedlichster Techniken vor Augen führt, sich selbst nicht auch als „Zeichner" definierte, liegt in der Logik des zeitgenössischen Wertekanons begründet, welcher der Zeichnung in der hierarchischen Ordnung der künstlerischen Genres noch keinen eigenen Ort einräumte. Im noch spätbarock anmutenden Kunstverständnis um 1800 verstand sich die Zeichnung so noch nicht als autonome Kunstgattung. Zeichnen war die erste Übung des Schülers, eine grundlegend zu beherrschende Technik jedes Künstlers. So unabdingbar die Zeichnung damit als Basis künstlerischer Arbeit war, so wenig galt sie als eigenständiges Kunstwerk. Diese handwerkliche Gewißheit prägte schon Radls erste künstlerische Ausbildung. Bereits als Knabe besuchte er eine Zeichenakademie in seiner Heimatstadt Wien. Um welches Institut es sich dabei handelte, ist nicht bekannt. Sicher ist aber, daß es nicht die Akademie der bildenden Künste war. Zeichenakademien, in denen nach Vorlagen gezeichnet wurde, verstanden sich nicht zwingend als erste Ausbildungsstufe eines freien Künstlers. Sie konnten ebenso die Basis anderer Professionen bilden.[3] Als Radl mit 16 Jahren Wien verließ, tat er dies vermutlich mit einer ersten zeichnerischen Ausbildung, doch sicher ohne daraus einen künstlerischen Anspruch abzuleiten. Diesen erarbeitete er sich erst in der Auseinandersetzung mit weiteren Techniken: den diversen druckgraphischen Künsten und vor allem der Ölmalerei. Die Zeichnung, die dem Künstler die Grundlage für alles weitere bot, scheint dabei auf den ersten Blick ein Schattendasein zu führen. Radl als Zeichner zu betrachten, ist dennoch interessant. Zum einen war die Zeichnung für den engen Mitarbeiter Prestels im Bereich der Reproduktionsgraphik ein zentrales Medium, das unterschiedliche Funktionen erfüllte. Zumal, da sich Prestel in erster Linie auf druckgraphische Vervielfältigungen von Handzeichnungen spezialisiert hatte. Zum anderen wandelte sich zu Radls Lebzeiten die allgemeine Wertschätzung der Zeichnung. Dieser Perspektivwechsel wirkte sich auf Radls Schaffen, aber vor allem auf die Rezeption seines zeichnerischen Œuvres aus.

Zeichnen in Frankfurt

Um 1800 stand die Frankfurter Kunst noch deutlich unter dem Einfluß der regionalen Künstler des vorangegangenen Jahrhunderts. Maler wie Johann Georg Trautmann (1713–1769), Johann Conrad Seekatz (1719–1768) und die Malerfamilien Schütz und Morgenstern hatten eine Tradition etabliert, die für die Arbeitsweise der Künstler und den Geschmack der Rezipienten weiterhin bestimmend war. Von niederländischen Einflüssen geprägt, hatten sie oftmals generationenübergreifend gearbeitet und Schüler in ihren Ateliers ausgebildet. Die Sammlungen der Stadt waren bürgerlich und interessierten sich vor allem für niederländische Gemälde und für zeitgenössische Künstler der Region. Doch war das Kunstleben rege und das Kunstinteresse groß. 1817 wurde das Städelsche Kunstinstitut gegründet, das neben der nun für alle Bürger öffentlichen Sammlung eine für Frankfurt neue Art der akademischen Kunstausbildung etablierte. Direktoren und Professoren kamen von außerhalb und machten neue Positionen publik – Frankfurt holte auf. Mit Philipp Veit (1793–1876) wurde 1830 schließlich einer der führenden Nazarener zum Direktor ernannt. Franz Pforr (1788–1812), der gebürtige Frankfurter, hatte schon zuvor die Lebensreise des nahezu gleich alten Radl umgekehrt: Von Frankfurt und aus dem Maleratelier des Vaters ging er nach Wien, wo er 1810 zusammen mit Friedrich Overbeck (1789–1869) den Lukasbund gründete und schließlich nach Rom übersiedelte. Für die Emanzipation der Zeichnung waren diese Nazarener von größter Wichtigkeit. Ihre auf Reinheit und Simplizität fußende Kunst fand in der fein konturierenden Zeichnung eine ideale Ausdrucksmöglichkeit und rückte so die gesamte Kunstgattung in ein neues Licht. In Frankfurt wurden diese Veränderungen im frühen 19. Jahrhundert gerade durch die engen Beziehungen des Städelschen Kunstinstituts zum Kreis der Nazarener spürbar. Gleichwohl existierten die gewachsenen Strukturen sowohl der Künstlerateliers mit ihrer handwerklichen Tradition als auch der bürgerlichen Sammlungen parallel dazu weiter.

Zeichnen bei Prestel

Die Zeichnung blieb für Radl zeitlebens die Voraussetzung eines jeden Werkes. In der Werkstatt Johann Gottlieb Prestels, in die er 1794 eintrat, war sie in erster Linie das Übertragungsmedium eines Motivs in die Druckgraphik. Eine unvollkommene Zeichnung machte somit jedes Werk von vorn herein unmöglich. Zur Ausbildung, die Radl bei Prestel erhielt, ist nichts Detailliertes überliefert, doch läßt ein Selbstbildnis Prestels in seinem Atelier Rückschlüsse zu (Abb. 35). Hier sind neben einer Staffelei auch Gipsabgüsse zu sehen, die wohl der zeichnerischen Ausbildung dienten. Zudem finden sich Bücher, die einen Hinweis auf die theoretische Unterweisung der Schüler geben können.[4] Radl wurde von Prestel in allen druckgraphischen Techniken unterrichtet. Zudem nahm, wie durch Georg Christian Braun (1785–1834), einen anderen Prestel-Schüler überliefert ist, das Zeichnen vor der Natur einen großen Raum in der Ausbildung ein. Besonderen Wert legte der Meister laut Braun auf das Zeichnen verschiedener Baumschläge.[5] Diese stetig wiederholte und so geradezu internalisierte Übung fand

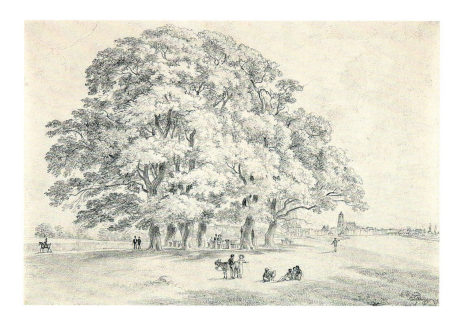

Abb. 71
Am Grindbrunnen, Graphit, Historisches Museum, Frankfurt a. M., Graphische Sammlung

Abb. 72
Hubertus-Ruine in Bergen, Graphit, Aquarell, Städel Museum, Frankfurt a. M., Graphische Sammlung

ihren Widerhall in Radls Vorliebe für vielfältige belaubte Baumgruppen, deren charakteristische Darstellung viel Lob erfuhr (Abb. 71).[6] Prestel unterwies seinen Schüler somit nicht allein in zeichnerischer Technik, sondern zugleich im Beobachten und im schnellen Erfassen.

In Prestels Werkstatt arbeitete Radl als Stecher und Vorlagenzeichner. Dabei ging es zunächst wenig um eigene Bildfindungen. Als Zeichner hatte Radl den Anspruch auf Authentizität im Sinne getreuer Kopien zu erfüllen. Dies galt für die Wiedergabe einer vor Ort gesehenen Szene ebenso wie für die Wiedergabe eines Kunstwerkes. Die Wiedererkennbarkeit der Eigenart und der Qualität des jeweiligen Motivs war höchstes Anliegen der Zeichnung. Radl schien sich für diese Zeichnungen besonders zu eignen. Im Jahr 1798 durfte er Prestel zu einem wichtigen Auftrag begleiten: Auf Schloß Söder nahmen sie die Kunstsammlung des Grafen Friedrich Moritz Freiherr von Brabeck auf.[7] Radl hatte die zahlreichen Gemälde zeichnerisch so präzise zu erfassen, daß auch bei der zweifachen Übertragung – zunächst in die Zeichnung und dann in den Druck – das Charakteristische der Werke erkennbar blieb. Die Zeichnung war so eine Etappe im Werkprozeß. Vermutlich ging Radl dabei in Stufen vor und präzisierte die Darstellung von der ersten Skizze, für die etwa ein undatiertes Blatt mit Affen in einer Barbierstube in der Tradition der zeitgenössisch beliebten „Singerien" beispielhaft stehen kann, bis zur Druckvorlage immer stärker (Kat. Nr. 94, 95). Je sorgfältiger also Radl die Zeichnung ausführte, desto direkter stand sie in Beziehung zum Stich. Es erstaunt so weder, daß Radls Zeichnungen aus der Frühzeit nicht gesammelt oder bewahrt wurden, noch, daß Radl diese vorbereitenden Blätter weder datierte noch signierte.

Eigene Entwürfe

Dies änderte sich, als Prestel Blätter nach eigenen Zeichnungen Radls in seinen Verkauf aufnahm. Aus dem Jahr 1806 stammt der „Nouveau Catalogue d'Estampes", der neben Drucken etwa nach Guido Reni (1575–1642), Guercino (1591–1666), Allaert van Everdingen (1621–1678), Jacob van Ruisdael (1628/29–1682) und Rembrandt (1606–1669) auch solche nach Vorlagen Radls anbot. Hier werden erstmals Radls eigene Motive greifbar. Von seinen zwölf aufgeführten Arbeiten hatte er nur zwei nach anderen Künstlern gestochen, die übrigen zehn zeigen eigene Entwürfe. Neben einer Darstellung des Gefechtes der französischen Kavallerie vor den Toren Bockenheims (Kat. Nr. 46, 47), sind es vor allem Bauwerke aus Frankfurt und Umgebung: das alte Schloß in Rödelheim (Kat. Nr. 35), die Sachsenhäuser Warte (Kat. Nr. 44, 45) oder die Ruinen der Kirche von Bergen (Kat. Nr. 42, Abb. 72). Prestel sprach Radl

Der Zeichner Anton Radl 203

Abb. 73
Bäuerlicher Wirtsgarten in der Umgebung von Frankfurt, Graphit, Tusche, Historisches Museum, Frankfurt a. M., Graphische Sammlung

in diesem Katalog „une manière grande, une touche spirituelle" zu und prophezeite ihm aufgrund seines Talentes den Rang eines gefeierten Künstlers.[8] Der Katalog offenbart, daß Radl den ihm eigenen Motivkreis gefunden hatte. Er arbeitete im besten Sinne regional und nahm dabei Ereignisse ebenso wie Landschaft und Architektur in den Blick. Die im Katalog aufgeführten Aquatinten basieren auf Zeichnungen, die Radl, seiner Ausbildung gemäß, vor Ort gemacht haben wird und die als Arbeitsmaterial nicht mehr erhalten sind. Doch waren solche Blätter nicht allein die Grundlage für die Stichwerke. Sie bildeten zugleich die Basis für ausgeführte Gouachen, die zunehmend eine Alternative zur Druckgraphik darstellten und zusammen mit dem Beginn der Ölmalerei Radls ab 1801 die eigene beziehungsweise autonome Landschaftsmalerei in den Vordergrund seiner Kunst rücken.

Zwei Jahre nach Erscheinen des Kataloges starb Johann Gottlieb Prestel. Radl arbeitete seitdem für den Verleger Friedrich Wilmans. Begann er auch hier als Reproduktionsstecher, so agierte er doch bald selbständiger. Zwar führte er noch Auftragszeichnungen für Stichwerke aus, doch kopierte er nicht mehr nach anderen Künstlern. Radls eigene Kompositionen wurden geschätzt. Er hatte sich als Landschafter einen Namen gemacht und legte das Augenmerk nun deutlicher auf die Zeichnung. Zu ihnen kamen Gouachen, die eine Art Mittelposition zwischen Zeichnung und Gemälde einnahmen und einen eigenen Markt etablierten, und seit 1807 auch Ölbilder (Abb. 10) hinzu. Das künstlerische Renommee, welches Radl als Maler zunehmend gewann, zog seine Aufmerksamkeit doch keinesfalls von der Zeichnung ab, und das Spektrum ihrer Motivik blieb breit. Radl beherrschte diverse zeichnerische Techniken in gleicher Weise gekonnt. Neben den repräsentativen Gouachen oder detailliert ausgeführten Aquarellen haben sich Blei-

Abb. 74
Studie zu einer Kirchweihszene, Graphit, Tusche, Städel Museum, Frankfurt a. M., Graphische Sammlung

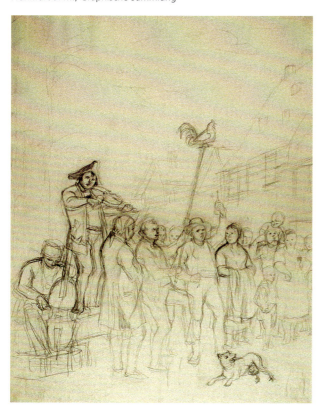

Abb. 75
Bad Ems, Graphit, Tusche, laviert, Städel Museum, Frankfurt a. M., Graphische Sammlung

stift- und Kreidezeichnungen, Federzeichnungen, mit Pinsel ausgeführte Tuschzeichnungen und einige Pastelle erhalten. Oft verknüpfte Radl mehrere Techniken, um komplexere Wirkungen zu erzielen. So kombinierte er feine Feder- oder Bleistiftzeichnungen einer präzise festgehaltenen Ansicht mit Pinsel und Tusche oder Weißhöhungen und verlieh der Szene zuzüglich zur reinen Wiedererkennbarkeit Atmosphäre (Abb. 72). Diese Kombination der Techniken findet sich bemerkenswerterweise in Zeichnungen ganz unterschiedlicher Ausführungsstufen, beschränkt sich also nicht auf weit ausgeführte Blätter.

Graphit und Kreide
Es fällt auf, daß Radls zeichnerisches Werk eine große Flexibilität bezüglich der Zuordnungen von Technik und Motiven aufweist. Weder band er bestimmte Aufgabenbereiche beziehungsweise Ausführungsstadien der Zeichnung streng an einzelne Techniken, noch nutzte er die zeichnerischen Gattungen in stets gleicher Manier. Mit seinen zeichnerischen Möglichkeiten operierte Radl frei. Diese souveräne Handhabung der Mittel wird besonders in den Zeichnungen nach der Natur deutlich. Die Angewohnheit im Freien zu zeichnen, hatte Radl lebenslang beibehalten, wie Gwinner überlieferte.[9] Zeichnen nach der Natur war für Radl die erste Annäherung an das Kunstwerk. Typisch für die unkomplizierte Formulierung einer ersten Bild- und Kompositionsidee ist schon aus praktischen Gründen die Bleistift- oder Kreidezeichnung. Doch beschränkt sich der Bleistift nicht auf schnelle Skizzen, es finden sich – etwa in Stadtansichten – auch detailliert beobachtete Einzelheiten. Knapper und lebhafter im Strich sind Graphitskizzen, die Genreszenen und Menschen festhalten. Nur wenige Exemplare solcher zu Beginn eines Werkprozesses entstandenen Skizzen haben sich erhalten (Abb. 73). In einer Folge von Studien zu einer Kirchweih etwa umriß Radl einzelne Gruppen schnell und flüssig und modifizierte einzelne Positionen noch im Zeichnen. Er fokussierte Einzelheiten und deutete Sekundäres mit leichtem Strich an. Das schnelle Erfassen bestimmte das zeichnerische Interesse. War das Blatt voll, aber die Szene nicht vollendet, so wurde unkompliziert ein weiteres angefügt. Die eigentliche Gesamtkomposition, ja selbst das zentrale Motiv des intendierten Werkes lassen sich noch nicht erkennen (Abb. 74). Was aber sichtbar wird, ist der gewandte Zeichner, bei dem Sehen und zeichnerisches Notieren ganz unmittelbar ineinander greifen. Auge und Hand arbeiteten synchron.

Wie sorgfältig und differenziert eine vor Ort entstandene Bleistiftzeichnung ausfallen konnte, die nicht dem Zeitdruck sich bewegender Personen unterworfen war, zeigt ein Blatt mit zwei Ansichten von Bad Ems, die der Zeichner offensichtlich im Näherkommen und somit in zeitlicher Folge untereinander aufs Papier setzte (Abb. 75). Obwohl undatiert, läßt sich das Blatt doch in den Zusammenhang der Arbeiten einordnen, die 1819 bei Wilmans als Stiche von Ansichten aus Nassau angeboten wurden (Kat. Nr. 92, 93). Die mit spitzem Bleistift gezeichnete Landschaft hat in ihrer Feinheit nichts

Abb. 76
Landschaft bei Melk, Graphit, Wien Museum

Abb. 77
Waldmotiv mit Kirche, Graphit, Städel Museum, Frankfurt a. M., Graphische Sammlung

Kleinliches, besticht vielmehr durch große Klarheit. Zeigt Radl im oberen Teil die Einbettung des Ortes zwischen Bergzug und Fluß, so konzentriert sich die untere Ansicht auf einzelne Gebäude und Baumgruppen, ohne jedoch den Gesamt-

Abb. 78
Personenstudien, Tusche, laviert, Graphit, Privatbesitz

eindruck des Ensembles zu verlieren. Man spürt Radls geschulten Blick für landschaftliche Komposition, der neben der exakten Wiedergabe der Schloßbauten immer auch die malerische Perspektive bedachte. Radl setzte den Bleistift sowohl fein konturierend und zart skizzierend als auch in breiten Bahnen schattierend ein. Er lotete so die Möglichkeiten der Technik aus. Überdies versah er die spürbar schnell und sicher gezeichnete Landschaft mit sparsamen Pinsellasuren, die als scharf konturierte Licht- und Schattenpartien Stimmung vermitteln. Grundsätzlich als Vorarbeit für einen Stich gedacht, offenbart die Zeichnung in ihrer flüssigen, vitalen Handschrift eine Lebendigkeit, die der Stich nur schwer wiedergeben kann.

Feinlinige Landschaften in Bleistift dieser Art finden sich häufig in Radls Werk und bezeichnen meist Vorstudien für druckgraphische Blätter (Abb. 19). Doch nicht immer arbeitete Radl mit derart spitzem Strich. Andere Skizzen wie etwa eine Gruppe von Bleistiftstudien, die Radl für die Stichwerke zu den Frankfurter Warten anfertigte, konzentrieren sich zeichnerisch nur auf bestimmte Partien und werden darüber hinaus gröber. Auch von erhöhtem Standpunkt aufgenommene Ansichten etwa über Taunuslandschaften, Erinnerungsskizzen, die der Zeichner gern in Graphit anfertigte, weisen oft einen nachlässigeren Strich auf und schöpfen nicht immer das ganze technische Potential des Künstlers und der Technik aus.

Neben den filigran-exakten Landschaften in Bleistift existieren etliche bildhaft ausgearbeitete Ansichten, denen gerade die breite und weiche Linie einen malerischen Charakter gab. Sie können sowohl konkrete Orte zeigen, wie die Landschaft bei Melk (Abb. 76), die im Zusammenhang mit der wohl 1816 stattgefundenen Österreichreise Radls[10] entstand, als auch frei komponierte Phantasiestücke. In beiden Zeichnungen fällt die durch Bäume gelenkte Blickführung und die ausgewogene Komposition auf, die Architektur, Vegetation und Wasser in harmonische Balance bringt. Radl arbeitete mit differenzierten Grauwerten, mit überlegtem Einsatz von Licht und Schatten, etwa in dunklen Vordergrundpartien und lichten Durchblicken. Er fokussierte durch gesetzte Kontraste. Man spürt den Druckgraphiker im Zeichner, der das Arbeiten mit verschiedenen Ätzstufen zum Verdunkeln einzelner Partien verinnerlicht hat. Sichtbar wird, wie nahtlos Radls Zeichnungen Naturvorbild und klassisches Landschaftsarrangement verbinden. Fügt die komponierte Landschaft in romantischer Weise diverse zeitgenössisch beliebte Motive zusammen (Abb. 77), so beruht doch die zeichnerische Erfindung gänzlich auf Natureindrücken. Von der Inszenierung einer tatsächlichen Ansicht bei Melk unterscheidet sie sich intentional kaum, zumal auch in dieser die Bäume nach Kompositionsregeln verteilt wurden.

Feder und Pinsel

Ein Großteil des Radlschen Zeichnungsœuvres besteht aus Tuschzeichnungen mit Feder und/oder Pinsel. Auch hier arbeitete der erfahrene Zeichner in einem weit gefächerten Spektrum an Aufgaben und Ausdrucksmöglichkeiten. Schnelle Notate, wie sie bei den Bleistiftzeichnungen vorkamen, finden sich jedoch kaum. Eine seltene und schöne Ausnahme bildet ein Skizzenblatt, das mit bestechend freiem und flüssigem Duktus diverse Einzelstudien vereint (Kat. Nr. 96, Abb. 78). Locker über die Seite verteilt stellte Radl pittoreske Feldarbeiterinnen neben Bauerngruppen, umriß mit schnellem Pinselstrich einen Männerkopf und führte einen anderen mit breitem Kragen weiter aus. Das Blatt vereint verschiedene Perspektiven, Ausführungszustände und Themen und bringt freie Erfindungen neben Skizzen nach Vorbildern und Naturstudien zusammen. Eine antik anmutende Büste findet sich neben einem Denkmalentwurf und einer Fratze. Man spürt eine Zügigkeit sowohl im Zeichnen als auch im Lauf der Gedanken, und bekommt einen Eindruck von der Gewandtheit Radls in der Pinselzeichnung. Häufiger jedoch nutzte Radl vor der Natur entstandene Pinsel- der Federzeichnungen für die Aufnahme feiner Einzelheiten. So versammelt ein Skizzenblatt der Reise nach Bremen im Jahr 1818 in lockerer Gruppierung die Rolandstatue, Portalfiguren des Rathauses, eine schmale Gasse und eine Rückenfigur (Abb. 79). Schriftliche Notizen ergänzen die Zeichnungen, die teilweise um 90 Grad gedreht wurden. Der private Eindruck, der so entsteht, geht mit einer filigranen, minutiösen zeichnerischen Handschrift einher. Sicher ist dieses Blatt eine der ersten Studien im Entstehungsprozeß der Stichvorlagen für die Bremenansichten, die Wilmans 1822 verlegte (Kat. Nr. 82). In dieser Arbeitsphase gelang Radl im sicheren und unangestrengten Zusammenspiel von Pinsel und Feder, Linie und Fläche eine bemerkenswerte Frische und Leichtigkeit.

Fehlt in Radls Tuschzeichnungen die Kategorie des groben Entwurfs, so beinhaltet sie doch eine andere Besonderheit: In keiner anderen Technik intensivierte Radl einen bewegten Eindruck so weit in die Expressivität wie hier. Gesteigerte Ausdruckswerte sind für den besonnenen Künstler mit seinen klassischen, wenig experimentellen Bildformen eher ungewöhnlich. Sie finden sich in der Graphik fast ausschließlich unter den Pinselzeichnungen. Dabei ist nicht ausschlaggebend, ob das Blatt das Werk eines anderen Künstlers kopiert oder eine Eigenkomposition ist. Überraschend ist etwa die Energie, mit der Radl eine heroische Landschaft nach Christian Wilhelm Ernst Dietrich (1712–1774) wiedergibt (Abb. 80). Vorwiegend mit dem Pinsel, nur durch wenige Federstriche ergänzt, dramatisierte er die antikisch-erhabene Landschaft im kühnen Nebeneinander von Licht und Schatten. Zwei Männer lagern ruhig auf Felsblöcken, keine Gefahr droht. Und doch entsteht Bewegung und Dramatik durch die scharf gesetzten Kanten von Hell und Dunkel und die auf diese Weise effektvoll arrangierten Felsen und Abbrüche, Bäume und Wolken.

Abb. 79
Die Bremer Rolandsäule, die vier Figuren am Rathausportal, eine Kirchenansicht, Graphit, Tusche, laviert, Kunstsammlungen der Veste Coburg

Abb. 80
Anton Radl nach Christian Wilhelm Ernst Dietrich: Heroische Landschaft mit rastenden Männern, Tusche, laviert, Städel Museum, Frankfurt a. M., Graphische Sammlung

Mit ganz anderem Tenor doch vergleichbarer Theatralik ging Radl bei einer an sich friedlichen Waldlandschaft vor. Auch sie lebt ganz vom bemerkenswert freien Einsatz des Pinsels und dem überlegten Einsatz von Verdichtungen und Aufhellungen (Kat. Nr. 100). Ohne kleinliche Details konzentriert sich die Zeichnung allein auf die Verteilung von Helligkeit und tiefen Schatten. Radls Baumdarstellung zeigt sich hier in bester Qualität. Im freien Duktus, jenseits sorgfältiger Kleinteiligkeit, brachte er eine wunderbare Tiefenwirkung zu Papier. Und auch Pinselzeichnungen, die nicht gänzlich ausgearbeitet und daher dem Bereich privater Studien zuzuordnen sind, weisen diese bemerkenswerte Verbindung von genauem Blick und lebendig frischer Wiedergabe auf (Abb. 81). Sobald jedoch eine solche Tuschzeichnung zur direkten Vorzeichnung eines anderen Werkes wurde, nahm Radl sich in jener Freiheit zurück. Die „Kuhruhe an der Babenhäuser Chaussee"[11]– Vorstudie zu einem Gemälde (Kat. Nr. 13), dessen Motiv ebenfalls in einer Gouache[12] erhalten ist – läßt

Der Zeichner Anton Radl

zwar weiterhin die herausragende zeichnerische Souveränität von Radls Pinselzeichnungen erkennen und wirkt doch deutlich beruhigter und konventioneller.

Wie wenig festgelegt Radl in der Zuordnung von Technik und Intention der Zeichnung war, zeigt ein Konvolut von Feder- und Tuschzeichnungen, das 1818 auf einer Reise nach Norddeutschland entstand. Im Auftrag von Wilmans zeichnete Radl Stadtansichten von Hamburg, Bremen und Lübeck, die zusammen mit Blättern aus Frankfurt vier Stichwerke zu den Freien Städten ergaben (Kat. Nr. 80–83). Radl lieferte einen Satz besonders feiner, bildhafter kleiner Zeichnungen, die in ihrer sorgfältigen Vollendung als vollgültige Kunstwerke galten – eine Anerkennung, die ansonsten nur den Aquarellen und Gouachen zukam. Nicht nur die verlegten Drucke wurden gelobt. Gwinner sprach explizit von der Qualität der Zeichnungen, von der überraschenden „Vortrefflichkeit und Zartheit des Pinsels", davon, daß Radl „aus den wenig malerischen Gegenden Norddeutschlands oft die lieblichsten landschaftlichen Bilder geschaffen" hat, und nicht zuletzt vom stolzen Preis: Wilmans bezahlte dem Künstler „für jede einzelne Aufnahme 4 Louisdor"[13]. Gwinners Begeisterung lag nicht zuletzt darin begründet, daß die Tuschzeichnungen sich inzwischen in seinem eigenen Besitz befanden. Montiert in ein kleines Album kann man noch heute auf gegenüberliegenden Seiten die feinen Zeichnungen und die danach entstandenen Kupferstiche betrachten. Letztere sind schöne Arbeiten, doch erreichen sie den erzählerischen Reiz der Handzeichnungen nur selten (Kat. Nr. 81a, b, Abb. 47).

Radls zeichnerische Handschrift ist in diesen kleinformatigen Blättern vollkommen anders als in den zuvor beschriebenen Tuschzeichnungen (Abb. 80, 81, Kat. Nr. 100). Sie sind weder luftig noch virtuos. Der Effekt, auf den sie zielen, ist keinesfalls dramatisch, sondern im Gegenteil bürgerlich gesittet. Die Serie verbindet Veduten mit Landschaften aus der Umgebung der Städte, wobei im direkten Nebeneinander die Qualität der Landschaften besonders auffällt (Kat. Nr. 81a, b, Abb. 47). Diese folgen noch deutlich den gängigen Mustern des 18. Jahrhunderts und bedienen aufs Feinste ein Ideal anmutiger Kompositionen. Die Graustufen sind sorgfältig ausgearbeitet – was der Umsetzung in den Druck vorbereitend zugute kommt. Teilweise wird der malerische Effekt durch Weißhöhungen unterstützt. Die Szenen sind in ihrer kleinteiligen Ausarbeitung erzählerisch und bieten dem Betrachter zweierlei: Zur genauen Darstellung des jeweiligen Ortes kommt die interessante oder auch einfach liebenswerte Schilderung des Lebens, sei es geschäftig oder vergnüglich. Teilweise bergen die Lübecker Zeichnungen die Gefahr, in der minuziösen Ausarbeitung an Lebendigkeit zu verlieren.

Abb. 81
Die Ruine der Burg Falkenstein, Graphit, Aquarell, Klassik Stiftung Weimar, Graphische Sammlungen, Weimar

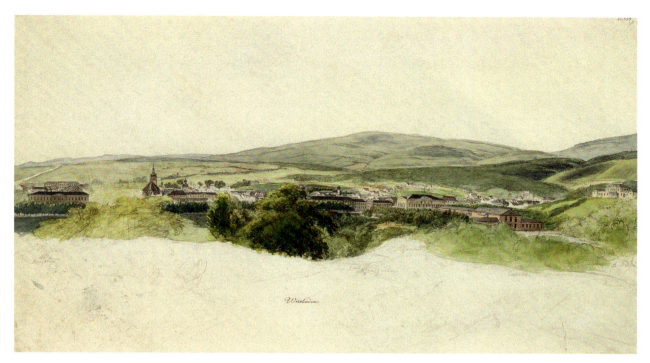

Abb. 82
Blick auf Wiesbaden von der Bierstädter Heide aus, Graphit, Aquarell, Museum Wiesbaden, Sammlung Nassauischer Altertümer

Aquarell und Gouache

Mit der Ausdehnung seines künstlerischen Betätigungsfeldes über die Anfertigung von Vorlagenzeichnungen und Stichen hinaus, und mit der vornehmlich autodidaktischen Ausbildung in der Technik der Ölmalerei wurde für Radl neben Zeichnung und Komposition auch die Farbe virulent. Parallel zu den Ölbildern, die ab etwa 1801 entstanden, malte Radl verstärkt Gouachen, die den Gemälden in technischer, motivischer und intentionaler Hinsicht vergleichbar sind. Der Spielraum der Aquarelle war weiter gefaßt, doch blieben auch sie motivisch der Landschaft verpflichtet. Diese farbigen Pinselzeichnungen entstanden sowohl vorbereitend für Gouachen oder Gemälde, wurden aber auch als eigenständige Bilder angefertigt, für die es in Frankfurt einen einträglichen Markt gab.

Was bereits die Tuschzeichnungen zeigten, bestätigen die Aquarelle: Radl besaß ein außerordentliches Talent für Pinselzeichnungen. Gerade aus der Perspektive heutiger ästhetischer Wahrnehmung hat der leichte, schnelle und freie Duktus seiner Wasserfarbenbilder einen besonderen Reiz. Dieser offenbart sich vor allem in Blättern, die nicht für die Öffentlichkeit bestimmt waren und daher nur die wichtigsten Punkte klären – Anlage, Farbtöne, Blickwinkel –, ohne in der akkuraten Darstellung präziser Einzelheiten den groβen Zug zu verlieren (Abb. 82, 83). Diese Zeichnungen muten wie Blicke an, die schweifend das Charakteristische aufnehmen und alles Unwesentliche übergehen (Kat. Nr. 99, 101).

Das Mainzer Landesmuseum hingegen bewahrt drei große Aquarelle, die ganz im Sinne von Gemälden vorgetragen werden.[14] In der „Landschaft mit zwei Eseln und Reiterin" (Kat. Nr. 3) kombinierte Radl beispielsweise eine erfundene – doch spürbar durch Rheinlandschaften von Schütz inspirierte – Flußlandschaft mit einer kleinteilig ausgeführten und aufwendigen Staffage. Man sieht bepackte Esel und eine Reiterin, die von einem Mann mit Hund begleitet werden. Die Gruppe ist anmutig komponiert und verbindet durch ihr Passieren einer scharfen Schattenkante im Vordergrund diesen mit dem Mittelgrund. Weiter ins Bild hinein leitet die zweite Staffageszenerie eines Hirten. Radl hellte die Farbe auf und leitete so in den atmosphärisch sanften Ton des Hintergrunds über. Tatsächlich macht die qualitätvolle farbige Gestaltung einen Großteil der Anziehungskraft des Aquarells aus. Radl verwendete im Vordergrund lebhafte Lokalfarben-Kontraste und im Hintergrund helle, zarte Töne und schaffte so Tiefenraum. Delikat ließ er Blau, Gelb und Rosa im hohen Himmel ineinander übergehen und bot mit der vielfältigen Vegetation eine ebenso vielfäl-

Abb. 83
Blick auf Lahnstein, Burg Lahneck, Graphit, Aquarell, Hamburger Kunsthalle, Graphische Sammlung

tige Bandbreite von Grüntönen. Dies alles geschieht mit einer Selbstverständlichkeit, die so routiniert ist, daß sie kaum ins Auge fällt. Der Betrachter freut sich allein an der Wirkung von Licht und Farbe und der atmosphärischen Dichte der Landschaft. Die sorgfältige farbige Ausführung, die Verbindung genau geschilderter Einzelheiten mit einer weiten, doch abwechslungsreichen Landschaft und der deutliche Akzent auf die Stimmung rücken das Werk intentional nah an ein Gemälde. Dies gilt in gleicher Weise auch für die beiden anderen Mainzer Blätter, in denen Radl dörfliche Architektur, charakteristische Bäume, Flüsse, Ausblicke in eine sanft aufgehellte Ferne unter leicht bewölktem Himmel mit einer Staffage kombinierte, die ländlich und lieblich zugleich ist und damit ganz dem Zeitgeschmack entsprach.

Mit der Anlehnung an das Ölbild verlieren die Aquarelle hinsichtlich der vitalen Energie des Duktus, der in den einfarbigen Pinselzeichnungen besticht. Doch gewinnen sie hinsichtlich des subtilen Einsatzes von Farbe. Radls sensibler Umgang mit der lichtdurchlässigen Wasserfarbe und ihr harmonischer Klang wurde bereits von den Zeitgenossen gelobt. Bis heute gelten die Aquarelle als Pretiosen seines Œuvres. Nagler faßte in seiner Kritik die farbigen Aquarelle und Gouachen zusammen und lobte ihre „malerische Wirkung".[15] Gwinner differenzierte stärker und hob den „leichten und freien Farbauftrag"[16] der Aquarelle gerade im Vergleich zu den Ölbildern besonders hervor.[17]

Streng genommen gehören Radls Gouachen, da sie nicht auf Leinwand oder Holz, sondern auf Pappe gemalt wurden, in den Bereich der Graphik. Man kann sie unter die Zeichnungen subsumieren, doch würde man damit ihrem Anspruch nicht gerecht werden. Radls Gouachen sind intentional eigenständige Werke. Kompositorisch und thematisch unterschied Radl nicht grundlegend zwischen den Kategorien von Gemälde und Gouache. Der Künstler verstand jene eher als preiswerte Alternative zum Ölbild. Damit folgte Radl einer Mode, die sich zunächst in Dresden, einem zeitgenössischen Zentrum für Landschaftsmalerei, entwickelt hatte, doch schon bald auf den allgemeinen Kunstmarkt übergriff. Nicht allein in Deutschland, sondern auch in Frankreich, respektive in Paris, wurden die bildhaften Deckfarbenbilder geschätzt, so daß dort etwa der renommierte Verleger und Stecher Georg Wille (1715–1808) stets Bedarf an Landschaftsgouachen aus Deutschland anmeldete.[18] Gehören Radls Gouachen so eindeutig zu den Gemälden, so wurden schon zeitgenössisch beide Genres in ähnlicher Weise kritisiert: Die bezeichnenderweise „Gouachegemälde" genannten Arbeiten wären, so Gwinner,

Abb. 84
Johann Georg Wagner: Burg auf einem Felsen über einem Flußtal, Gouache, Städel Museum, Frankfurt a. M., Graphische Sammlung

„unübertrefflich schön zu nennen sein, wenn ihre Färbung ebenso vollkommen wie die Zeichnung wäre".[19] Er bemängelte ihre harten, zu bestimmten Farbwerte und Schatten und vermißte die „durchsichtige Klarheit"[20] der Aquarelle.

Einflüsse

Als Schüler Prestels hatte Radl schon früh Zugang zu umfangreichen, hochwertigen Kunstsammlungen, die ihm nicht allein einen enormen Fundus an Motiven, sondern auch an stilistischen Ausdrucksweisen darlegten und seinen Blick für Qualität schulten. Bei Prestel sah Radl Gemälde, Zeichnungen und Stiche. Und er sah sehr viel, denn die Reproduktionswerkstatt lebte von der Vervielfältigung einer möglichst großen Bandbreite an Werken. Zu diesen Arbeiten oft italienischer oder niederländischer, meist Alter Meister, kam der enge und vertraute Kontakt zur Frankfurter Malerszene, den Radl lebenslang pflegte. Einflüsse all dieser Quellen finden sich in Radls Werken. Generell hatte die niederländische Landschaftsmalerei und hier vor allem Jacob van Ruisdael einen auffallend großen Einfluß auf Radl, was bereits Gwinner konstatierte.[21] In Frankfurt traf er darüber hinaus auf eine Künstlerschaft, die seit Generationen auf niederländischen Vorgaben fußte und diese mit regionalen Aspekten verbunden hatte, so etwa den Landschaften der Rhein-Main-Region niederländische Kompositionsprinzipien zugrunde legte. Diese gleichsam modifizierte Niederländermode prägte den jungen Künstler stark.

Die Prinzipien seiner unmittelbaren künstlerischen Umgebung und die der vorherrschend reproduzierten Werke hatte Radl augenfällig verinnerlicht. Doch weisen seine Werke neben dem Rekurs auf diese direkten Einflüsse auch auf weitere Quellen hin: Das größte Zentrum für Landschaftsmalerei lag im frühen 19. Jahrhundert in Dresden. Hier etablierte sich eine sächsische Landschaftskunst, die auf italienischen Einflüssen, niederländischen Landschaften und dem Zeichnen vor der Natur gleichermaßen aufbaute.[22] Aus den Werken dieser ersten Generation – etwa Johann Friedrich Alexander Thiele (1747–1803), Christian Wilhelm Ernst Dietrich und Johann Christian Klengel (1751–1824) – entwickelte sich eine eigene Form der Landschaftsmalerei, die schließlich mit Johann Christian Clausen Dahl (1788–1857), Carl Gustav Carus (1789–1869) und Caspar David Friedrich (1774–1840, Abb. 28) zur Reinform romantischer Kunst wurde. Die Wirkkraft Dresdens darf schon vor den Romantikern nicht unterschätzt werden. Gerade im Bereich von Zeichnung und Gouache bildete sich von hier ausgehend ein Markt für Landschaftsbilder, der weit über die Region hinausging. Der bereits erwähnte Georg Wille verkaufte kleine Gouachen etwa des Dresdeners Johann Georg Wagner (1744–1767) in Paris mit solchem Erfolg, daß Bilder in der „manière de Wagner"[23] schon bald von vielen Künstlern geliefert wurden (Abb. 84).

Radls bildhaft ausgeführte Aquarelle, für welche die Mainzer Blätter beispielhaft stehen können, weisen in den Bildelementen, dem landschaftlichen Aufbau und in den atmosphärischen Farbabstufungen in die Bildtiefe deutliche Anklänge an diese Werke auf. Eine der größten Sammlungen dieser malerischen Dresdener Landschaftszeichnungen befand sich im Besitz des Frankfurter Sammlers Johann Georg Grambs. Der Jurist Grambs war ein bürgerlicher Sammler, der sich ganz in der Frankfurter Tradition für bildhafte Zeichnungen mit niederländischen Anklängen interessierte. Er war mit Radl befreundet[24] und diesem war seine Sammlung sicher gut vertraut. Arbeiten von Dietrich, Klengel, Thiele, Wagner und Adrian Zingg (1734–1816) kannte Radl schon durch Prestel[25] und lernte sie bei Grambs noch genauer kennen. Dabei beeindruckte ihn – wie schon im Frankfurter Umfeld – nicht in erster Linie seine eigene Künstlergeneration, sondern die vorangegangene. Verbindungen zur zeitgenössisch überaus populären Dresdener Landschaftsmalerei finden sich in Radls Zeichnungen auf verschiedenen Ebenen: ganz direkt im Kopieren von Arbeiten jener Künstler wie an dem gezeigten Beispiel von Radl nach Dietrich in der Graphischen Sammlung des Städel (Abb. 80), als Einflüsse in der Landschaftsgestaltung und der atmosphärischen Farbgebung, die auf Thiele und Wagner deuten, und in der Kombination vom Zeichnen nach der Natur und bildhaftem Komponieren.

Neben dem Einfluß der Bilder ist auch auf den kunsttheoretischen Unterricht zu verweisen, den Radl durch Prestel erhielt. Selbst wenn die konkreten Lehrbücher nicht bekannt sind, liegt es nahe, daß neben eigentlichen Malschulen auch kunst- und ästhetiktheoretische Literatur verwandt wurde. Zu denken ist an Schriften, die sich konkret mit Landschaftsmalerei befassen, wie etwa Johann Christian Klengels „Principes de Dessins pour les Paysages" von 1802[26] oder an Christian Ludwig Hagedorns „Betrachtungen über die Mahlerey" aus dem Jahr 1762.[27] Der Dresdener Akademiedirektor legte mit diesem Buch eine einflußreiche, weit verbreitete Abhandlung über Landschaftsmalerei vor, die im weiteren Verlauf des 18. und bis ins 19. Jahrhundert hinein wichtig bleiben sollte und genau in die Generation des Lehrers Prestel gehört. Die „Betrachtungen" befassen sich sowohl mit der Geschichte der Landschaftsmalerei als auch mit konkreten Anweisungen etwa zu Bildaufbau, Wirkung von Ferne und Nähe, Gestaltung von Details und Staffagen und verschiedenen Aspekten der Perspektive. Das erwähnte Mainzer Aquarell Radls etwa läßt sich wunderbar mit Hagedorn betrachten: So soll etwa bei einer die Aufmerksamkeit fokussierenden Vordergrundstaffage „die Landschaft mit wenigen Theilen angeleget, durch Gebirge eingeschränket, oder die Ferne leicht und duftend angedeutet werden. Hier will das Auge sehen, dort will es ruhen."[28] Hagedorn unterstrich die Wichtigkeit einer Balance von Beobachtung und Komposition und bestand auf der gleichermaßen unabdinglichen Bedeutung von Zeichnung und Farbgebung. „Es sey nicht genug, daß eine Sache, die nachgeahmet werden soll, auf das beste gezeichnet sey, wenn mit der besten Zeichnung nicht auch die richtige Beobachtung des Lichts und des Schattens, der guten Farbe und Übereinstimmung verbunden ist."[29] Für einen Landschaftskünstler wie Radl, der sich in einer bereits etablierten Tradition deutlich wohler fühlte als bei den romantischen Neuerern seiner eigenen Generation, erwies sich Hagedorns Ansatz als elementar bedeutsam.

Frühe Rezeption

Anton Radl wurde im selben Jahr geboren wie Caspar David Friedrich, und genau wie dieser hat er ausnehmend viel gezeichnet. Beide Künstler arbeiteten nach der Natur, beide machten die Landschaft zu ihrem bevorzugten Thema, ohne dabei rein dokumentarisch vorzugehen. Haben Friedrichs Landschaften Verweisfunktion in transzendentaler Hinsicht, so ordnet und ergänzt Radl das Vorgefundene in ästhetischer Hinsicht. Aber selbst bei der vermeintlich thematischen Nähe und der Dominanz der Zeichnung lassen sich kaum größere Unterschied denken als zwischen den beiden gleichaltrigen Künstlern. Und doch änderte sich durch das nachdrückliche, gleichsam programmatische romantische Zeichnen, das Friedrich und seine Umgebung propagierten, die Popularität der Gattung grundsätzlich. Die Zeichnung wurde von den Künstlern und folgend von den Rezipienten mit neuem Blick betrachtet. Das Beharren auf ihrer besonderen Qualität als einer Kunstform, die der ersten Idee des Künstlers besonders nahe steht, wurde durch die Romantiker zwar nicht erfunden, doch verbreitet und verstärkt artikuliert. Als Radl im Jahr 1852 starb, war die Wertschätzung der Zeichnung zur Selbstverständlichkeit geworden. Schon sein eigener Umgang mit dem Genre gab dies zu erkennen: Von der reinen Arbeitszeichnung, dem Medium der Übung und der Übertragung hatte sich die Zeichnung in seinem Werk zu einer eigenen Kunstform entwickelt. Nicht allein bildhafte Aquarelle und Gouachen, auch feine Pinsel- und Bleistiftzeichnungen fanden Liebhaber und Käufer.

Diese Aufwertung spiegelt bereits die frühe Rezeption des Radlschen Œuvres. Exemplarisch kann auf das noch zu Radls Lebzeiten erschienene „Neue allgemeine Künstler-Lexikon" von Georg Kaspar Nagler verwiesen werden. Der 1842 im Band 12 erschienene knappe Eintrag gibt einen umfassenden Eindruck von Radls auch technisch breit gefächertem Werk. 68 Jahre alt war Radl bei Erscheinen des Bandes, ein geachteter Künstler, den Nagler einleitend als „Landschaftsmaler und Kupferstecher" bezeichnet.[30] Entgegen dieser Setzung befaßt sich der Artikel in erster Linie mit der Druckgraphik und den Zeichnungen, wobei er eine besondere Vorliebe für Letztere erkennen läßt. So lobte Nagler bei den Drucken vor allem die Blätter „nach eigener Zeichnung", in denen der Künstler „große Fertigkeit" zeige. Er verwies auf die große Menge und die Vielfalt der Zeichnungen, hob einzelne, etwa die Blätter zu den „Freien Städten", hervor und betrachtete damit eine zunächst dienende Zeichnung mit großer Selbstverständlichkeit als Kunstwerk. Ausdrücklich würdigte Nagler die Gouachen und Aquarellzeichnungen aufgrund ihrer „geschmackvollen Behandlung und malerischen Wirkung" und hob gesondert die Tuschzeichnungen hervor, die er „vortrefflich" nennt. Radls Ölmalerei wurde freundlich, aber nur kurz gewürdigt, ja Nagler bedauerte sogar ausdrücklich, daß dem Maler durch diese die Zeit für die Zeichnungen fehle: „In der letzten Zeit fand Radl indessen nicht mehr Muße für solch angenehme Studien; er hatte vielfache Aufträge zu größeren Compositionen."

Zehn Jahre nach dem Tod des Künstlers erschien Gwinners „Kunst und Künstler in Frankfurt am Main". Gwinner hatte Radl gut gekannt und besaß Werke von seiner Hand. Etwas jünger als Radl hatte er als Frankfurter Kunstkenner doch einen ähnlichen Hintergrund. Sein ausführlicher Beitrag würdigte zwar explizit die konservativen Aspekte der Ausbildung Radls, lobte aber noch vor der ersten Erwähnung der Gemälde die Zeichnungen, die bunten ebenso wie die einfarbigen: „In seinen der Natur entnommenen Aquarellen [...] tritt jener Mangel [eine zu harte Farbigkeit] weniger hervor und fast ganz frei davon sind die einfachen Tusch- und Sepiazeichnungen, welche durch die Vortrefflichkeit und die Zartheit des Pinsels oft wahrhaft überraschen."[31] Die Vorzüge der Zeichnung wurden in der Beschreibung der Ölbilder wiederholt: „Indessen lag jedoch seine größte Stärke in der Aquarelle".[32] Zudem verzichtete Gwinner nicht darauf, mit einem gewissen Stolz zu berichten, welche Zeichnungen Radls er selbst besaß.

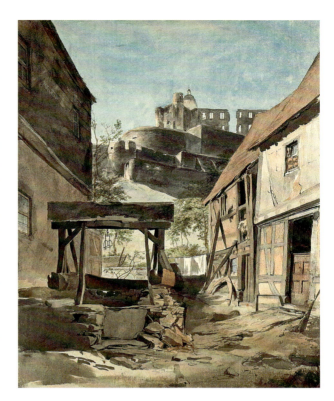

Abb. 85
Ruine Königstein, Gouache, Historisches Museum, Frankfurt a. M., Graphische Sammlung

Die Zeichenkunst Anton Radls erfuhr bereits zu Lebzeiten des Künstlers eine große Wertschätzung, die über seinen Tod hinaus noch zunahm. Dabei änderte sich der Fokus sukzessive von den bildhaften, malerischen Gouachen (Abb. 85) hin zu den freieren Arbeiten: den Aquarellen, schließlich auch den lockeren Tusch-, Bleistift- und Federzeichnungen. Der traditionell geschulte Radl behielt die Hierarchie der Gattungen grundsätzlich bei: Zielpunkt seiner künstlerischen Arbeit blieb ihm das vollendete Bild. Doch ließen ihn die zeitgenössischen Veränderungen in der Kunst nicht unberührt. Wenn die generelle Aufwertung der Zeichnung auch etwa Federarbeiten zu eigenständigen Werken werden ließ, so antwortete Radl auf diese Entwicklung mit der ausgesprochen feinen und malerischen Ausführung jener Zeichnungen. Doch erforderte es nicht erst den Abstand mehrerer Generationen, um gerade in den studienhaften Zeichnungen Radls seine ganz besondere Originalität und Qualität zu erkennen. Schon 1842 kürte Nagler die Pinselzeichnungen zu seinen Lieblingsstücken, eine Wahl, die unserem heutigen Blick erstaunlich nah kommt. Und daß Nagler mit dieser Einschätzung nicht allein stand, läßt sich dem

Artikel Wilhelm Beers entnehmen, der 1902 zum 50. Todesjahr des Malers in der „Frankfurter Zeitung" erschien.[33] Beer berichtet von der großen und überaus positiven Resonanz, welche gerade die Studien Radls bei der jungen Generation Frankfurter Künstler fanden, die jene in einer „Kunstbeschau" im Städel ausgestellt sahen. Beer nannte mit Moritz von Schwind (1804–1871), Philipp Veit und Edward von Steinle (1810–1886) Namen, die mit Radls Malerei kaum in Verbindung stehen. Von der Spontaneität und Frische der „Studien" jedoch – und dies umfaßt verschiedene Techniken vorbereitender Arbeiten wie etwa Graphit- und Tuschzeichnungen und Aquarelle – waren diese Künstler „derart begeistert, daß sie beschlossen, dem trefflichen Manne ein Zeichen allgemeiner Anerkennung zu geben"[34], eine Überlegung, die 1843 in einem Künstlerfest zu Ehren Radls mündete. Doch ist es wohl gerade die Bandbreite der Zeichnungen Radls, die uns ein so umfassendes Bild von Tradition und Invention, von Kunstmarkt und Eigenständigkeit, von Handwerk und Freiheit in der künstlerischen Umbruchzeit des 19. Jahrhunderts in Frankfurt gibt. In dieser Komplexität liegt eine der großen Qualitäten von Radls zeichnerischem Werk.

1 Ph.[ilipp] Friedrich Gwinner: Kunst und Künstler in Frankfurt am Main vom dreizehnten Jahrhundert bis zur Eröffnung des Städel'schen Kunstinstitutes, Frankfurt a. M. 1862, S. 444.
2 Bürgerliche Sammlungen in Frankfurt., Ausst. Kat. Historisches Museum, Frankfurt a. M. 1988, S. 150.
3 Claudia Schwaighofer: Das druckgraphische Werk der Maria Katharina Prestel (1747–1794), Magisterarbeit München 2003, S. 20.
4 Ebd., S. 12.
5 Ebd.
6 Gwinner 1862 (wie Anm. 1), S. 445.
7 Ebd., S. 376.
8 Nouveau Catalogue d'Estampes, du Fonds de Jean-Theophile Prestel. Peintre et Graveur en Taille-Douce, Rue dite Allerheiligen-Gasse, No 173, à Francfort-sur-le-Mein; et en Commission chez Collignon, Libraire à Metz, Frankfurt a. M. 1806, S. 29, Nr. 66.
9 Gwinner 1862 (wie Anm. 1), S. 450.
10 Siehe den Beitrag von Hilja Kemppainen und Birgit Sander in dieser Publikation.
11 Historisches Museum, Frankfurt a. M., Graphische Sammlung, Inv. Nr. C 15055.
12 Hessisches Landesmuseum Darmstadt, Graphische Sammlung, Inv. Nr. HZ 3037.
13 Alle drei Zitate Gwinner 1862 (wie Anm. 1), S. 445.
14 Landesmuseum Mainz, Graphische Sammlung, Inv. Nr. GS 1903/2, GS 1903/3.
15 G.[eorg] K.[aspar] Nagler: Künstler-Lexikon, Bd. 12, München 1842, S. 188.
16 Gwinner 1862 (wie Anm. 1), S. 446.
17 Ebd., S. 445.
18 Hein-Th. Schulze-Altcappenberg: „Le Voltaire de l'Art." Johann Georg Wille (1715–1808) und seine Schule in Paris, Münster 1987, S. 41.
19 Gwinner 1862 (wie Anm. 1), S. 445.
20 Ebd.
21 Ebd, S. 447.
22 Ausführlicher dazu Mareike Hennig: Mit freier Hand. Deutsche Zeichnungen vom Barock bis zur Romantik aus dem Städelschen Kunstinstitut, Frankfurt a. M. 2003.
23 Schulze-Altcappenberg 1987 (wie Anm. 18), S. 41.
24 Gwinner 1862 (wie Anm. 1), S. 447.
25 So verzeichnet der Prestel-Katalog von 1806 u. a. Stiche nach Christian Wilhelm Ernst Dietrich und Johann Georg Wagner, die zwar nicht von Radl gestochen, ihm in diesem Umfeld aber selbstverständlich bekannt waren. Prestel 1806 (wie Anm. 8).
26 Johann Christian Klengel: Principes de Dessins pour les Paysages par J. C. Klengel, Professeur de l' Académie électorale de Peinture à Dresde, Dresden 1802.
27 Christian Ludwig Hagedorn: Betrachtungen über die Mahlerey, Leipzig 1762.
28 Ebd, S. 341.
29 Ebd., S. 347.
30 Alle Zitate im folgenden Absatz Nagler 1842 (wie Anm. 15), S. 188.
31 Gwinner 1862 (wie Anm. 1), S. 445.
32 Ebd., S. 446.
33 Wilhelm Amandus Beer: Anton Radl. Zum 50. Todestag (4. März 1902), in: Frankfurter Zeitung v. 4.3.1902, 1. Morgenblatt.
34 Ebd.

94
Barbiertreffen der Affen, vor 1817
Tusche, Graphit, 17,7 x 22,8 cm
Bez. r. u. A. Radl
Galerie Joseph Fach, Frankfurt a. M.

95
Barbierstube, Affen rasieren Hunde, vor 1817
Gouache, 17,5 x 23,1 cm
Bez. r. u. : Radl
Städel Museum, Frankfurt a. M., Graphische Sammlung, Inv. Nr. 1770, erworben aus der Sammlung Johann Georg Grambs (1756–1817)

96
Personenstudien und Denkmalentwurf
Tusche, laviert, 21,4 x 23,5 cm
Bez. r. u.: Radl
Privatbesitz, ehemals Nachlaß Wilhelm Amandus Beer

Katalog 221

97
Frankfurt, von der Gerbermühle aus gesehen, um 1815
Graphit, Tusche, 13,6 x 19,7 cm
Unbez.
Klassik Stiftung Weimar, Graphische Sammlungen, Weimar, Inv. Nr. Schuchardt I, S. 274, Nr. 0248
Lit.: Schuchardt 1848/49, Bd. 1, Nr. 248, S. 274.

98
Die Gerbermühle in Frankfurt, um 1815
Graphit, Tusche, laviert, 13,7 x 19,5 cm
Unbez.
Klassik Stiftung Weimar, Graphische Sammlungen, Weimar, Inv. Nr. Schuchardt I, S. 274, Nr. 0249
Lit.: Schuchardt 1848/49, Bd. 1, Nr. 249, S. 274; Hack 1977, Abb. S. 42f. (hier: „Tuschzeichnung nach Anton Radl, angeblich von Marianne von Willemer").

99
Burg und Stadt Eppstein im Taunus, vor 1823
Graphit, Aquarell, 41,5 x 54,4 cm
Unbez.
Mittelrhein-Museum, Koblenz, Inv. Nr. G 1967/242
Lit.: Best. Kat. Koblenz 1999, S.156, Abb. 716.

Die im 10. Jahrhundert errichtete Burg war seit dem 12. Jahrhundert Sitz der Herren von Eppstein, unter denen sie bis ins 15. Jahrhundert ausgebaut wurde. Dann erwarben die Landgrafen von Hessen den Westteil, der eine schloßartige Erweiterung erhielt. Seit 1776 verfiel dieser Teil und ab 1804 wurde mit der Niederlegung der Burg begonnen. Radls Aquarell hält den Zustand des Abbruchs zwischen 1817 und 1823 fest. Ein österreichischer Freiherr, der sich irrtümlicherweise für einen Nachkommen der Eppsteins hielt, erwarb die Ruine 1824 und stoppte den weiteren Abbruch.

100
Aus dem Frankfurter Stadtwald
Graphit, Tusche, laviert, 40,7 x 65, 2 cm
Bez. l. u.: Radl [von fremder Hand]; rs.: Radl pinx / a. d. Stadtwald / Prestel 8.
Staatliche Kunsthalle Karlsruhe, Kupferstichkabinett, Inv. Nr. 1996-1
Lit.: Ausst. Kat. Karlsruhe 1996, Nr. 54, S. 118f. m. Abb.

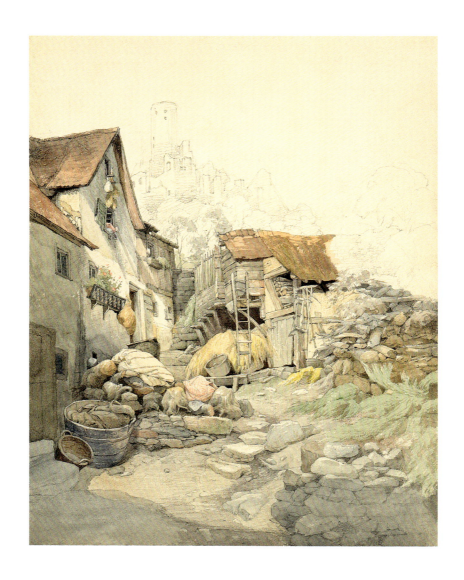

101
Eppstein
Graphit, Aquarell, 45,1 x 35 cm
Unbez.
Historisches Museum, Frankfurt a. M., Graphische Sammlung, Inv. Nr. C 40889

102
Der große Riederhof
Graphit, Aquarell, 28,4 x 44,2 cm
Unbez.
Historisches Museum, Frankfurt a. M., Graphische Sammlung, Inv. Nr. C 29909

103
Wolkenstudie
Tusche, laviert, 31,6 x 43 cm
Bez. r. u.: Radl fct.
Privatbesitz

104
Die Ansicht auf Schloß Homburg
Tusche, laviert, 18 x 25,6 cm
Bez. rs.: Nr. 225 A. Radl
Privatbesitz

Das Homburger Schloß wurde zwischen 1680 und 1685 von Landgraf Friedrich II. von Hessen-Homburg errichtet. Der Bergfried, der heutige „Weiße Turm", stammt noch aus der unter den Grafen von Eppstein im dritten Viertel des 14. Jahrhunderts errichteten Burg. Erste Bauten lassen sich auf das Jahr 1180 zurückführen.

105
Frankfurt von Westen gesehen, um 1815
Graphit, 29 x 48 cm
Bez. l. u. : A. R.
Kunsthandlung J. P. Schneider jr., Frankfurt a. M.
Lit.: Ausst. Kat. Frankfurt 1994, Nr. 4. Druckgraphik gleichen Motivs siehe Abb. 41.

106
Brücke im Wald
Tusche, 17 x 21 cm
Unbez.
Kunsthandlung J. P. Schneider jr., Frankfurt a. M.
Lit.: Ölgemälde gleichen Motivs siehe Kat. Nr. 26.

107
Falkenstein und Königstein im Taunus
Aquarell, Graphit, 10,8 x 25,8 cm
Bez. l. u.: RADL [eigenhändig?]
Hessisches Landesmuseum Darmstadt, Graphische Sammlung, Inv. Nr. HZ 4370

108
Interlaken in der Schweiz, um 1835
Graphit, Tusche, Aquarell, 23,5 x 29 cm
Bez. M. u.: Interlaken in der Schweiz; r. u.: A. Radl
Privatbesitz

109
Acht Bildnisse Frankfurter Bürger und Bürgerinnen
Tusche, Rötel, je Blatt ca. 8,9 x 6,7 cm
Unbez.
Privatbesitz, ehemals Sammlung Heinrich Stiebel (1851–1928)
Lit.: Galerie und Kunstantiquariat Joseph Fach, Kat. 25, Frankfurt a. M. o. J. [1982], Nr. 174,
S. 32 (hier: 7 Damen- und 5 Herrenbildnisse).

Ideal und Wirklichkeit – Landschaftsmalerei im Rhein-Main-Gebiet gegen Ende des 18. Jahrhunderts

Nach der Mitte des 18. Jahrhunderts erlebte die Landschaftsmalerei stetigen Aufschwung. Voraussetzung hierfür bildete die Aufklärung und ihr Bekenntnis „Zurück zur Natur", welches Natur und Natürlichkeit – im Kontrast zu Zivilisation, Bildung und ästhetischer Überfeinerung – als Ideal pries. Die wissenschaftlich-empirische Naturerforschung und das empfindsame Naturverständnis jener Zeit, das Natur als Resonanzraum menschlicher Stimmungen und Gefühle entdeckte, sowie die gestiegene Reisebegeisterung trugen ihr übriges zur kontinuierlich wachsenden Naturbegeisterung bei, von der die Landschaftsmalerei profitierte. Die in der akademischen Hierarchie gering geachtete, aber vom Publikum geschätzte Gattung erschloß sich neue Regionen in Italien, dem klassischen Land der Antike, die erhabenen Alpen ebenso wie die Unwegsamkeit des rauen Nordens. Ebenfalls galt der Landschaftsmalerei nun als Reflexionsgegenstand ästhetischer Abhandlungen ein vermehrtes Interesse.

Erfindung und Beobachtung, Nachahmung älterer Vorbilder und topographische Bestandsaufnahme markieren den Spannungsbogen innerhalb der Landschaftsmalerei gegen Ende des 18. Jahrhunderts, als deren prominente Vertreter in der Rhein-Main-Region Christian Georg Schütz d. Ä. (1718–1791, Kat. Nr. 110, 112) in Frankfurt, Ferdinand Kobell (1740–1799, Kat. Nr. 111) in Mannheim und Aschaffenburg sowie Caspar Schneider (1753–1839) und sein Bruder Georg (1759–1843, Kat. Nr. 114) in Mainz anzusehen sind. Im Schaffen all dieser Künstler finden sich sowohl künstlich komponierte Ideallandschaften als auch wirklichkeitsnahe Naturschilderungen, in denen sie die Eigenarten realer Landschaften heimatlicher Regionen erfaßten. In letzteren Werken manifestiert sich ein neuartiger Wirklichkeitssinn, in dessen Traditionslinie Radls Landschaftsauffassung einzuordnen ist.

Der weithin bekannte und geschätzte Christian Georg Schütz kombinierte routiniert pittoreske Fluß-, Berg- und Talmotive in der Art Herman Saftlevens (1609–1685) zu schematisierten Flußlandschaften von minutiöser Detailvielfalt und -genauigkeit, die er in kunstvoll arrangiertes, stimmungsvolles Licht tauchte. Diese in zahlreichen Varianten ausgeführten Werke entstanden ebenso wie seine phantasievollen Ruinenlandschaften häufig als Pendants. Schütz setzte sich aber ebenso mit realen Landschaften auseinander und erwarb auf Reisen – etwa an den Rhein oder in die Schweiz – genaue topographische Kenntnisse, die in seine traditionelle Auffassung komponierter Landschaft einflossen. In seinen gewissenhaft durchgeführten Veduten der Frankfurter Altstadt gelangen ihm lebensvolle Schilderungen städtischer Alltagswirklichkeit.

Der in Mannheim für den Kurfürsten von Bayern tätige Ferdinand Kobell schuf Landschaftsgemälde in der von Poussin und Lorrain geprägten Tradition barocker Ideallandschaften. Sein intensives Naturstudium trug wesentlich dazu bei, daß er konventionelle Formelhaftigkeit überwinden sollte. Kobell gelangte in seinem bedeutenden Zyklus von Ansichten der Gegend um Aschaffenburg, der 1786 von Friedrich Carl Joseph von Erthal (1719–1802), Kurfürst und Erzbischof von Mainz, in Auftrag gegeben worden war, zu einer Unmittelbarkeit und Subjektivität der Naturschilderung, die damaliger Zeit weit voraus war. In diesen malerisch überaus vitalen Schilderungen heimischer Natur, an deren Ausführung sein Sohn Wilhelm (1766–1853) Anteil gehabt habe dürfte, schilderte Kobell die vertraute, hügelige Gegend naturgetreu ohne artifizielle Überhöhung und idealisierendes Arrangement.

War Kobell um eine realistische Gesamtsicht bei dem Aschaffenburgzyklus bemüht, so folgten Caspar und Georg Schneider hingegen stärker noch der Tradition idealer Landschaftsauffassung, die sie mit topographischen Motiven zu verbinden vermochten. In ihren Phantasielandschaften ebenso wie in ihren Überblickslandschaften mit Motiven von Main und Rhein, die häufig als Pendants entstanden und in zahlreichen Varianten wiederholt wurden, griffen sie bekannte Stilmittel auf: Trennung in Vorder-, Mittel- und Hintergrund, horizontale Schichtung mit in die Tiefe führenden Diagonalen, innerbildliche Rahmung durch seitliche Bildmotive, belebende Vordergrundstaffage sowie souverän beherrschte künstliche Lichtführung. Diese paßten sie den topographischen Gegebenheiten an.

Radl, der mit der lokalen Tradition der Landschaftsmalerei im Rhein-Main-Gebiet vertraut war, knüpfte an den aufbrechenden Wirklichkeitssinn jener Vorgängergeneration an, indem auch er idealisierendes Landschaftsarrangement und abbildhafte Treue miteinander verband. Gegenüber Spätbarock und Rokoko unterscheiden sich die Werke Radls indes durch die klassizistische Strenge, Schlichtheit und Klarheit der Landschaftsauffassung.

Birgit Sander

110
Christian Georg Schütz d. Ä. (1718–1791)
Frankfurt und Sachsenhausen von der Guaitaschen Villa aus, 1754
Öl auf Leinwand, 50,5 x 120 cm
Bez. M. u.: Schütz pin. 1754
Corealcreditbank, Frankfurt a. M.
Lit.: Klötzer 1991. Zu Schütz allgemein Neue deutsche Biographie, Bd. 23, Berlin 2007, S. 656f. (Gerhard Kölsch).

111
Ferdinand Kobell (1740–1799)
Blick vom Aschaffenburger Schloß auf Marstall und Mainbrücke (Aschaffenburger Zyklus), 1786
Öl auf Leinwand, 82,2 x 114,4 cm
Bez. r. u. auf der Mauer: aus dem Churfürstlichen Schloß Zu Aschaffenburg. 1786. durch Ferdinand Kobell.
Bayerische Staatsgemäldesammlungen München, Staatsgalerie im Schloß Johannisburg, Aschaffenburg, Inv. Nr. 6585
Lit.: Biedermann 1973, Nr. 346, Abb. 47.

112
Christian Georg Schütz d. Ä. (1718–1791)
Waldstück am Wasserhof in Oberrad
Öl auf Holz, parkettiert, 55 x 70 cm
Bez. r. u.: Schüz.fecit.
Städel Museum, Frankfurt a. M., Inv. Nr. 149
Lit.: Ausst. Kat. Frankfurt 1992, Nr. 18, S. 70f.; Brinkmann/Sander 1999, S. 50, Abb. 62. Zu Schütz allgemein Neue deutsche Biographie, Bd. 23, Berlin 2007, S. 656f. (Gerhard Kölsch).

113
Johann Ludwig Ernst Morgenstern (1738–1819)
Ein Bauernhof, 1794
Öl auf Holz, 31,5 x 37,3 cm
Bez. r. u. am Karren: M. 1794
Städel Museum, Frankfurt a. M., Inv. Nr. 655
Lit.: Brinkmann/Sander 1999, S. 44, Abb. 35. Zu Johann Ludwig Ernst Morgenstern allgemein Ausst. Kat. Frankfurt 1999/2000, S. 10–51.

114
Georg Schneider (1759–1843)
Ansicht von Kostheim und Hochheim von Weisenau aus, um 1800
Öl auf Holz, 33 x 47 cm
Unbez.
Landesmuseum Mainz, Inv. Nr. 372
Lit.: Ausst. Kat. Mainz 1998, Nr. 53, S. 150.

115
Georg Schneider (1759–1843)
Ansicht von Kostheim und Mainz von Hochheim aus, um 1800
Öl auf Holz, 33 x 47 cm
Unbez.
Landesmuseum Mainz, Inv. Nr. 373
Lit.: Ausst. Kat. Mainz 1998, Nr. 54, S. 151.

Romantik und Realismus – Landschaftsmalerei im Rhein-Main-Gebiet nach 1800

Während der Napoleonischen Kriege ging auch in der Rhein-Main-Region die Kunstproduktion zurück. Erst mit dem Frieden setzte ein Aufschwung ein, der vor allem die Landschaftsmalerei betraf. Junge Maler wie Radl, der sich um 1800 der Gattung zuwandte, orientierten sich an den niederländischen Meistern des 17. Jahrhunderts und knüpften an die lokale Tradition des 18. Jahrhunderts an. Diese konnte namhafte Künstler aufweisen, die im Kreis um Goethe auch überregionale Bekanntheit erreichten: Georg Melchior Kraus (1737–1806, Kat. Nr. 116, Abb. 65, 66) blieb mit seinen späten, pittoresk-idyllischen Taunusansichten ganz dem empfindsamen Zeitalter verbunden. Auch Christian Georg Schütz d. J. (1758–1823, Kat. Nr. 79, Abb. 45, 46) folgte mit seinem versatzstückartigen Landschaftsarrangement der idealisierenden Auffassung seines Onkels Christian Georg Schütz d. Ä. (1718–1791, Kat. Nr. 110, 112). Doch gelangte er in seinem Gemälde „Aussicht vom Feldberg nach Usingen bei Sonnenaufgang" (Kat. Nr. 119) von 1810 zu einem morphologischen Verständnis der Landschaft, ein Merkmal romantisch gestimmter, zugleich realistisch gesehener Naturauffassung.

Ebenfalls aus einer angesehenen Frankfurter Malerfamilie stammte Johann Friedrich Morgenstern (1777–1844, Kat. Nr. 117), Sohn von Radls väterlichem Freund Ludwig Ernst Morgenstern (1738–1819, Kat. Nr. 113). Der fast gleichaltrige Kollege neigte insbesondere mit seinem Panorama Frankfurts und anderen Stadtansichten zu einer Vedutenkunst, die sich, wie eine Folge der nach 1809 neu errichteten klassizistischen Stadttore (darunter Kat. Nr. 117) zeigt, durch Sachlichkeit und Strenge auszeichnet. Johann Philipp Ulbricht (1762–1836, Kat. Nr. 120), ausgebildet bei dem Maler und Tapetenfabrikant Johann Andreas Benjamin Nothnagel (1729–1804), und Ursula Magdalena Reinheimer (1774–1845, Kat. Nr. 121), Schülerin ihres Vaters Johann Gottlieb Prestel, verschmolzen romantisch gestimmtes Naturidyll und realistische Landschaftsschilderung. Während Ulbricht noch eine Landschaft im Stil der Schütz-Tradition präsentierte, zeigte Reinheimer mit ihrem Gemälde „Schwanheimer Eichen" bereits einen naturnahen Zugriff auf ein reales Landschaftsmotiv, wie ihn auch Radls Werke auszeichnet. Doch statt dessen strenger Bildtektonik bevorzugte sie eine offenere Komposition, bei der die Lichtführung noch klassischen Vorbildern folgte.

In den Landschaftsschilderungen Friedrich Christian Reinermanns (1764–1835, Kat. Nr. 123), 1803 bis 1811 und 1819 bis 1835 in Frankfurt ansässig, findet sich nochmals eine markant vorgetragene Position niederländischer Prägung, die sich unter dem Eindruck einer Italienreise und des südländischen Lichts wandeln sollte. Reinermanns romantisch gestimmte Ansichten aus dem Taunus, von Lahn und Mosel, aus der Schweiz und Italien bilden mit ihren schwungvoll bewegten Kompositionen und ihrer malerischen Offenheit einen Kontrast zu den auf zeichnerische Schärfe und Ausgewogenheit bedachten Naturschilderungen Radls.

Radls Schüler Johann Heinrich Rosenkranz (1801–1851, Kat. Nr. 124, Abb. 3) und Ludwig Christian Wagner (1799–1839, Kat. Nr. 122, 123, Abb. 99) erlaubten sich – trotz der Nähe zur Landschaftsauffassung ihres Lehrers – kompositorisch wie koloristisch-malerisch größere Freiheiten. Insgesamt tendierte die Landschaftsmalerei jener jüngeren Generation immer stärker zu individuellem Stimmungsgehalt und atmosphärischen Wirkungen. Eine besondere Sensibilität für Licht, Luft und Wolken kennzeichnet denn auch die Werke des Darmstädters Johann Heinrich Schilbach (1798–1851, Kat. Nr. 127, 129) und des Frankfurters Carl Morgenstern (1811–1893, Kat. Nr. 128), Sohn von Johann Friedrich Morgenstern. In ihren vor Ort entstandenen Freilichtskizzen mit Motiven aus der Region, aber auch aus Italien und der Schweiz gaben sie unbefangen subjektive Natureindrücke wieder, wohingegen ihre Ateliergemälde noch stärker traditionellen Bildauffassungen verpflichtet blieben.

Mit der zunehmenden Verbreitung der Landschaftsmalerei in der ersten Hälfte des 19. Jahrhunderts finden sich auch im Rhein-Main-Gebiet Landschaftsdarstellungen, die sich von den bisherigen, auf topographisches Erfassen ausgerichteten Positionen unterscheiden. Dem aus Mainz stammenden, in Frankfurt ansässigen Johann Adam Ackermann (1780–1853, Kat. Nr. 126, Abb. 29) ging es – dem Vorbild Caspar David Friedrichs (1774–1840) folgend – um romantische Transzendenz des Gesehenen. Seine vom Naturvorbild abstrahierten heimischen Landschaftsschilderungen zeichnet eine gedankenvolle Symbolsprache aus, die die Natur – durchdrungen von außergewöhnlichen Naturerscheinungen – als fremd und unergründlich erscheinen läßt. Auf Sinnbildhaftigkeit zielte ebenfalls der Nazarener Johann David Passavant (1787–1861, Kat. Nr. 125) in einem seiner wenigen Landschaftsgemälde. Seine mit typisch nazarenischer Detailschärfe und klassisch-strengem Bildaufbau ausgeführte Ansicht der Burgruine Königstein und der intakten Kapelle Falkenstein mit einem Wegkreuz, auf das Kinder zugehen, wollte Passavant als Allegorie des Verlaufs des Lebens und der Zeit verstanden wissen (Schröter 1988).

Birgit Sander

116
Georg Melchior Kraus (1737–1806)
Schloß Kronenberg, 1803/1819
Radierung, koloriert, Darstellung: 32 x 49,8 cm; Blatt: 37,3 x 53,8 cm
Bez. l. u.: G. M. Kraus 1803 coloriert v. Dr. Usener; r. u.: im august 1819
Privatbesitz
Lit.: Zu Kraus allgemein Gwinner 1862, S. 323ff.; zu Usener allgemein Gwinner 1867, S. 88f.

Die Kolorierung des Blattes erfolgte von Friedrich Philipp Usener (1773–1867), der als bedeutender Jurist in Frankfurt tätig war, darüber hinaus jedoch auch als dilettierender Künstler Zeichnungen, Ölbilder und graphische Werke schuf.

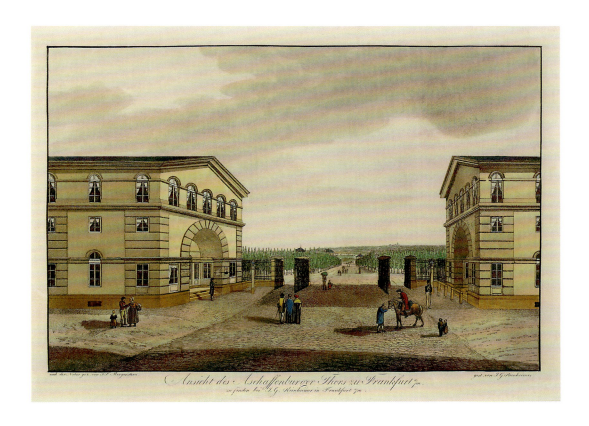

117
Johann Friedrich Morgenstern (1777–1844)
Ansicht des Aschaffenburger Tors in Frankfurt, vor 1820
Radierung, koloriert, Darstellung: 27,6 x 40,2 cm; Blatt: 34,7 x 42, 2cm
Verlag Johann Georg Reinheimer
Bez. l. u.: nach der Natur gez. von J. F. Morgenstern; r. u.: gest. v. J. G. Reinheimer; M. u.: Ansicht des Aschaffenburger Thors zu Frankfurt a/M. / zu finden bei J. G. Reinheimer in Frankfurt a./M.
Galerie Brumme, Mainz
Lit.: Gwinner 1862, S. 377, Nr. 2–7; Ausst. Kat. Kronberg 1982, Abb. S. 28. Zu Johann Friedrich Morgenstern allgemein Ausst. Kat. Frankfurt 1999/2000, S. 52–73.

Das Blatt gehört zu einer sechsteiligen Folge von Ansichten der Frankfurter Stadttore, die Johann Georg Reinheimer nach Vorlagen von Johann Friedrich Morgenstern druckte und verlegte.

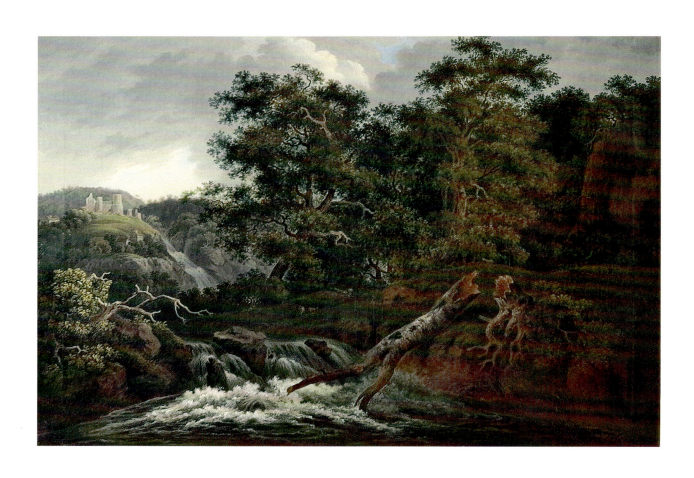

118
Friedrich Christian Reinermann (1764–1835)
Romantische Landschaft, 1807
Öl auf Leinwand, 58 x 80 cm
Bez. r. u.: F. C. Reinermann 1807
Privatbesitz
Lit.: Zu Reinermann allgemein Gwinner 1862, S. 426ff.; Weizsäcker/Dessoff 1907/09, Bd. 2, S. 117; Ausst. Kat. Bad Homburg 2006/07.

119
Christian Georg Schütz d. J. (1758–1823)
Aussicht vom Feldberg nach Usingen bei Sonnenaufgang, 1810
Öl auf Leinwand, 79 x 117 cm
Bez. l. u.: C. G. Schütz 1810
Historisches Museum, Frankfurt a. M., Inv. Nr. B 357
Lit.: Gwinner 1862, S. 323, Nr. 1 (hier: „eine Aussicht vom Feldberg über das Gebirg nach dem Städtchen Usingen, im Vorgrunde mit dem Brunhildenstein, bei Sonnenaufgang"); Simon 1929, Abb. S. 145. Zu Schütz allgemein Neue deutsche Biographie, Bd. 23, Berlin 2007, S. 657f. (Gerhard Kölsch).

120
Johann Philipp Ulbricht (1762–1836)
Waldlandschaft, im Hintergrund Ansicht Frankfurts, 1810
Öl auf Leinwand, 79 x 105,5 cm
Bez. l. u.: Dedié a. s. A. Em. le Prince Primas peint par J. P. Ulricht. 1810.
Historisches Museum, Frankfurt a. M., Inv. Nr. B 350
Lit.: Zu Ulbricht allgemein Gwinner 1862, S. 429; Weizsäcker/Dessoff 1907/09, Bd. 2, S. 160.

121
Ursula Magdalena Reinheimer (1774–1845)
Schwanheimer Eichen, nach 1805
Öl auf Leinwand, 42 x 58,5 cm
Bez. r. u.: M. Reinheimer geb. Prestel p.
Historisches Museum, Frankfurt a. M., Inv. Nr. B 1138
Lit.: Gambichler 2000, S. 317f., S. 694f., Nr. 3. Zu Reinheimer allgemein Ausst. Kat. Frankfurt 2007, S. 131ff.

122
Ludwig Christian Wagner (1799–1839)
Waldlandschaft mit Pferdegespann, 1833
Öl auf Leinwand, 73 x 97 cm
Bez. l. u.: L. C. Wagner 1833
Kunsthandlung J. P. Schneider jr., Frankfurt a. M.
Lit.: Zu Wagner allgemein Gwinner 1962, S. 431ff.; Weizsäcker/Dessoff 1907/09, Bd. 2, S. 165.

123
Ludwig Christian Wagner (1799–1839)
Sandhof bei Frankfurt a. M., 1834
Öl auf Leinwand, auf Karton aufgezogen, 29 x 39 cm
Bez. r. u.: L C Wagner 1834
Kunsthandlung J. P. Schneider jr., Frankfurt a. M.
Lit.: Weizsäcker/Dessoff 1907/09, Bd. 2, S. 165. Zu Wagner allgemein Gwinner 1962, S. 431ff.

124
Johann Heinrich Christian Rosenkranz (1801–1851)
Ruine Falkenstein im Taunus
Öl auf Leinwand, 42 x 56 cm
Unbez.
Privatbesitz
Lit.: Zu Rosenkranz allgemein Gwinner 1862, S. 451; Weizsäcker/Dessoff 1907/09, Bd. 2, S. 122.

125
Johann David Passavant (1787–1861)
Taunuslandschaft mit der Burgruine Königstein, 1832
Öl auf Leinwand, 74 x 102 cm
Bez. r. u.: JPD [ligiert] 1832
Privatbesitz
Lit.: Ausst. Kat. Heidelberg 1965, Nr. 233; Ausst. Kat. Nürnberg 1966, S. 85, Nr. 121; Schröter 1990, S. 353f., Abb. 39. Zu Passavant allgemein Ausst. Kat. Frankfurt 1994/95.

126
Johann Adam Ackermann (1781–1853)
Falkenstein mit Regenbogen, 1835
Aquarell, 35 x 28,6 cm
Bez. l. u.: J. A. A. 1835
Landesmuseum Mainz, Graphische Sammlung, Inv. Nr. 0/564
Lit.: Zu Ackermann allgemein Kirchner 1818, Bd. 1, S. 316; Gwinner 1862,
S. 452; Weizsäcker/Dessoff 1907/09, Bd. 2, S. 1; Landschulz 1977,
S. 147–166; AKL, Bd. 1, S. 250.

127
Johann Heinrich Schilbach (1798–1851)
Ruine Heiligenberg bei Jugenheim in nächtlicher Beleuchtung, nach 1836
Aquarell, Deckweiß, Graphit, 16,7 x 21,6 cm
Unbez.
Hessisches Landesmuseum Darmstadt, Graphische Sammlung, Inv. Nr. HZ 2663
Lit.: Ausst. Kat. Darmstadt 2000, Nr. 77.

128
Carl Morgenstern (1810–1893)
Die Schneidmühle im Lorsbacher Tal am Teufelsfelsen, 1831
Öl auf Leinwand, 57 x 75,5 cm
Bez. r. u.: C. Morgenstern ff 1831
Kunsthandlung J. P. Schneider jr., Frankfurt a. M., Inv. Nr.
Lit.: Eichler 1976, V 17, S. 163 (hier: „Die Eppsteiner Schneidemühle"); Ausst. Kat. Frankfurt 1992, Nr. 13, Abb. S. 31; Ausst. Kat. Frankfurt 1993b, Nr. 3 m. Abb. Zu Carl Morgenstern allgemein Ausst. Kat. Frankfurt 1999/2000, S. 74–104.

129
Johann Heinrich Schilbach (1798–1851)
Blick von Schloß Heiligenberg bei Jugenheim auf die Rheinebene, 1846
Öl auf Leinwand, 45,5 x 59 cm
Bez. r. u.: H Schilbach 1846
Hamburger Kunsthalle, Inv. Nr. HK-1068
Lit.: Howoldt/Baur 1993, S. 186; Ausst. Kat. Darmstadt 2000, Nr. 90.

Anton Radl – Leben und Werk

Hilja Kemppainen, Birgit Sander

1774
Am 15. April kommt Anton Radl[1] als jüngstes von fünf Geschwistern – drei Brüdern, einer Schwester – in Wien als Sohn des Kutschers Johann Georg Radl und seiner Frau Eva, geborene Cortiquiss, zur Welt.[2]

1780–1788
Am 8. April 1782 heiratet seine Schwester Anna (geb. um 1760–1828) – im Beisein ihres Vaters – den Maler Franz Mayseder (1747–1823). Der Vater stirbt zu einem unbekannten Zeitpunkt danach. Radls Mutter, Tochter eines Bildhauers und Steinmetzen namens Dominik Cortiquiss[3], fördert die künstlerische Begabung ihres Sohnes Anton: Sie gibt ihm eine Bilderbibel, aus der er die Kupferstiche nachzeichnet, und besucht mit ihm die Galerie des Belvedere.[4] Radl trägt zum Lebensunterhalt bei, indem er als Gehilfe Malerarbeiten verrichtet.[5] Zweimal in der Woche soll er eine Zeichenakademie in Wien besucht haben, wo er Grundkenntnisse im Zeichnen erwirbt.[6] Vielleicht erteilt ihm auch sein Schwager, der Maler Franz Mayseder, der ebenfalls als Zimmermaler arbeitet, ersten künstlerischen Unterricht.

1789
Am 27. Oktober wird sein Neffe Joseph Mayseder (1789–1863) geboren, der als Geiger und Komponist Berühmtheit erlangt (Abb. 86).[7] Zu ihm hat der Künstler zeitlebens ein inniges Verhältnis, er wird einen Teil seines Nachlasses erben.

1790
Nach dem Ausbruch der Französischen Revolution werden alle jungen Männer in Österreich zum Militärdienst eingezogen. Da schon zwei ältere Brüder im Türkenkrieg vor Belgrad unter Kaiser Joseph II. (1741–1790) gefallen sind, schickt die Mutter den 16jährigen Anton vorsorglich nach Brüssel, damit er nicht rekrutiert wird.[8] In Brüssel lebt Radl bei einem Maler namens Kormer[9], der sich weder archivalisch noch lexikalisch nachweisen läßt. Kormer soll ein Freund seines Vaters gewesen sein, den jungen Radl aufgenommen und ihm künstlerischen Unterricht erteilt haben.

1792
Da Brüssel im November durch französische Truppen besetzt wird, ist Radl gezwungen, die Stadt zu verlassen. Er geht nach Aachen. Als im Dezember auch dort die französischen Truppen anrücken, flieht er erneut und begibt sich nach Köln.

1794
Sämtliche linksrheinischen deutschen Gebiete gelangen in französische Hand. Am Neujahrstag kommt der 20jährige Radl mittellos in Frankfurt an. Dank seiner „gewinnenden Persönlichkeit"[10] wird er im Hause des renommierten Kupferstechers und Verlegers Johann Gottlieb Prestel (1739–1808, Abb. 35) aufgenommen. Für die nächsten sechs Jahre lebt er in der Familie „wie ein Kind des Hauses".[11] Ebenso ist er gern gesehener Gast der Familie des Malers Johann Ludwig Ernst Morgenstern (1738–1819, Kat. Nr. 113), der – aus Thü-

Abb. 86
Blasius Höfel nach Louis Letronne: Joseph Mayseder, um 1815, Kupferstich, Privatbesitz

ringen stammend – neben seiner Tätigkeit als Maler, spezialisiert auf Kircheninterieurs, auch als Restaurator in der Stadt sehr geschätzt ist.[12] Sein Sohn Johann Friedrich Morgenstern (1777–1844, Kat. Nr. 117), ein Altersgenosse Radls, widmet sich der Landschaftsmalerei. Radl wird Schüler und Mitarbeiter Prestels, dessen gut gehender Verlag in der Allerheiligengasse auf druckgraphische Reproduktionen von Zeichnungen und Gemälden Alter Meister spezialisiert ist.[13] Über die Ausbildung bei Prestel, der selbst in Italien gelernt hatte, ist wenig bekannt, vermutlich umfaßte sie aber ein breites Spektrum: genaues Studium Alter Meister, Zeichnen nach Gipsabgüssen und nach der Natur sowie Vermittlung praktischer Kenntnisse in den druckgraphischen Techniken Radierung, Kupferstich und Aquatinta.[14] Radl arbeitet für den Verlag als Reproduktionsstecher und liefert eigene Vorlagen, die dann druckgraphisch umgesetzt werden.

1797

Die französischen Truppen greifen am 22. April Frankfurt an. Durch das rechtzeitige Herablassen des Fallgitters am Bockenheimer Tor kann eine Einnahme der Stadt vereitelt werden. Nach dem vier Tage zuvor geschlossenen Präliminarfrieden von Leoben, von dessen Abschluß man in Frankfurt noch nicht Kenntnis hatte, hätte ein solcher Angriff gar nicht erfolgen dürfen.[15] Radl hält das Ereignis in einer Gouache (Kat. Nr. 46) fest, die Prestels Tochter Ursula Magdalena[16] (1777–1845, Kat. Nr. 2, 121) in eine Druckgraphik umsetzt (Kat. Nr. 47). Die Präsenz französischer Truppen in und um Frankfurt, die sich auch in den folgenden Jahren mehrfach wiederholt (1806, 1809 und 1812), inspiriert den jungen Künstler zu Militärszenen (Kat. Nr. 48–55).[17]

1798

Von Radls bekanntester Militärszene, dem „Franzosen in der Fahrgasse" in Frankfurt, entsteht eine Fassung in Aquarell (Kat. Nr. 52) und eine in Gouache (Kat. Nr. 53), während die druckgraphische Umsetzung im Jahr 1806 erfolgt (Kat. Nr. 54). Radl reist zusammen mit Prestel und dessen Tochter Ursula Magdalena nach Söder in der Nähe von Hildesheim, um dort von den Werken der Kunstsammlung des Friedrich Moritz Freiherrn von Brabeck (1728–1814)[18] Zeichnungen anzufertigen, die als Grundlage druckgraphischer Reproduktionen dienen sollen.[19] Der kunstsinnige Graf unterstützt die Reproduktion von Gemälden mit dem Ziel der ästhetischen Geschmacksbildung. Das Kopieren nach Alten Meistern fördert Radls technisches Können (Abb. 87).[20]

1799

Am 8. Oktober 1799 wird die Tochter Ursula Magdalena aus der Verbindung mit Radls Lebensgefährtin Rosina Margaretha Hochschlitz (1770–1844) geboren.

Abb. 87
Anton Radl nach Aert van der Neer: Sonnenuntergang, Aquatinta, koloriert, Verlag Johann Gottlieb Prestel, Städel Museum, Frankfurt a. M., Graphische Sammlung

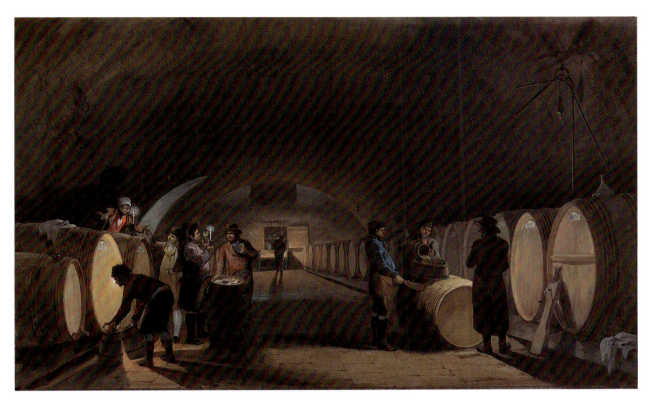

Abb. 88
Weinkeller der Firma Manskopf-Sarasin, um 1800, Gouache, Hessisches Landesmuseum Darmstadt, Graphische Sammlung

1800

Am 13. März stirbt die Tochter. Mit Senatsbeschluß vom 18. März erhält Radl das Bürgerrecht als Kupferstecher.[21] Am 1. April heiratet er die Frankfurterin Rosina Margaretha Hochschlitz, Tochter des Frankfurter Bürgers und Essighändlers Johann Matthias Hochschlitz, und gründet mit ihr einen eigenen Hausstand in der Friedberger Gasse.[22] Sie arbeitet als Graphikrestauratorin und als Druckerin farbiger Aquatintablätter ebenfalls in Prestels Atelier. Laut Passavant war Rosina Radl eine „gemüt- und talentvolle Frau, mit der er lange in glücklicher Ehe lebte".[23] Ihre sechs Kinder sterben alle im Säuglings- beziehungsweise Kleinkindalter. Radl beginnt, sich als selbständiger Künstler in Frankfurt zu etablieren. Am 20. Dezember wird Radls Sohn Christian Erdmann Gottlieb (1800–1811) geboren. Radl malt einige Gouachen, die Szenen mit französischem Militär darstellen (Kat. Nr. 48–51).

1801

Am 29. Dezember 1801 wird die Tochter Susanna Catharina (1801–1811) geboren. Eine Reise führt den Künstler nach Regensburg, vielleicht auch weiter in seine Heimatstadt Wien. Möglicherweise erfolgt anläßlich dieses Besuchs der Verkauf von Werken an den passionierten Sammler Herzog Albert von Sachsen-Teschen (1738–1822), in dessen Sammlung sich sechs Gouachen nachweisen lassen, darunter auch um 1800 entstandene Militärszenen (Kat. Nr. 6, 50, 51, Abb. 15, 16, 90). Von seinem Aufenthalt in Regensburg sind eine Gouache mit der Darstellung des Gartenpavillons der Bankiersfamilie Dittmer (Kat. Nr. 4), eine weitere mit dem Motiv einer „Strasse mit Gedenktafel in felsiger Gegend an der Donau"[24] sowie eine Druckgraphik mit der Ansicht Regensburgs erhalten, die von Johann Georg Reinheimer (1776–1820) gedruckt und verlegt wird.[25] Reinheimer, Kupferstecher und Kunsthändler, ist ebenfalls Prestel-Schüler, heiratet 1805 Prestels Tochter Ursula Magdalena und gibt verschiedene Blätter nach Vorlagen Radls heraus (Abb. 41), so auch nach der Szene „Weinkeller der Firma Manskopf-Sarasin" (Abb. 88).[26]

1802

Prestel bietet in seinem Katalog von 1802 Reproduktionen von Gemälden Alter Meister an.[27] Zum Verkauf stehen Aqua-

Anton Radl – Leben und Werk **265**

tinten nach beliebten niederländischen Meistern wie Jacob van Ruisdael (1628/29–1682) oder Aert van der Neer (1603–1677, Kat. Nr. 34).²⁸ Der Angebotskatalog umfaßt ebenso Druckgraphik mit Darstellungen der Schlösser und Ruinen von Hardenberg, Freudenberg, Hain und Bergen nach Vorlagen Radls, die er dann unter Anleitung Prestels in Aquatinta umsetzte (Kat. Nr. 36, 37, 40–42). Ebenfalls liefert er die Vorlagen für die angebotenen Ansichten der St. Galluswarte (Abb. 7), des Rödelheimer Schlosses (Kat. Nr. 35) und der Sachsenhäuser Warte (Kat. Nr. 44, 45), denen ein intensives Studium der alten Befestigungs- und Wallanlagen Frankfurts vorausging (Abb. 89).

1803

Am 9. März 1803 wird der Sohn Johann Georg (1803–1804) geboren; er stirbt gerade einjährig am 11. März 1804. Neben der Reproduktionsgraphik und der Erstellung von Vorlagen für den Verlag Prestel wendet sich Radl nun zunehmend der Gouache- und Ölmalerei zu. In den folgenden Jahren entstehen Gouachen, die Ideallandschaften (Kat. Nr. 3, 6, Abb. 15, 16, 90) ebenso wie heimische Motive zeigen (Kat. 5, 10, 11, Abb. 91). Neben diesen Landschaftsdarstellungen widmet er sich auch Genredarstellungen – Apfelweinwirtschaften, Kirchweih- und Kirmesszenen (Kat. Nr. 7–9, Abb. 12). Er verarbeitet in seinen Kompositionen Anregungen der ideal-klassizistischen Landschaftstradition, der niederländischen Malerei des 17. Jahrhunderts ebenso wie der lokalen Landschaftsmalerei des 18. Jahrhunderts (Abb. 92).

1805

Am 12. Januar 1805 kommt die Tochter Anna Philippina Magdalena zur Welt. Sie stirbt allerdings nach zwei Wochen.

1806

Carl von Dalberg (1744–1814) wird Fürstprimas des Rheinbundes und souveräner Fürst von Frankfurt. Während seiner Regierungszeit werden die alten Befestigungsanlagen der Stadt geschleift. Dalberg fördert Handwerk, Handel und bildende Kunst.²⁹ Am 10. April wird Radls Sohn Johann Philipp geboren, doch stirbt er bereits am 16. November. Prestel gibt einen nun umfänglicheren Katalog der von ihm vertriebenen Drucke heraus. Zu den bisher genannten Schloß- und Ruinendarstellungen kommen Steinheim (Abb. 36) und Henneberg (Kat. Nr. 39) hinzu, jedoch waren noch weitere Motive ähnlicher Art im Angebot (Abb. 93).³⁰ Unter den Reproduktionsgraphiken nach Alten Meistern mit Beteiligung Radls werden nun auch „Die Bärenjagd" nach Franz Snyders (1579–1657, Kat. Nr. 33) sowie „Un boeuf blanc" nach Paulus Potter (1625–1654, Kat. Nr. 32) aufgeführt.³¹ Die Drucke können unkoloriert ebenso wie in unterschiedlichen Arten der Kolorierung erworben werden (Gouache, Öl). Prestel zielt mit diesem differenzier-

Abb. 89
Blick auf das Affentor in Sachsenhausen, Aquarell, Graphit, Galerie Joseph Fach, Frankfurt a. M.

Abb. 90
Tümpel im Wald, Gouache,
ALBERTINA, Wien

Abb. 91
Ruine Klingenberg am Main,
Gouache, Privatbesitz

ten Angebot auf unterschiedliche Käuferwünsche eines gebildeten Sammlerpublikums, das sich in Ermangelung kostspieliger Gemäldesammlungen auf Reproduktionen verlegt. Er preist Radls Talent und prophezeit ihm eine große Zukunft.[32]

1807
Aus diesem Jahr ist Radls erstes datiertes Ölgemälde „Waldeingang" (Abb. 10) überliefert, das eine rastende Familie vor einem Wald darstellt.[33] Die Komposition wiederholt das Motiv einer 1801 datierten Gouache (Abb. 25).

Abb. 92
Mühle am Wasser, Aquarell, Graphit, Privatbesitz

Abb. 93
Ruine Stauffen, Aquatinta, Verlag Johann Gottlieb Prestel, Städel Museum, Frankfurt a. M., Graphische Sammlung

1808

Der Darmstädter Kabinettsekretär Ernst Christian Friedrich Adam Schleiermacher (1755–1844) erwirbt für die Darmstädter Gemäldegalerie mit dem Gemälde „Waldeingang" von 1807 eine zweite Fassung dieses Themas in Öl.[34] In den kommenden Jahren werden weitere Gemälde für die Darmstädter Sammlung erworben, die 1820 öffentlich zugänglich gemacht wird.[35] Ihr Erwerb belegt das Interesse an zeitgenössischer Landschaftskunst mit heimatlichen Motiven. Prestel stirbt am 5. Oktober 1808. In diesen und den fol-

Abb. 94
Anton Radl nach Giorgio Fuentes: Le Souterrain, Szene aus der Oper „Camilla" von Ferdinando Paer, Aquatinta, koloriert, Freies Deutsches Hochstift – Frankfurter Goethe-Museum

genden Jahren entstehen Darstellungen von Theaterdekorationen, die Radl als Gouachen beziehungsweise als aufwendig kolorierte Aquatinten (Abb. 94, Kat. Nr. 56–59), zum Teil mit Widmungen – unter anderem an den Fürstprimas des Rheinbundes Carl von Dalberg (Kat. Nr. 57) – selbst herausgibt und vertreibt.[36] Als Vorlagen dienen ihm Werke des Theatermalers Giorgio Fuentes (1756–1821), der zwischen 1796 und 1800 am Frankfurter Stadttheater wirkte und dessen Entwürfe vom Frankfurter Theaterpublikum begeistert aufgenommen worden waren.[37] Zudem arbeitet Radl für den Verlag von Friedrich Wilmans (1764–1830, Kat. Nr. 78).[38] Der aus Bremen stammende Verleger, Buch- und Kunsthändler, der seit 1802 in Frankfurt lebt und arbeitet, verlegt Belletristik sowie Sachbücher, sollte sich aber immer stärker auch als Kunstverleger engagieren.[39] Radl beginnt seine Mitarbeit zunächst als Reproduktionsstecher. Sein erster Auftrag ist eine Folge von Rheinansichten nach Vorlagen von Christian Georg Schütz d. J. (1758–1823, Kat. Nr. 79, Abb. 45, 46) aus den Jahren 1807 bis 1813, die er in Aquatinta umsetzt. Ansichtsdarstellungen und Reiseliteratur erleben angesichts des wachsenden Tourismus immer stärker Konjunktur.

1810–1813
Carl von Dalberg wird von Napeleon zum Großherzog von Frankfurt mit der Herrschaft auch über Wetzlar, Aschaffenburg, Teile des Bistums Fulda und der Grafschaft Hanau ernannt. Er fördert die bildenden Künste in Frankfurt durch Schenkungen an die Frankfurter Museumsgesellschaft sowie durch Ankäufe und Aufträge an zeitgenössischer Kunst.[40] Von Radl erwirbt er die Gemälde „Felsenlandschaft mit Wasserfall und Einsiedler" (Kat Nr. 12) und „Waldlandschaft (Kuhruhe an der Babenhäuser Chaussee)" (Kat. Nr. 13).[41]

1811
Am 11. Januar stirbt die Drittgeborene Susanna Catharina und am 30. August der Zweitgeborene Christian Erdmann Gottlieb.

1813
Nach der Schlacht bei Hanau am 30./31. Oktober machen die französischen Truppen vor Frankfurt halt. Napoleon wird im Landhaus der Bethmanns vor dem Friedberger Tor empfangen. Anstatt die Stadt anzugreifen, schont Napoleon Frankfurt und zieht mit seinen Truppen am nächsten Tag weiter.

1814
Mit der Absetzung Napoleons findet auch die Regierung Dalbergs ihr Ende. Der Wiener Kongreß beginnt. Der spätere Radierer und Lithograph Johann Nikolaus Hoff (1798–1873) besucht gelegentlich Radl (Abb. 95) und entschließt sich, Kupferstecher zu werden. Seine weitere Ausbildung absolviert er bei dem Maler und Kupferstecher Johann Adam Prestel (1775–1818), Sohn Johann Gottlieb Prestels.[42]

1815/16
Durch Beschluß des Wiener Kongresses wird Frankfurt wieder Freie Reichsstadt. Goethe sieht bei seinem Besuch in Frankfurt im September Werke von Radl in der Sammlung des Juristen Johann Georg Grambs (1756–1817).[43] Grambs besitzt eine Reihe von Gouachen und Aquarellen Radls mit Landschafts- und Genremotiven, die er nach seinem Tod dem Städelschen Kunstinstitut vermacht. Radls Schülerin Anna Rosina, genannt Rosette Städel, geborene Willemer (1782–1845)[44], schenkt Goethe zum Geburtstag mit dem Motiv einer Zeichnung ihres Lehrers Radl (Kat. Nr. 97). Das Blatt zeigt die Ansicht Frankfurts von der Gerbermühle aus, dem Wohnsitz der Familie Willemer, in dem Goethe 1814 und 1815 bei seinen Frankfurtbesuchen zu Gast war. Der Dichter findet Gefallen an dem Motiv und läßt davon in Weimar Nachdrucke herstellen, die er zu seinem 67. Geburtstag 1816 mit eigenhändigen Versen an Freunde versendet (Abb. 24).[45] Goethe und Radl scheinen sich in Frankfurt nicht persönlich begegnet zu sein. Die Darmstädter Galerie erwirbt von Radl das Gemälde „Das Eppsteiner Tal" von 1815 (Kat. Nr. 61).[46]

1816
Radl unternimmt eine Reise in seine Heimatstadt Wien.[47] Goethes Schrift „Über Kunst und Altertum in den Rhein= und Main=Gegenden" erscheint, in der er die Eindrücke seiner Rhein-Main-Neckar-Reisen der Vorjahre niedergelegt hat.[48] Über seine Vaterstadt Frankfurt und über die dortige Kunstpflege äußert er sich positiv. Unter den zeitgenössischen Frankfurter Künstlern hebt er Christian Georg Schütz d. J. (Kat. Nr. 112) und Radl besonders hervor. Die Landschaften Radls in der Sammlung von Grambs[49] erwähnt er lobend als „höchst schätzbare Aquarellzeichnungen […], Gegenden um Frankfurt sowie anmutige Täler

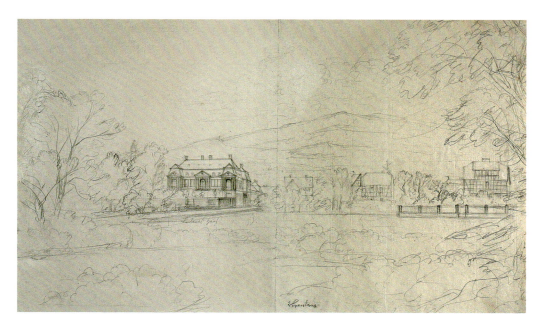

Abb. 95
Das Haus von Clemens Brentano in Bockenheim, Graphit, Galerie Joseph Fach, Frankfurt a. M.

Abb. 96
Friedrich August Schmidt nach Anton Radl: Frankfurtansicht von Südwesten, 1819, Radierung, Kupferstich, Verlag Friedrich Wilmans, Historisches Museum, Frankfurt a. M., Graphische Sammlung

des Taunusgebirges vorstellend, welche, obgleich nach der Natur gezeichnet, doch an geschmackvoller Wahl des Gegenstandes, an kunstmäßiger Austeilung von Licht und Schatten sowie der Farbe nichts zu wünschen übriglassen."[50]

1817

Die Senckenbergische Naturforschende Gesellschaft errichtet eine naturgeschichtliche Sammlung und das Städelsche Kunstinstitut wird nach dem Tod Johann Friedrich Städels (1728–1816) gegründet. Beide Institutionen stehen in der Frankfurter Tradition bürgerlichen Mäzenatentums. Radl ist in den kommenden Jahren intensiv mit Arbeiten für Friedrich Wilmans, dessen Verlag von 1816 bis 1822 als Gebrüder Wilmans firmiert, beschäftigt. Er arbeitet an Vorlagen für Buchillustrationen eines zweibändigen Werkes über die Freie Reichsstadt Frankfurt a. M. (Kat. Nr. 80a–d). Er erkundet intensiv die Umgebungen Frankfurts, den Taunus, das Lahntal. In den folgenden Jahren entstehen Gouachen mit topographischen Motiven dieser Regionen (Kat. Nr. 65–74). In Wilmans Auftrag bereist er die Hansestädte Bremen, Lübeck und Hamburg und zeichnet vor Ort Ansichtsmotive, die als Vorlagen für Illustrationen historisch-topographischer Bücher über diese drei Städte dienen sollen (Kat. Nr. 81–83).[51]

1818

Erneut kann Radl mit dem Werk „Ruine Falkenstein im Taunus" (Kat. Nr. 64) von 1817 ein Gemälde an die Darmstädter Galerie verkaufen.[52] Im Verlag Wilmans erscheint das zweibändige Werk „Ansichten von Frankfurt am Main" mit insgesamt 25 Kupferstichen nach Motiven von Radl (Kat. Nr. 80a–c).[53] Der Autor, Pfarrer, Pädagoge und Stadthistoriker Anton Kirchner (1779–1834) schätzt das künstlerische Talent Radls höher als das seines Lehrers Prestel ein.[54] Kirchner lobt Radls Aquatinten nach Aert van der Neer, Giorgio Fuentes und Christian Georg Schütz d. J., seine Genredarstellungen sowie seine naturgetreuen Landschaftsschilderungen: „Radl's Baumschlag hat eine eigenthümliche Kraft, die Zusammenstellung seiner Gruppen ist anmuthig, seine Aufnahme der Natur getreu."[55] Die historisch-topographischen Beschreibungen Frankfurts ebenso wie die folgenden Bände über die Hansestädte Bremen, Lübeck und Hamburg entsprechen der Publikumsnachfrage: Im Zuge des seit 1815 in der Stadt am Main tagenden Bundestags ist die Nachfrage nach Frankfurtansichten und -büchern gestiegen. Der Sonderstatus als Freie Reichsstadt, den der Wiener Kongreß auch den Hansestädten Hamburg, Bremen und Lübeck wiederverliehen hatte, bedingt ebenfalls erhöhte Aufmerksamkeit.

Abb. 97
Marianne von Willemer, Pastellkreide, Klassik Stiftung Weimar, Graphische Sammlungen, Weimar

1819

Wilmans gibt eine Reihe von Stichen nach Radls Ansichten in Nassau (Kat. Nr. 84, 86–93) heraus.[56] Ebenfalls erscheinen in diesen Jahren im Verlag Wilmans nach Vorlagen von Radl Drucke mit Ansichten Frankfurts (Kat. Nr. 15, Abb. 96) und Taunusmotiven (Kat. Nr. 86–93). Radl wird nicht nur als Künstler, sondern auch als Kunstsachverständiger in Frankfurt geschätzt. So tritt er im Versteigerungskatalog der Sammlung des Kaufmanns Heinrich Zunz – neben seinen Malerkollegen Christian Georg Schütz d. J. und Johann Friedrich Morgenstern – als Gutachter auf. Der Katalog bezeichnet Radl als „Maler und Kupferstecher".[57] Der Bankier Johann Jacob Willemer (1760–1838, Abb. 98) und seine Frau Marianne von Willemer (1784–1860, Abb. 97) schenken Goethe zu Weihnachten zwei Porträts, die Radl in Pastellkreide ausgeführt hat.[58]

1820

Radl erhält Besuch von seinem Wiener Neffen Joseph Mayseder und schenkt ihm zwei – heute verschollene – Gemälde.[59]

1822

In Wilmans Verlag erscheinen die Bücher „Ansichten der Freien Hansestadt Lübeck und ihrer Umgebungen" (Kat. Nr. 81) und „Ansichten der Freien Hansestadt Bremen und ihrer Umgebungen" (Kat. Nr. 82) mit jeweils 16 Kupferstichen nach Motiven von Radl. Er nimmt Johann Rosenkranz (1801–1851, Kat. Nr. 124, Abb. 3) als Schüler auf.[60] Rosenkranz orientiert sich motivisch und stilistisch an den Landschaftsdarstellungen Radls. Wie sein Lehrer arbeitet auch er für den Verlag Wilmans: Nach seinen Aquarellvorlagen erscheinen 24 kolorierte Kupferstiche mit Ansichten von Taunusbädern.[61] Auch der Freund von Rosenkranz, Ludwig Christian Wagner (1799–1839, Kat. Nr. 122, 123, Abb. 99), wird Schüler bei Radl und widmet sich Landschaftsmotiven an Main und Lahn.[62]

1823

Radl schickt ein Bild, das sein „Lieblingsthal Cronenberg" zeigt, an Goethe nach Weimar.[63] In seinem Begleitschreiben bittet er den Dichter, bei der Vermittlung des Bildes behilflich zu sein. Der Wunsch, einen Käufer für sein Gemälde in Weimar zu finden, bleibt jedoch unerfüllt. Radls Schwager Franz Mayseder stirbt am 3. Oktober in Wien.

Abb. 98
Johann Jacob Willemer, Pastellkreide, Klassik Stiftung Weimar, Graphische Sammlungen, Weimar

Abb. 99
Ludwig Christian Wagner: Fachwerkhaus an einem Bach, Aquarell, Graphit, Privatbesitz

1825

Mit der befreundeten Familie Louis Gontard reist Radl nach Baden-Baden.[64] Er fertigt Skizzen der Stadt und vom Schwarzwald, nach denen dann in Frankfurt Gemälde entstehen, so der Blick auf Baden-Baden (Kat. Nr. 20) von 1829 und das Gemälde „Wasserfall" (Kat. Nr. 19) von 1835, das vermutlich einen der Triberger Wasserfälle darstellt.[65] Der Darmstädter Kabinettsekretär Schleiermacher erwirbt die Gemälde „Taunuslandschaft mit Kronberg" (Kat. Nr. 72) von 1823 und „Taunuslandschaft mit Königstein" von 1825 (Kat. Nr. 73) für die Großherzogliche Galerie.[66]

1827

Radl soll sich längere Zeit bei dem hessischen Geheimrat und Diplomaten Isaac von Gerning in dessen Landhaus „Tauninum" in Kronberg aufgehalten haben (Abb. 67).[67] Goethe erwähnt die Sammlung von Gerning in der Abhandlung „Über Kunst und Altertum in den Rhein= und Main=Gegenden": „Herr von Gerning verwahrt ein Museum von vielartigen Schätzen, welche, in größere Räume verteilt, die Freude und Bewunderung eines jeden Liebhabers und Kenners noch mehr erregen würden, als gegenwärtig wo in einer Privatwohnung nicht jedem Gegenstande Gerechtigkeit widerfahren kann."[68]

Radl ist auf der Herbstmesse „in dem Locale der Frankfurtischen Gesellschaft zur Beförderung nützlicher Künste und deren Hülfswissenschaften (ehemaligen St. Catharinen-Kloster)" mit zehn Werken vertreten, darunter auch die beiden Gemälde der Frankfurter Museumsgesellschaft (Kat. Nr. 12, 13).[69]

1828

Radls Schwester Anna stirbt am 1. September in Wien.

1829

Das Gemälde „Waldlandschaft" (Kat. Nr. 23) entsteht, das in die Großherzogliche Gemäldegalerie Darmstadt gelangt[70] und später von Autoren wie Passavant und Gwinner viel Lob erhält.[71] Im Anhang zu einem Mainpanorama publiziert Wilmans eine Aufstellung der in seinem Verlag erschienenen Reiseliteratur und druckgraphischen Ansichtsfolgen. Den Käuferwünschen entsprechend bietet auch er – ähnlich wie Prestel – Aquatinten und Kupferstiche in unkolorierter ebenso wie in unterschiedlichen Arten der Kolorierung an.[72]

1830

Friedrich Wilmans stirbt. Sein Verlag wird bis 1839 von seiner Witwe weitergeführt.

1832

Radl malt das Ölgemälde auf Kupfer „Landschaft mit Herde" (Abb. 100), das zunächst in die Sammlung des Großkaufmanns und Ratsherrn Friedrich Wilhelm Brederlo (1779–1862) und später in den Besitz der Städtischen Gemäldesammlung in Riga gelangt.[73] Außerdem entsteht das Gemälde „Motiv aus dem Frankfurter Wald" (Kat. Nr. 24), das der Frankfurter Sammler und Kunsthistoriker Philipp Friedrich Gwinner (1796–1868) erwirbt und nach dessen Tod in das Städelsche Kunstinstitut gelangt.[74]

Um 1835

Radls langjähriger Traum, in die Schweiz zu reisen, erfüllt sich zu einem nicht genau bekannten Zeitpunkt, vermutlich in

Abb. 100
Landschaft mit Herde 1832, Öl auf Kupfer, The Museum for Foreign Art, Riga

Abb. 101
Partie im Lorsbacher Tal im Taunus, Öl auf Leinwand, Städel Museum, Frankfurt a. M.

Abb. 102
Drachenfels, 1844, Öl auf Leinwand, Privatbesitz

den 1830er Jahren. Nur wenige künstlerische Zeugnisse sind von dieser Reise erhalten (Kat. Nr. 26, 27, 108).[75] In den 1830er Jahren entstehen einige kleinformatige Waldlandschaften (Kat. Nr. 25, 29, 30, Abb. 101).

1835
Briefen Radls an die Malerin Sophia Augusta von Gontard (1800–1867) vom 16. Februar 1835 und an die Familie Holzhausen vom 2. November 1844 ist zu entnehmen, daß er auch Einkünfte durch die Anfertigung von Passepartouts hat und im Auftrag ebenfalls Rahmungen und Verglasungen von Kunstwerken vornimmt.[76]

1836
Radls Frau Rosina erleidet einen Schlaganfall und verliert daraufhin ihr Augenlicht. Wegen ihrer Erblindung und Geistesverwirrung widmet sich Radl vermehrt häuslichen Pflichten. Während der langjährigen Krankheit seiner Frau bietet die Mitgliedschaft in der Gesellschaft des Frankfurter „Liederkranzes" Ausgleich und Ablenkung.[77] Obwohl kein begnadeter Sänger, nimmt die Gesellschaft ihn als Ehrenmitglied auf.[78] Für besondere Anlässe der Gesellschaft malt Radl dekorative Transparente.[79] Im Verlagskatalog der Firma Wilmans aus diesem Jahr ist das Angebot an Reiseliteratur und druckgraphischen Ansichtsblättern noch erweitert. Die Kupferdrucke der Buchillustrationen nach Radl werden nun auch auf größerem Papier, „zu Zimmerverzierungen geeignet", angeboten.[80]

1839
Die Darmstädter Galerie erwirbt mit dem Werk „Wasserfall" von 1835 (Kat. Nr. 19) erneut ein Gemälde des Künstlers.[81]

1842
Ein Zeichen für Radls Etablierung als anerkannter Künstler ist der Beitrag in dem Künstlerlexikon von Georg Kaspar Nagler. Der Text erwähnt lobend seine Landschaftsdarstellungen in Aquarell und Gouache, die „überhaupt in geschmackvoller Behandlung und in malerischer Wirkung nichts zu wünschen übrig lassen".[82] Aber auch die Zeichnungen und die Kupferstiche sind „vortrefflich".[83] Mit Bedauern wird erwähnt, daß der Künstler keine Zeit mehr „zu solchen angenehmen Studien" habe, da er Aufträge für größere Ölgemälde ausführe.[84]

1843
Am 17. Dezember wird von der Frankfurter Bürgerschaft und seinen Malerkollegen – namentlich überliefert sind Jo-

Abb. 103
Philipp Rumpf: Maler Anton Radls Vorplatz, 1846, Gouache, Städel Museum, Frankfurt a. M., Graphische Sammlung

seph Nikolaus Peroux (1771–1849), Dr. Heinrich Hoffmann (1809–1894), Moritz Daniel Oppenheim (1800–1882), Friedrich Maximilian Hessemer (1800–1860) – im Augsburger Hof ein Künstlerfest zu Ehren Radls veranstaltet.[85] Seine ehemaligen Schülerinnen, darunter Rosa Gontard und eine Tochter der Familie Holzhausen, schenken ihm einen Silberpokal von Johann Friedrich Hessenberg (1810–1874), gefertigt nach einer Zeichnung von Karl Ballenberger (1801–1860). Bei diesem Fest wird auch „des Künstlers sehr ähnliches Bildnis" von Ursula Magdalena Reinheimer prominent präsentiert (Kat. Nr. 2).[86] Als weiteres Dokument zeitgenössischer Wertschätzung gilt die Verleihung der Medaille für Kunst und Wissenschaft durch den preußischen König.

1844
Am 17. Januar stirbt Radls Frau. Aus diesem Jahr stammt Radls letztes datiertes Gemälde mit dem Motiv des Drachenfels, das er in Öl auf Kupfer ebenso wie in Öl auf Leinwand ausführt (Kat. Nr. 31, Abb. 102).

1848
Radl wird von seiner Wohnung und seinem Atelier aus in der Friedbergergasse Zeuge heftiger, blutiger Straßenkämpfe der 1848er Revolution (Abb. 103).[87]

Um 1850
Radl gibt seinem Großneffen Wilhelm Amadeus Beer (1837–1907) Privatunterricht, der danach bis 1852 im Städelschen Institut Schüler unter Jakob Becker (1810–1872) und Edward Steinle (1810–1886) wird. Anders als Rosenkranz und Wagner, deren Werk sich sehr an dem Schaffen ihres Lehrers orientiert, wendet sich Beer mit seinen zahlreichen Darstellungen des russischen Volkslebens gänzlich anderen Motiven zu. Beer, der 1899 zum Professor am Städelschen Kunstinstitut ernannt werden wird, wird gemeinsam mit Radls Neffen, Joseph Mayseder, den Nachlaß Radls erben.[88]

1852
Radl stirbt am 4. März in Frankfurt. Der Städel-Inspektor (1840–1861) Johann David Passavant (1787–1861), ein Freund Radls, verfaßt den Nachruf, den das „Frankfurter Konversationsblatt" veröffentlicht.[89]

1862
Philipp Friedrich Gwinner, Senator und Syndikus, veröffentlicht sein Hauptwerk „Kunst und Künstler in Frankfurt am Main vom 13. Jahrhundert bis zur Eröffnung des Städelschen Kunstinstituts".[90] In seinem Beitrag über Anton Radl hebt Gwinner „die einfachen Tusche- und Sepiazeichnungen" hervor, die nach seiner Meinung ganz frei von Mangel sind und „welche durch die Vortrefflichkeit und Zartheit des Pinsels oft wahrhaft überraschen".[91] Der Autor lobt aber auch die Landschaftsaquarelle, die „seine größte Stärke" seien.[92]

1902
Anläßlich der 50. Wiederkehr seines Todesjahres veranstaltet der Frankfurter Kunstverein die erste Radl-Retrospektive mit 147 Werken.[93] Radls Großneffe Wilhelm Amandus Beer veröffentlicht einen Nachruf.[94]

1906
Das Gemälde „Waldlandschaft mit Brückchen" (Kat. Nr. 25) von Radl ist in Berlin in der Jahrhundertausstellung Deutscher Kunst ausgestellt.[95]

1931
Das Gemälde „Waldeingang" aus dem Hessischen Landesmuseum Darmstadt wird in der Ausstellung „Werke deutscher

Romantiker von Caspar David Friedrich bis Moritz von Schwind" im Münchner Glaspalast gezeigt und verbrennt am 6. Juni 1931.

1952
Das Städelsche Kunstinstitut zeigt zum 100. Todestag Radls eine Ausstellung mit Werken aus eigenem Besitz, aus den Beständen des Historischen Museums und des Hessischen Landesmuseums Darmstadt.[96]

1995
Die Frankfurter Sparkasse 1822 widmet ihren Jahreskalender dem künstlerischen Schaffen Anton Radls.

1   Die Schreibweise des Nachnamens in den archivalischen Quellen variiert wie folgt: „Radl", „Radel", „Rad'l". Radl selbst signierte sowohl mit „Rad'l" als auch mit „Radl". Die Zusammenstellung der biographischen Daten basiert im wesentlichen auf Schriften, die zu Lebzeiten beziehungsweise von Zeitgenossen Radls veröffentlicht wurden und sich auf eigene Aussagen des Künstlers stützen. Archivalisches Material bilden die Briefe Radls, verzeichnet in: http://kalliope.staatsbibliothek-berlin.de (zugegriffen am 8.2.2008). Einen Brief Radls an den Wiener Komponisten Joseph Mayseder (1789–1863) vom 8.6.1846 bewahrt die Österreichische Nationalbibliothek, Autograph 31/137-3. Einen Brief an einen unbekannten Adressaten verwahrt die Wienbibliothek, Handschriftenabteilung. Die Nachlaßakte Radl verwahrt das Institut für Stadtgeschichte, Frankfurt a. M, Nachlaßakte 1852/300.
Zu Anton Radl vgl. Johann Georg Meusel: Teutsches Künstler-Lexikon, Bd. 2, 2. Aufl. Lemgo 1809, S. 166; G[eorg]. K[aspar]. Nagler: Künstler-Lexikon, Bd. 12, München 1842, S. 188f.; [Unbekannter Verfasser:] Anton Radl, in: Didaskalia, Nr. 345, Freitag, 15.12.1843; [Unbekannter Verfasser:] Künstlerfest zu Ehren des Malers Anton Radl. Am 17. Dezember 1843, in: Frankfurter Konversationsblatt, Nr. 356, Mittwoch 27.12.1843, ebd., Nr. 357, Donnerstag, 28.12.1843; [Unbekannter Verfasser:] Künstlerfeste, in: Kunstblatt Nr. 9, Dienstag, 30.1.1844; Johann David Passavant: Anton Radl, der Landschaftsmaler, ein Gedenkblatt, in: Frankfurter Konversationsblatt, Nr. 62, 12.3.1852, S. 247f. und Nr. 63, 13.3.1852, S. 251f.; [Unbekannter Verfasser:] Der Landschaftsmaler Anton Radl (Geboren den 15. April 1774 zu Wien; gestorben den 4. März 1852 zu Frankfurt.), in: Didaskalia, Nr. 67, Donnerstag, 18.3.1852; Wilhelm von Waldbrühl: Anton Radl, in: Neuer Nekrolog der Deutschen, 30. Jg., 1852, I. Teil, Weimar 1854, Nr. 43, S. 141–145; Ph.[ilipp] Friedrich Gwinner: Kunst und Künstler in Frankfurt am Main vom dreizehnten Jahrhundert bis zur Eröffnung des Städel'schen Kunstinstituts, Frankfurt a. M. 1862, S. 444–451; Constant von Wurzbach: Biographisches Lexikon des Kaiserthums Oesterreich, enthaltend die Lebensskizzen der denkwürdigen Personen, welche seit 1750 in den österreichischen Kronländern geboren wurden oder darin gelebt und gewirkt haben, Bd. 24, Wien 1872, S. 202–205; Friedrich von Boetticher: Malerwerke des 19. Jahrhunderts. Beitrag zur Kunstgeschichte, 4 Bde., Dresden 1891–1901, 2. unveränderter Nachdruck der Ausg., Hofheim a. T. 1974, Bd. II,1, S. 342f.; Heinrich Weizsäcker, Albert Dessoff: Kunst und Künstler in Frankfurt am Main im neunzehnten Jahrhundert, hg. v. Frankfurter Kunstverein, 2 Bde., Frankfurt a. M. 1907/09, Bd. 2, S. 113; Ulrich Thieme, Felix Becker: Allgemeines Lexikon der Bildenden Künstler von der Antike bis zur Gegenwart, Bd. 27, Leipzig 1933, S. 549f.; August Wiederspahn, Helmut Bode: Die Kronberger Malerkolonie. Ein Beitrag zur Frankfurter Kunstgeschichte des 19. Jahrhunderts, 3. Aufl. Frankfurt a. M. 1982, S. 29, 262, 585–588, 656; G.[eorg] Wacha: Anton Radl, in: Österreichisches Biographisches Lexikon 1815–1950, Bd. 8, Wien 1983, S. 377; Wolfgang Klötzer (Hg.): Frankfurter Biographie. Personalgeschichtliches Lexikon, Bd. 2, Frankfurt a. M. 1994/96, S. 162f.; Anton Radl (1774–1852), Kunstkalender der Frankfurter Sparkasse von 1822 mit einer Einführung von Christa von Helmolt, Frankfurt a. M. 1995.

2   Nagler 1842 (wie Anm. 1), S. 188, gibt vage als Geburtsjahr „um 1775" an; Gwinner 1862 (wie Anm. 1), S. 444, gibt irrtümlich als Geburtstag den 16.4. an. Nach der biographischen Literatur, die sich auf Radl selbst beruft, arbeitet der Vater als Anstreicher und Dekorationsmaler. Die archivalischen Quellen nennen jedoch Kutscher als Beruf des Vaters. Vgl. Nachlaßakte Radl, Institut für Stadtgeschichte Frankfurt a. M., Nachlaßakte 1852/300; Eugen Hellsberg: Joseph Mayseder (1789–1863), Diss. Wien 1955, Bd. 1, S. 9.

3   Hellsberg 1955 (wie Anm. 2), S. 9.

4   Passavant 1852 (wie Anm. 1), S. 247; Gwinner 1862 (wie Anm. 1), S. 444.

5   Gwinner 1862 (wie Anm. 1), S. 444, bezeichnet die Tätigkeiten des Gewerbes als „Coloriren und Zimmermalerei"; Weizsäcker/Dessoff 1907/09 (wie Anm. 1), Bd. 2, S. 113; Klötzer 1994/96 (wie Anm. 1).

6   In der Akademie der Bildenden Künste in Wien läßt sich Radl nicht als Schüler nachweisen; frdl. Auskunft von Dr. Monika Knofler und Ferdinand Gutschi, Akademie der bildenden Künste Wien.

7   Hellsberg 1955 (wie Anm. 2), S. 8.

8   Passavant 1852 (wie Anm. 1), S. 247.

9   Ebd.; Gwinner 1862 (wie Anm. 1), S. 445; Emannuel Bénézit: Dictionnaire critique et documentaire des Peintres, Sculpteurs, Dessinateurs et Graveurs de tous les temps et de tous les pays. Nouvelle Èdition, 1966, Bd. 7, S. 89, bezeichnet Radl als «élève de Kermer», jedoch läßt sich ein gleichnamiger Künstler nicht nachweisen.

10 Gwinner 1862 (wie Anm. 1), S. 445.

11 Ebd.

12 Passavant 1852 (wie Anm. 2), S. 247; Gwinner 1862 (wie Anm. 1), S. 445. Zur Malerfamilie Morgenstern vgl. Die Frankfurter Malerfamilie Morgenstern in fünf Generationen, Ausst. Kat. Museumsgesellschaft Kronberg e. V., Frankfurt a. M. 1982; Bürgerliche Sammlungen in Frankfurt 1700–1830, Ausst. Kat. Historisches Museum, Frankfurt a. M. 1988, S. 123ff.; Die Frankfurter Malerfamilie Morgenstern, Ausst. Kat. Freies Deutsches Hochstift – Frankfurter Goethe-Museum, Frankfurt a. M. 1999/2000.

13 Siehe hierzu den Beitrag von Claudia-Alexandra Schwaighofer in dieser Publikation. Zu Prestel vgl. Anton Kirchner: Ansichten von Frankfurt am Main und seiner Umgegend, 2 Bde., Frankfurt a. M. 1818, Reprint Frankfurt a. M. 1982, Bd. 1, S. 305; Gwinner 1862

(wie Anm. 1), S. 367; Ernst Rebel: Faksimile und Mimesis. Studien zur deutschen Reproduktionsgraphik des 18. Jahrhunderts (=Studien und Materialien zur kunsthistorischen Technologie, Bd. 2), Diss. Mittenwald 1981, S. 83–113; Claudia Schwaighofer: Das druckgraphische Werk der Maria Katharina Prestel (1747–1794), Magisterarbeit München 2003, insb. S. 12; Claudia-Alexandra Schwaighofer: Die Kunst der Nachahmung. Dürer, Carracci und Parmigianino in den Reproduktionsgraphiken der Nürnbergerin Maria Katharina Prestel (1747–1794), Stuttgart 2006; dies.: „Eine tüchtige, ihrem Gatten helfende Frau"? Die Grafikerin Maria Katharina Prestel, in: Blickwechsel. Frankfurter Frauenzimmer um 1800, hg. v. Ursula Kern, Ausst. Kat. Historisches Museum, Frankfurt a. M. 2007, S. 31–39.

14 Am Ende des 18. Jahrhunderts waren die Prestels eine der berühmtesten Firmen für Reproduktionsgraphik in Deutschland. Die Prestel-Drucke waren in Mode – zwischen 1770 und 1814 sollen circa 600 Drucke erschienen sein; vgl. Ausst. Kat. Frankfurt 1988 (wie Anm. 12), S. 116; Schwaighofer 2007 (wie Anm. 13, S. 31–39).

15 Waldemar Kramer (Hg.): Frankfurt Chronik, Frankfurt a. M. 1964, S. 246.

16 Ursula Magdalena Prestel heiratet 1805 den Kunsthändler und Kupferstecher Johann Georg Reinheimer (1776–1820), der wie sie in der Werkstatt ihres Vaters tätig ist. Sie arbeitet als Kupferstecherin ebenso wie als Porträt-, Blumen- und Landschaftsmalerin. Vgl. Gwinner 1862 (wie Anm. 1), S. 376ff.; Weizsäcker/Dessoff 1907/09 (wie Anm. 1), Bd. 2, S. 117f.; Zwischen Ideal und Wirklichkeit. Künstlerinnen der Goethe-Zeit zwischen 1750 und 1850, hg. v. Bärbel Kovalevski, Ausst. Kat. Schloßmuseum Gotha, Rosgartenmuseum Konstanz, Ostfildern-Ruit 1999, S. 292; Dagmar Gambichler: Malerinnen und Kupferstecherinnen des Rhein-Main-Gebietes von 1780 bis 1850. Ausbildung und künstlerisches Schaffen zwischen Profession und Dilettantismus, Diss. Mainz 2000, S. 99ff., 311ff., 694ff.; Ausst. Kat. Frankfurt 2007 (wie Anm. 12), S. 31–39, 119–130.

17 Siehe hierzu den Beitrag von Alfred Umhey in dieser Publikation.

18 Als Gemäldesammler und Kunstliebhaber initiierte Brabeck die Chalcographische Gesellschaft (1796–1810) in Dessau mit dem Ziel, durch Vertrieb und Verbreitung hochwertiger Graphikblätter nach Alten und Neuen Meistern den allgemeinen Kunstgeschmack zu beeinflussen und zu heben. Wie sehr Graf von Brabeck pädagogische Absichten verfolgte, verdeutlicht auch seine Gründung der Zeichenschule in Dessau, die 1796 zur Landeszeichenschule erhoben wurde. Vgl. hierzu „…Waren nicht des ersten Bedürfnisses, sondern des Geschmacks und des Luxus." Zum 200. Gründungstag der Chalcographischen Gesellschaft Dessau, hg. v. Norbert Michels, Ausst. Kat. Anhaltische Gemäldegalerie Dessau, Museum Schloß Mosigkau, Weimar 1996.

19 Gwinner 1842 (wie Anm. 1), S. 376; Ausst. Kat. Gotha/Konstanz 1999 (wie Anm. 16), S. 292; vgl. Kirchner 1818 (wie Anm. 13), Bd. 1, S. 305.

20 Passavant 1852 (wie Anm. 1), S. 247; Gwinner 1862 (wie Anm. 1), S. 445.

21 Institut für Stadtgeschichte Frankfurt a. M., Nachlaßakte 1852/300.

22 Beer 1902 (wie Anm. 1).

23 Passavant 1852 (wie Anm. 1), S. 248. Er gibt als Jahr der Eheschließung „1801" an.

24 Freies Deutsches Hochstift – Frankfurter Goethe-Museum, Inv. Nr. III-1541.

25 Zu Johann Georg Reinheimer vgl. Nagler (wie Anm. 1), Bd. 12, S. 403f.; Gwinner 1862 (wie Anm. 1), S. 377; Kolorierter Kupferstich „Ansicht von Regensburg": Städel Museum, Frankfurt a. M., Graphische Sammlung, Inv. Nr. 14090.

26 Druckgraphisches Blatt des „Weinkellers" in Privatbesitz und im Städel Museum, Frankfurt a. M., Inv. Nr. 42802.

27 Verzeichnis sämmtlicher Prestelscher Kupferst che, welche in dem Etablissement der Prestelschen Kupferstecherey=Kunst in Cassel, einfärbig und illuminirt im Verlage sind, Frankfurt a. M. 1802.

28 Vgl. Ausst. Kat. Frankfurt 1988 (wie Anm. 12), S. 119f.

29 Zu Dalberg vgl. Konrad M. Färber, Albrecht Klose, Hermann Reidel (Hg.): Carl von Dalberg. Erzbischof und Staatsmann (1744–1817), Regensburg 1994.

30 So nennt Passavant 1852 (wie Anm. 1), S. 247, die Darstellung des Schlosses von Stauffen als zur Folge der Ruinendarstellungen gehörig, jedoch findet sie sich in keinem der beiden Kataloge Prestels.

31 Nouveau Catalogue d'Estampes, du Fonds de Jean-Theophile Prestel. Peintre et Graveur en Taille-Douce, Rue dite A lerheiligen-Gasse, No 173, à Francfort-sur-le-Mein; et en Commission chez Collignon, Libraire à Metz, Frankfurt a. M. 1806, Nr. 52ff., 63–66, 70ff., 74.

32 Ebd., S. 29, Nr. 66: „Le jeune Artiste M. A. Radl réunit à une manière grande, une touche spirituelle: ces talens le placeront un jour au rang des Artistes célèbres".

33 Kunsthalle Mannheim. Verzeichnis der Gemäldesammlung, Mannheim 1977, S. 296, Inv. Nr. M 510.

34 Dieses Gemälde, das motivisch der Mannheimer Fassung sehr ähnelt, ist 1931 im Münchener Glaspalast verbrannt; vgl. Barbara Bott: Gemälde hessischer Maler des 19. Jahrhunderts im Hessischen Landesmuseum Darmstadt. Bestandskatalog, Darmstadt 2003, S. 277f. m. Abb.

35 Ebd., S. 215–218, Inv. Nr. GK 399-GK 403, m. Abb.; Friedrich Back: Großherzoglich-Hessisches Landesmuseum in Darmstadt. Verzeichnis der Gemälde, Darmstadt 1914, S. 189ff.

36 Zu Radls Blättern nach Fuentes siehe den Beitrag von Birgit Sander in dieser Publikation.

37 Laut Klötzer 1994/96 (wie Anm. 1), Bd. 1, S. 230, verläßt Fuentes Frankfurt schon 1800; M.[arialuisa] Angiolillo: Fuentes, in: Allgemeines Künstlerlexikon. Die bildenden Künstler aller Zeiten und Völker, Bd. 46, München, Leipzig 2005, S. 119f. Zu Fuentes vgl. auch Wilhelm Pfeiffer-Belli: Giorgio Fuentes. Ein Frankfurter Theatermaler des 18. Jahrhunderts, in: Jahrbuch des Freien Deutschen Hochstifts, hg. v. Ernst Beutler, 1926, S. 328–337; Otto Bacher: Die Geschichte der Frankfurter Oper im achtzehnten Jahrhundert, Frankfurt a. M. 1926, S. 96ff.; Josefine Rumpf-Fleck: Italienische Kultur in Frankfurt am Main im 18. Jahrhundert, Köln 1936, S. 80ff.; Albert Richard Mohr: Frankfurter Theaterleben im 18. Jahrhundert, Frankfurt a. M. 1940, S. 134; ders.: Zauberwelt. Bühnenbildentwürfe der Frankfurter Oper aus zwei Jahrhunderten, Nördlingen 1986, S. 7ff.; Wolfgang Weeke: Frankfurt, ein Theatermaler und die Antike, in: Marlene Herfort-Koch, Ursula Mandel, Ulrich Schädler (Hg.): Begegnungen – Frankfurt und die Antike, Frankfurt a. M. 1994, S. 79f.

38 Zu Wilmans vgl. Paul Raabe: Der Verleger Friedrich Wilmans. Ein Beitrag zur Literatur- und Verlagsgeschichte der Goethezeit. Mit sechs ungedruckten Briefen an Goethe und zwei unbedruckten Briefen Wielands an Wilmans, in: Bremisches Jahrbuch, hg. v. d. Historischen Gesellschaft zu Bremen, Bd. 45, 1956, S. 79–162.

39 Zu Radl und Wilmans siehe den Beitrag von Birgit Sander in dieser Publikation.

40 Patricia Stahl: Dalbergs Förderung der bildenden Kunst in Frankfurt am Main, in: Färber/Klose/ Reidel 1994 (wie Anm. 29), S. 206–209.

41 Dalberg erwirbt das Bild direkt vom Künstler und schenkt es später der Frankfurter Museumsgesellschaft, deren Sammlung im Jahr 1851 Eigentum der Stadt Frankfurt wird und dann in den Bestand des 1878 gegründeten Historischen Museums übergeht. Vgl. Wolfram Prinz: Gemälde des Historischen Museums Frankfurt am Main, Frankfurt a. M. 1957, S. 5ff.

42 Johann Friedrich Hoff: Aus einem Künstlerleben. Eine Alt=Frankfurter Familiengeschichte, Frankfurt a. M. 1901, S. 46f.

43 In seinem Tagebuch notiert Goethe am 12. 9.1815: „Der Steinmet-

44 Zu Rosette Städel vgl. Gambichler 2000 (wie Anm. 16), S. 111ff., 340–347, 719–726 (mit weiterer Lit.). Rosette Städel, Tochter des Bankiers Johann Jacob Willemer (Abb. 98) aus erster Ehe, war mit dem Kaufmann Johann Martin Städel (1772–1802) verheiratet, seit 1802 verwitwet. 1819 heiratete sie den Juristen und Senator Johann Gerhard Christian Thomas.

45 Frankfurt-Archiv. Loseblattsammlung, Archiv Verlag, Braunschweig 1992–2002, 8 Bde, Bd. 3, F 01138. Vgl. auch Fried Lübbecke: Fünfhundert Jahre Buch und Druck in Frankfurt am Main, Frankfurt a. M. 1948, S. 107.

46 Bott 2003 (wie Anm. 34), S. 215f.

47 Waldbrühl 1854 (wie Anm. 1), S. 141.

48 Johann Wolfgang Goethe: Über Kunst und Altertum in den Rhein= und Main=Gegenden, Stuttgart 1816, hier nach der Ausgabe Frankfurt a. M. 1942.

49 Grambs war in seiner Zeit bekannt als kenntnisreicher und anspruchsvoller Kunstsammler. Er gehörte zur Administration des Städelschen Kunstinstituts, dem er auch seine Sammlung vermachte. Über die Sammlung von Dr. Grambs, „den unermüdlichen Kunstfreund", schreibt Goethe, daß sie „alle Erwartungen übersteigt"; vgl. ebd., S. 48.

50 Goethe 1816 (wie Anm. 48), S. 56.

51 Vgl. Rüdiger Articus: „Ansicht von Haarburg". Zu einem Bild des Frankfurter Landschaftsmalers Anton Radl aus dem Jahre 1818, in: Harburger Jahrbuch, Bd. 18, Hamburg-Harburg 1993, S. 63–78.

52 Bott 2003 (wie Anm. 34), S. 216f.

53 Zu Kirchner vgl. Klötzer 1994/96 (wie Anm. 1), Bd. 1, S. 393f.

54 Kirchner 1818 (wie Anm. 13), Bd. 1, S. 311.

55 Ebd., S. 310.

56 Nagler 1842 (wie Anm. 1), S. 188.

57 Ausst. Kat. Frankfurt 1988 (wie Anm. 12), S. 150ff.

58 Gerhard Schuster, Caroline Gille (Hg.): Wiederholte Spiegelungen. Weimarer Klassik 1759–1832. Ständige Ausstellung des Goethe-Nationalmuseums, München, Wien 1999, Nr. 25, S. 840f.

59 Hellsberg 1955 (wie Anm. 2), Bd. 1, S. 34.

60 Zu Rosenkranz vgl. Gwinner 1862 (wie Anm. 1), S. 451; Weizsäcker/Dessoff 1907/09 (wie Anm. 1), S. 122. Rosenkranz' Studium bei Radl wird vom Städelschen Kunstinstitut gefördert.

61 Gwinner 1862 (wie Anm. 2), S. 451; Wiederspahn/Bode 1982 (wie Anm. 2), S. 29.

62 Zu Wagner vgl. Gwinner 1862 (wie Anm. 1), S. 431ff.; Weizsäcker/Dessoff 1907/09 (wie Anm. 1), Bd. 2, S. 165. Wagner bildet sich ab 1825 erst autodidaktisch, dann als Schüler Radls zum Maler und Radierer.

63 In einem ersten Brief am 9.5.1823 kündigt Radl die Zusendung des Bildes an und spricht seine Bitte aus. Erst mit einem zweiten Brief vom 6.8.1823 erreicht das Bild, zusammen mit einer Skizze „zur Erklärung", Goethe. Zum Briefwechsel vgl. Barbara Bott: Johann Wolfgang von Goethe und der Maler Anton Radl, Briefwechsel im Jahr 1823 zu einem Bildpaar im HLMD, in: Informationen Hessisches Landesmuseum Darmstadt, 2002, H. I, S. 14–16.

64 Passavant 1852 (wie Anm. 1), S. 251f.

65 Bott 2003 (wie Anm. 34), S. 219, Inv. Nr. GK 667.

66 Bott 2003 (wie Anm. 34), S. 16.

67 Wiederspahn/Bode 1982 (wie Anm. 1), S. 29. Zu Radl und Gerning siehe den Beitrag von Gerhard Kölsch in dieser Publikation.

68 Goethe 1816 (wie Anm. 48), S. 49.

69 Verzeichniß der Gemälde Frankfurter Künstler, welche in dem Locale der Frankfurtischen Gesellschaft zur Beförderung nützlicher Kunst und deren Hülfswissenschaften (ehemaligen St. Catharinen=Kloster) in der Herbstmesse des Jahres 1827 zur öffentlichen Betrachtung ausgestellt worden. Mit Angabe der jetzigen Eigenthümer, Ausst. Kat. Katharinenkloster, Frankfurt a. M. 1827, Nr. 348–357, S. 47f.

70 Bott 2003 (wie Anm. 34), S. 217.

71 Passavant 1852 (wie Anm. 1), S. 248; Gwinner 1862 (wie Anm. 1), S. 446.

72 Friedrich Wilmans: Der Führer auf der Wasserfahrt von Frankfurt a. M. bis Mainz. Ein unentbehrlicher Anhang zu dem Panorama des Mains nebst dessen nächsten Umgebungen, Frankfurt a. M. 1829.

73 Beschreibendes Verzeichnis der Gemälde der vereinigten Sammlungen der Stadt Riga, des Rigaschen Kunstvereins und des weil. Rigaschen Ratsherrn Friedr. Wilh. Brederlo v. Dr. W. Neumann, Riga 1906, S. 204; Fridriha Vilhelma Brederlo, Sammlung Friedrich Wilhelm Brederlo, Ausst. Kat. Arzemju maklas muzejs Riga, Riga 2001, Nr. 164, S. 203.

74 Passavant 1852 (wie Anm. 1), S. 248; Catalog der Gemälde-Sammlung des verstorbenen Herrn Dr. Philipp Friedrich Gwinner Senator und Syndicus in Frankfurt a. M., Frankfurt a. M. 1869, Nr. 132. Gwinners Radl-Werke gelangten nach der Versteigerung seines Nachlasses 1869 in den Besitz des Städelschen Kunstinstituts; vgl. Hans-Joachim Ziemke: Städelsches Kunstinstitut Frankfurt am Main. Die Gemälde des 19. Jahrhunderts, hg. v. Ernst Holzinger, 2 Bde., Frankfurt a. M. 1972, Textbd., S. 292.

75 Gwinner 1862 (wie Anm. 1), S. 446: „[...] noch im Alter wurde dem Künstler die Freude, die Schweiz zu sehen, ohne daß er, der ungünstigen Witterung halber, Gelegenheit gefunden hätte, für seine Mappe eine besondere Bereicherung zu gewinnen."

76 Vgl. hierzu die Briefe in der Universitätsbibliothek Johann Christian Senckenberg, Frankfurt a. M., Handschriftenabteilung, Autographen Radl. Zu Sophia Augusta Gontard vgl. Ausst. Kat. Frankfurt 2007 (wie Anm. 13), S. 292f.

77 Passavant 1852 (wie Anm. 1), S. 248.

78 Ebd.

79 Ebd.

80 Friedrich Wilmans: Verlags-Catalog von Friedrich Wilmans in Frankfurt am Main, Frankfurt a. M. 1836.

81 Bott 2003 (wie Anm. 34), S. 218f.

82 Nagler 1842 (wie Anm. 1), S. 188.

83 Ebd.

84 Ebd.

85 Künstlerfest zu Ehren des Malers Anton Radl, in: Frankfurter Konversationsblatt, Nr. 356, 27.12.1843 und Nr. 357, 28.12.1843; Frankfurter Künstlerchronik. Festschrift zum fünfzigjährigen Stiftungsfeste der Frankfurter Künstlergesellschaft. 1857–1907, hg. v. Frankfurter Künstlergesellschaft, Frankfurt am Main 1907, S. 13f.

86 Ebd., S. 1422.

87 Beer 1902 (wie Anm. 1).

88 Klötzer 1994/96 (wie Anm. 1), Bd. 1, S. 53; Weizsäcker/Dessoff 1907/09 (wie Anm. 1), Bd. 2, S. 12.

89 Passavant 1852 (wie Anm. 1).

90 Zu Gwinner vgl. Klötzer 1994/96 (wie Anm. 1), Bd. 1, S. 291.

91 Gwinner 1862 (wie Anm. 1), S. 445.

92 Ebd., S. 446.

93 Weizsäcker/Dessoff 1907/09 (wie Anm. 1), Bd. 2, S. 113; Klötzer 1994/96 (wie Anm. 1), Bd. 2, S. 163.

94 Beer 1902 (wie Anm. 1).

95 Ausstellung Deutscher Kunst aus der Zeit von 1755–1875 in der Königlichen Nationalgalerie, Berlin 1906, hg. v. Vorstand der Deutschen Jahrhundertausstellung, Ausst. Kat. Königliche Nationalgalerie Berlin, München, Bd. 2, München 1906, Kat. Nr. 1369.

96 no.: Spaziergänge mit Anton Radl. Zu einer Ausstellung im Städel, in: Frankfurter Rundschau v. 13.3.1952.

Literatur

AKL
Allgemeines Künstlerlexikon. Die bildenden Künstler aller Zeiten und Völker, München/Leipzig 1992ff.

Arps-Aubert 1932
Rudolf von Arps-Aubert: Die Entwicklung des reinen Tierbildes in der Kunst des Paulus Potter, Halle 1932.

Articus 1993
Rüdiger Articus: „Ansicht von Haarburg". Zu einem Bild des Frankfurter Landschaftsmalers Anton Radl aus dem Jahre 1818, in: Harburger Jahrbuch, Bd. 18, 1993, S. 63–78.

Ausst. Kat. Bad Homburg 1931
Mittelrheinische Landschaftsmalerei 1750–1930, Ausst. Kat. Kurhaus, Bad Homburg v. d. Höhe 1931.

Ausst. Kat. Bad Homburg 2006/07
Stadt – Land – Fluss. Skizzen zu Leben und Werk des Landschaftsmalers Friedrich Christian Reinermann (1764–1835), bearb. v. Roswitha Mattausch-Schirmbeck, Ausst. Kat. Museum im Gotischen Haus Bad Homburg v. d. Höhe 2006/07.

Ausst. Kat. Berlin 1906
Ausstellung Deutscher Kunst aus der Zeit von 1755–1875 in der Königlichen Nationalgalerie, Berlin 1906, hg. v. Vorstand der Deutschen Jahrhundertausstellung, Ausst. Kat. Königliche Nationalgalerie Berlin, 2 Bde. München 1906.

Ausst. Kat. Berlin/Mainz 2001/02
Preußische Facetten. Rheinromantik und Antike. Zeugnisse des Wirkens Friedrich Wilhelms IV. an Mittelrhein und Mosel, hg. v. Landesamt für Denkmalpflege, Ausst. Kat. Berlin, Landesvertretung Rheinland-Pfalz, Landesmuseum Mainz 2001/02.

Ausst. Kat. Coburg 2007
Aquatinta oder „Die Kunst mit dem Pinsel in Kupfer zu stechen". Das druckgraphische Verfahren von seinen Anfängen bis zu Goya, hg. v. Christiane Wiebel, Ausst. Kat. Kunstsammlungen der Veste Coburg, München, Berlin 2007.

Ausst. Kat. Darmstadt 1930a
Zweihundert Jahre Darmstädter Kunst 1730–1930. Die Maler von 1730–1830, Ausst. Kat. Kunsthalle Darmstadt 1930.

Ausst. Kat Darmstadt 1930b
Zweihundert Jahre Darmstädter Kunst 1730–1930. II. Abteilung 1830–1930, Ausst. Kat. Mathildenhöhe Darmstadt 1930.

Ausst. Kat. Darmstadt 1963
Hessische Landschaften. Zeichnungen und Gemälde aus dem Hessischen Landesmuseum in Darmstadt, Ausst. Kat. Hessisches Landesmuseum Darmstadt 1963.

Ausst. Kat. Darmstadt 1967
Malerei der Residenz Darmstadt. Bilder aus vier Jahrhunderten, Ausst. Kat. Kunsthalle am Steubenplatz, Darmstadt 1967.

Ausst. Kat. Darmstadt 1975
Reproduktionsstiche aus drei Jahrhunderten, Ausst. Kat. Hessischen Landesmuseum Darmstadt 1975.

Ausst. Kat. Darmstadt 1978/79
Darmstadt in der Zeit des Klassizismus und der Romantik, Ausst. Kat. Mathildenhöhe Darmstadt 1978/79.

Ausst. Kat. Darmstadt 1981/82
Kunst aus dem Besitz der Stadt Darmstadt, Ausst. Kat. Mathildenhöhe Darmstadt 1981/82.

Ausst. Kat. Darmstadt 2000
Der Traum vom Süden. Johann Heinrich Schilbach (1798–1851). Zeichnungen, Aquarelle, Ölstudien und Gemälde, Ausst. Kat. Hessisches Landesmuseum Darmstadt, Heidelberg 2000.

Ausst. Kat. Dessau 1996
„…Waren nicht des ersten Bedürfnisses, sondern des Geschmacks und des Luxus." Zum 200. Gründungstag der Chalcographischen Gesellschaft Dessau, hg. v. Norbert Michels, Ausst. Kat. Anhaltische Gemäldegalerie Dessau, Museum Schloß Mosigkau, Weimar 1996.

Ausst. Kat. Frankfurt 1827
Verzeichniß der Gemälde Frankfurter Künstler, welche in dem Locale der Frankfurtischen Gesellschaft zur Beförderung nützlicher Kunst und deren Hülfswissenschaften (ehemaligen St. Catharinen=Kloster) in der Herbstmesse des Jahres 1827 zur öffentlichen Betrachtung ausgestellt worden. Mit Angabe der jetzigen Eigenthümer, Ausst. Kat. Katharinenkloster, Frankfurt a. M. 1827.

Ausst. Kat. Frankfurt 1920
Ein Jahrhundert Frankfurter Malerei 1800–1900, Ausst. Kat. Frankfurter Kunstverein, Frankfurt a. M. 1920.

Ausst. Kat. Frankfurt 1932
Hundert Jahre Frankfurter Kunst 1832–1932, Ausst. Kat. Frankfurter Kunstverein, Frankfurt a. M. 1932.

Ausst. Kat. Frankfurt 1966
Frankfurter Malerei im 19. Jahrhundert, Ausst. Kat. Frankfurter Kunstverein 1966.

Ausst. Kat. Frankfurt 1988
Bürgerliche Sammlungen in Frankfurt 1700–1830, Ausst. Kat. Historisches Museum Frankfurt, Frankfurt a. M. 1988.

Ausst. Kat. Frankfurt 1991/92a
Christian Georg Schütz der Ältere 1718–1791. Ein Landschaftsmaler der Goethezeit, Ausst. Kat. Freies Deutsches Hochstift – Frankfurter Goethe-Museum, Frankfurt a. M. 1991/92.

Ausst. Kat. Frankfurt 1991/92b
Städels Sammlung im Städel, Bd. 1 Gemälde, Bd. 2 Zeichnungen, Ausst. Kat. Städelsches Kunstinsitut und Städtische Galerie, Frankfurt a. M., 2 Bde. 1991/92.

Ausst. Kat. Frankfurt 1992
J. P. Schneider jr., Ausst. Kat. J. P. Schneider jr. Kunsthandlung, Frankfurt a. M. 1992.

Ausst. Kat. Frankfurt 1993a
Frankfurter Malerei des 19. und frühen 20. Jahrhunderts, hg. v. Historisches Museum Frankfurt/Gesellschaft zur Förderung Frankfurter Malerei des 19. und 20. Jahrhunderts e. V., Frankfurt a. M. 1993.

Ausst. Kat. Frankfurt 1993b
Carl Morgenstern, Ausst. Kat. Kunsthandlung J. P. Schneider jr., Frankfurt a. M. 1993.

Ausst. Kat. Frankfurt 1994
Frankfurter Stadtansichten aus vier Jahrhunderten, Gemälde, Aquarelle, Zeichnungen, hg. v. Kunsthandlung J. P. Schneider jr., Frankfurt a. M. 1994.

Ausst. Kat. Frankfurt 1994/95
„Von Kunst und Kennerschaft". Die Graphische Sammlung im Städelschen Kunstinstitut unter Johann David Passavant 1840 bis 1861, Ausst. Kat. Städelsches Kunstinstitut und Städtische Galerie, Frankfurt a. M. 1994/95.

Ausst. Kat. Frankfurt 1999/2000
Die Frankfurter Malerfamilie Morgenstern, Ausst. Kat. Freies Deutsches Hochstift – Frankfurter Goethe-Museum, Frankfurt a. M. 1999/2000.

Ausst. Kat. Frankfurt 2000/01
Kunstlandschaft Rhein-Main. Malerei im 19. Jahrhundert 1806–1866, Ausst. Kat. HAUS GIERSCH – Museum Regionaler Kunst, Frankfurt a. M. 2000/01.

Ausst. Kat. Frankfurt 2003
Mit freier Hand, Deutsche Zeichnungen vom Barock bis zur Romantik aus dem Städelschen Kunstinstitut, bearb. v. Mareike Hennig, Ausst. Kat. Städelsches Kunstinstitut und Städtische Galerie, Frankfurt a. M., Graphische Sammlung 2003.

Ausst. Kat. Frankfurt 2004
Anton Burger 1824–1905. Zum 180. Geburtstag, Ausst. Kat. HAUS GIERSCH – Museum Regionaler Kunst Frankfurt am Main 2004.

Ausst. Kat. Frankfurt 2004/05
Bilder aus dem Leben. Genremalerei im Rhein-Main-Gebiet, HAUS GIERSCH – Museum Regionaler Kunst, Frankfurt a. M. 2004/05.

Ausst. Kat. Frankfurt 2007
Blickwechsel. Frankfurter Frauenzimmer um 1800, hg. v. Ursula Kern, Ausst. Kat. Historisches Museum Frankfurt, Frankfurt a. M. 2007.

Ausst. Kat. Frankfurt/Weimar 1994
Goethe und die Kunst, hg. v. Sabine Schulze, Ausst. Kat. Schirn Kunsthalle, Kunstsammlungen Weimar – Stiftung Weimarer Klassik, Frankfurt a. M. 1994.

Ausst. Kat. Gotha 1999
Zwischen Ideal und Wirklichkeit. Künstlerinnen der Goethe-Zeit zwischen 1750 und 1850, Ausst. Kat. Schloßmuseum Gotha 1999.

Ausst. Kat. Hanau 1995
Kunstbegegnung Frankfurt – Hanau. Wechselbeziehungen in der Malerei zweier Mainstädte, hg. v. Museum Hanau – Schloß Philippsruhe, Gesellschaft zur Förderung Frankfurter Malerei des 19. und 20. Jahrhunderts e. V., Frankfurt a. M. 1995.

Ausst. Kat. Heidelberg 1965
Schlösser, Ruinen, Burgen in der Malerei der Romantik. Gemälde, Aquarelle und Graphik deutscher, österreichischer und schweizer Künstler, Ausst. Kat. Kurpfälzisches Museum im Ottheinrichsbau des Heidelberger Schlosses, Heidelberg 1965.

Ausst. Kat. Karlsruhe 2002
Johann Wilhelm Schirmer in seiner Zeit, Landschaft im 19. Jahrhundert zwischen Wirklichkeit und Ideal, Ausst. Kat. Staatliche Kunsthalle Karlsruhe, Suermondt-Ludwig-Museum Aachen 2002.

Ausst. Kat. Köln 1984
Heroismus und Idylle. Formen der Landschaft um 1800 bei Jacob Philipp Hackert, Joseph Anton Koch und Johann Christian Reinhart, Ausst. Kat. Wallraf-Richartz-Museum Köln 1984.

Ausst. Kat. Kronberg 1982
Die Frankfurter Malerfamilie Morgenstern in fünf Generationen, Ausst. Kat. Museumsgesellschaft Kronberg e. V. 1982.

Ausst. Kat. Mainz 1998
Arkadien am Mittelrhein. Caspar und Georg Schneider, Ausst. Kat. Landesmuseum Mainz, Wiesbaden 1998.

Ausst. Kat. München 1983
Im Licht von Claude Lorrain, hg. v. Marcel Roethlisberger, Ausst. Kat. Haus der Kunst München 1983.

Ausst. Kat. Nürnberg 1966
Klassizismus und Romantik in Deutschland – Gemälde und Zeichnungen aus der Sammlung Georg Schäfer Schweinfurt, Ausst. Kat. Germanisches Nationalmuseum Nürnberg 1966.

Ausst. Kat. Nürnberg 1967
Der frühe Realismus in Deutschland 1800–1850, Gemälde und Zeichnungen aus der Sammlung Georg Schäfer Schweinfurt, Ausst. Kat. Germanisches Nationalmuseum Nürnberg 1967.

Ausst. Kat. Wiesbaden 1939
Mittelrheinische Malerei 1800–1900, Ausst. Kat. Nassauisches Landesmuseum Wiesbaden 1939.

Ausst. Kat. Wiesbaden 1981
Herzogtum Nassau 1806–1866. Politik, Wirtschaft und Kultur, Ausst. Kat. Museum Wiesbaden 1981.

Ausst. Kat. Wiesbaden 2005
Nassau und seine Bäder in der Zeit um 1840. Das Widmungsexemplar „The Brunnens of Nassau and the River Lahn" von Georg Barnard an Herzog Adolph zu Nassau, hg. v. Gast Mannes, Ausst. Kat. Nassauische Sparkasse Wiesbaden 2005.

Ausst. Kat. Zürich/München 2002
Historien- und Landschaftsbilder aus fünf Jahrhunderten, Ausst. Kat. Galerie Dr. Schenk, Zürich, Kunstsalon Franke, München 2002.

Bacher 1926
Otto Bacher: Die Geschichte der Frankfurter Oper im achtzehnten Jahrhundert, Frankfurt a. M. 1926.

Back 1914
Friedrich Back: Großherzoglich-Hessisches Landesmuseum in Darmstadt. Verzeichnis der Gemälde, Darmstadt 1914.

Bätschmann 1989
Oskar Bätschmann: Entfernung der Natur. Landschaftsmalerei 1750–1920, Köln 1989.

Bauer 1987
Helmut Bauer: Die Donau zwischen Lech und Altmühl. Geschichte und Gegenwart einer Kulturlandschaft, Ingolstadt 1987.

Bauer 1997
Helmut Bauer: Regensburg: aus Kunst-, Kultur- und Alltagsgeschichte, 5. Aufl. Regensburg 1997.

Beer 1902
Wilhelm Amandus Beer: Anton Radl. Zum 50. Todestag (4. März 1902), in: Frankfurter Zeitung v. 4.3.1902, 1. Morgenblatt.

Berg/Ernst/Galuschka/Walsh 1988
Ingrid Berg, Eugen Ernst, Hans-Joachim Galuschka und Gerta Walsh (Hg.): Heimat Hochtaunus, Frankfurt a. M. 1988.

Best. Kat. Koblenz 1999
Bestandskatalog des Mittelrhein-Museums Koblenz, Bd. VI: Die Gemälde, Aquarelle und Zeichnungen des 19. Jahrhunderts, hg. v. Klaus Weschenfelder, Koblenz 1999.

Best. Kat. Riga 1906
Beschreibendes Verzeichnis der Gemälde der vereinigten Sammlungen der Stadt Riga, des Rigaschen Kunstvereins und des weil. Rigaschen Ratsherrn Friedr. Wilh. Brederlo v. Dr. W. Neumann, Riga 1906.

Best. Kat. Söder 1808
Catalogue de la Galerie de Söder. Par le Proprietaire le Comte de Brabeck, o. O. 1808.

Biedermann 1973
Margret Biedermann: Ferdinand Kobell 1740–1799. Das malerische und zeichnerische Werk, München 1973.

Biehn 1972
Heinz Biehn: Der Taunus. Hohe Wälder, weite Täler, warme Quellen, Amorbach 1972.

Le Blanc 1887
M. Charles Le Blanc: Manuel de l'amateur d'estampes (...), Paris 1887ff.

Bode 1980
Helmut Bode und Verein für Geschichte und Heimatkunde der Stadt Kronberg e. V. (Hg.): Kronberg im Taunus. Beiträge zur Geschichte, Kultur und Kunst, Frankfurt a. M. 1980.

Bode 1984
Helmut Bode: Johann Ludwig Christ. Pfarrer, Naturforscher, Ökonom, Bienenzüchter und Pomologe 1739–1813. Mit Kapiteln über seine Freunde und Kritiker [...], Frankfurt a. M. 1984.

Boetticher 1891–1901
Friedrich von Boetticher: Malerwerke des 19. Jahrhunderts. Beitrag zur Kunstgeschichte, 4 Bde., Dresden 1891–1901, 2. unveränderter Nachdruck der Ausg. Hofheim a. T. 1974, Bd. II,1, S. 342f.

Börsch-Supan 1972
Helmut Börsch-Supan: Deutsche Romantiker. Deutsche Maler zwischen 1800 und 1850, München, Gütersloh, Wien 1972.

Börsch-Supan 1988
Helmut Börsch-Supan: Die deutsche Malerei von Anton Graff bis Hans von Marées 1760–1870, München 1988.

Bott 1954
Gerhard Bott: Die Graphische Sammlung des Historischen Museums Frankfurt am Main, Frankfurt a. M. 1954.

Bott 2002
Barbara Bott: Johann Wolfgang von Goethe und der Maler Anton Radl, Briefwechsel im Jahr 1823 zu einem Bildpaar im HLMD, in: Informationen Hessisches Landesmuseum Darmstadt, 2002, H. I, S. 14–16.

Bott 2003
Barbara Bott: Gemälde hessischer Maler des 19. Jahrhunderts im Hessischen Landesmuseum Darmstadt. Bestandskatalog, Darmstadt 2003.

Bott/Vogel 1958
Gerhard Bott, Hans Vogel (Hg.): Hessen, Frankfurt, Rheinhessen, Starkenburg, Nassau, Oberhessen, Kurhessen. Ansichten aus alter Zeit, Honnef Rhein 1958.

Brinkmann/Sander 1999
Bodo Brinkmann, Jochen Sander: Deutsche Gemälde vor 1800 im Städel, Hg. v. Gerhard Holland, Frankfurt a. M. 1999.

Brauksiepe/Neugebauer 1968
Bernd Brauksiepe, Anton Neugebauer (Hg.): Künstlerlexikon Rheinland-Pfalz. Maler und Graphiker von 1450 bis 1950, Mainz 1986.

Braun 1819
Georg Christian Braun: Des Leonardo da Vinci Leben und Kunst. Nebst einer Lebensbeschreibung Johann Gottlieb Prestels, und einigen poetischen Versuchen über die Mahlerey, Halle 1819.

Brunck/Lenz/Rumeleit 1991
Helma Brunck, Helmut Lenz, Otto Rumeleit: Der Äpfelwein in Frankfurt. Seine Geschichte und Bedeutung für die Stadt (=Kleine Schriften des Historischen Museums Frankfurt a. M., Bd. 33), Frankfurt a. M. 1991.

Busch 1997
Werner Busch (Hg.): Landschaftsmalerei (=Geschichte der klassischen Bildgattungen in Quellentexten und Kommentaren, Bd. 3), Berlin 1997.

Busch 2003
Werner Busch: Caspar David Friedrich. Ästhetik und Religion, München 2003.

Dickel 1987
Hans Dickel: Deutsche Zeichenbücher des Barock. Eine Studie zur Geschichte der Künstlerausbildung (=Studien zur Kunstgeschichte, Bd. 48), Diss. Hildesheim 1987.

Didaskalia 1843
[Unbekannter Autor:] Anton Radl., in: Didaskalia, Nr. 345, Freitag, 15. Dezember 1843.

Didaskalia 1852
[Unbekannter Autor:] Der Landschaftsmaler Anton Radl. (Geboren den 15. April 1774 zu Wien; gestorben den 4. März 1852 zu Frankfurt.), in: Didaskalia, Nr. 67, Donnerstag, 18. März 1852.

Eichler 1974
Inge Eichler: Der Frühe Frankfurter Morgenstern 1826–1846, Diss. Frankfurt a. M. 1974.

Eichler 1976
Inge Eichler: Carl Morgenstern. Unter besonderer Berücksichtigung seiner Schaffensphase von 1826–1846, in: Kunst in Hessen und am Mittelrhein, Bd. 15/16, Darmstadt 1976.

Eschenburg 1987
Barbara Eschenburg: Landschaft in der deutschen Malerei vom späten Mittelalter bis heute, München 1987.

Färber/Klose/Reidel 1994
Konrad M. Färber, Albrecht Klose, Hermann Reidel (Hg.): Carl von Dalberg. Erzbischof und Staatsmann (1744–1817), Regensburg 1994.

Frankfurt-Archiv
Frankfurt-Archiv. Loseblattsammlung, Archiv Verlag, Braunschweig 1992–2002, 8 Bde.

Frankfurter Konversationsblatt, 27.12.1843
Unbekannter Autor: Künstlerfest zu Ehren von Anton Radl. Am 17. Dezember 1843, in: Frankfurter Konversationsblatt, Nr. 356, 27. Dezember 1843.

Frankfurter Konversationsblatt, 28.12.1843
Unbekannter Autor: Künstlerfest zu Ehren von Anton Radl. Am 17. Dezember 1843, in: Frankfurter Konversationsblatt, Nr. 357, 28. Dezember 1843.

Frankfurter Künstlergesellschaft 1907
Frankfurter Künstlerchronik. Festschrift zum fünfzigjährigen Stiftungsfeste der Frankfurter Künstlergesellschaft 1857–1907, Frankfurt a. M. 1907.

Frankfurter Sparkassen-Kalender 1995
Anton Radl (1774–1852), Kunstkalender der Frankfurter Sparkasse von 1822 mit einer Einführung von Christa von Helmolt, Frankfurt a. M. 1995.

Fuchs 1973
Heinrich Fuchs: Die österreichischen Maler des 19. Jahrhunderts, Bd. 3, Wien 1973, S. K103.

Gambichler 2000
Dagmar Gambichler: Malerinnen und Kupferstecherinnen des Rhein-Main-Gebietes von 1780 bis 1850. Ausbildung und künstlerisches Schaffen zwischen Profession und Dilettantismus, Diss. Mainz 2000.

Gerning 1802
Johann Isaac Gerning: Reise durch Oestreich und Italien, Frankfurt am Main 1802.

Gerning 1814
Johann Isaac von Gerning: Die Heilquellen am Taunus. Ein didaktisches Gedicht in vier Gesängen, Leipzig 1814.

Gerning 1819
Johann Isaac von Gerning: Die Rheingegenden von Mainz bis Köln, Wiesbaden 1819.

Gerning 1821
Johann Isaac von Gerning: Die Lahn= und Main=Gegenden, von Embs [sic] bis Frankfurt; antiquarisch und historisch, Wiesbaden 1821.

Goethe 1816
Johann Wolfgang von Goethe: Über Kunst und Altertum in den Rhein= und Main=Gegenden, Stuttgart 1816, Ausgabe Frankfurt a. M. 1942.

Goethe 1998
Johann Wolfgang von Goethe: Werke. Hamburger Ausgabe in 14 Bdn., München 1998.

Grein 1986
Gerd J. Grein: Kirchweihbrauchtum in der Dreieich im Spiegel von drei Jahrhunderten, in: Volkskultur im Odenwald, hg. v. der Sammlung zur Volkskunde in Hessen, Museum Otzberg, Otzberg 1986, S. 119–138.

Grein 1987
Gerd J. Grein: Kirchweih in einem Dorf bei Frankfurt. Ein Aquarell Anton Radls und seine Interpretationen, in: Hessische Heimat 37, 1987, Nr. 4, S. 154–160.

Gwinner 1862
Ph.[ilipp] Friedrich Gwinner: Kunst und Künstler in Frankfurt am Main vom dreizehnten Jahrhundert bis zur Eröffnung des Städel'schen Kunstinstituts, Frankfurt a. M. 1862.

Gwinner 1867
Ph.[ilipp] Friedrich Gwinner: Nachträge und Berichtigungen zu Kunst und Künstler in Frankfurt am Main vom dreizehnten Jahrhundert bis zur Eröffnung des Städel'schen Kunstinstituts, Frankfurt a. M. 1867.

Hack 1979
Bertold Hack (Hg.): Gerbermühle. Goethes Reisen an Rhein, Main und Neckar in Briefen und Tagebuchaufzeichnungen mit einer Auswahl aus dem Briefwechsel Goethes mit Marianne und Johann Jakob Willemer, Frankfurt a. M. 1977.

Heckmann/Michel 1982
Herbert Heckmann, Walter Michel: Frankfurt mit den Augen Goethes, Frankfurt a. M. 1982.

Hellsberg 1955
Eugen Hellsberg: Joseph Mayseder (1789–1863), 2 Bde., Diss. Wien 1955.

Helmolt 1974
cvh.[Christa von Helmolt]: Das Kabinett. Kostbarkeiten aus Frankfurter Museen (343), in: Frankfurter Allgemeine Zeitung, Nr. 159, 13.7.1974.

Herzog 1969
Erich Herzog: Hessische Landschaften und Stadtansichten 1650–1950, Hanau 1969.

Honnef/Weschenfelder/Haberland 1992
Klaus Honnef, Klaus Weschenfelder, Irene Haberland (Hg.): Vom Zauber des Rheins ergriffen…. Zur Entdeckung der Rheinlandschaft, München 1992.

Howoldt/Baur 1993
Jenns Eric Howoldt, Andreas Baur: Die Gemälde des 19. Jahrhunderts in der Hamburger Kunsthalle, Hamburg 1993.

Keune 2006
Karsten Keune (Hg.): Sehnsucht Rhein: Rheinlandschaften in der Malerei, Bonn 2006.

Kirchner 1818
Anton Kirchner: Ansichten von Frankfurt am Main und seiner Umgegend, 2 Bde., Frankfurt a. M. 1818 (Nachdruck Frankfurt 1982).

Klötzer 1991
Wolfgang Klötzer: „Also lustig sah es aus, wo der Main vorüberfloss…". Frankfurt am Main zur Zeit des jungen Goethe nach einem Gemälde von Christian Georg Schütz d. Ä. aus dem Jahr 1754, Frankfurt a. M. 1991.

Klötzer 1994/96
Wolfgang Klötzer (Hg.): Frankfurter Biographie. Personalgeschichtliches Lexikon. Im Auftrag der Frankfurter Historischen Kommission, 2 Bde., Frankfurt a. M. 1994/96.

Kramer 1964
Frankfurt Chronik, hg. u. verlegt v. Waldemar Kramer, Frankfurt a. M. 1964.

Kramer 1970
Frankfurt am Main. Augenblick und Ewigkeit. Gemälde und Schriften, ausgewählt, gedruckt und verlegt v. Waldemar Kramer, Frankfurt a. M. 1970.

Krönig/Wegner 1997
Wolfgang Krönig, Reinhard Wegner: Jakob Philipp Hackert. Der Landschaftsmaler der Goethezeit, mit einem Beitrag von Verena Krieger, Köln, Weimar, Wien 1997.

Landschulz 1977
Marlene Landschulz: Mainzer Maler aus der ersten Hälfte des 19. Jahrhunderts. Die Meister und ihre Werke, Diss. Mainz 1977.

Mohr 1940
Albert Richard Mohr: Frankfurter Theaterleben im 18. Jahrhundert, Frankfurt a. M. 1940.

Mohr 1986
Albert Richard Mohr: Zauberwelt. Bühnenbildentwürfe der Frankfurter Oper aus zwei Jahrhunderten, Nördlingen 1986.

Nagler 1835–1852
G.[eorg] K.[aspar] Nagler: Neues Allgemeines Künstler-Lexikon. oder Nachrichten von dem Leben und den Werken der Maler, Bildhauer, Baumeister, Kupferstecher, Lithographen, Formschneider, Zeichner, Medailleure, Elfenbeinarbeiter etc., 25 Bde., 1. Aufl. 1835–1852.

Nassauischer Kunstverein 1997
Bildende Kunst in Wiesbaden – von der bürgerlichen Revolution bis heute, hg. v. Nassauischer Kunstverein, Wiesbaden 1997.

No. 1952
no.: Spaziergänge mit Anton Radl. Zu einer Ausstellung im Städel, in: Frankfurter Rundschau, 13.3.1952.

Passavant 1852
Johann David Passavant: Anton Radl, der Landschaftsmaler. Ein Gedenkblatt, mitgetheilt von J. D. Passavant., in: Frankfurter Konversationsblatt, Nr. 62, Freitag, 12.3.1852, S. 247f.; ders.: ebd., Nr. 63, Samstag 13.3.1852, S. 251f.

Pfeiffer-Belli 1926
Wilhelm Pfeiffer-Belli: Giorgio Fuentes. Ein Frankfurter Theatermaler des 18. Jahrhunderts, in: Jahrbuch des Freien Deutschen Hochstifts, hg. v. Ernst Beutler, 1926, S. 328–337.

Pietsch 1985
Ulrich Pietsch: Bekannte Ansichten auf Porzellan. Lübeck auf Tassen, Tellern und Vasen, in: Kunst & Antiquitäten, H. 1, 1985, S. 64–71.

Prestel 1802
Verzeichnis sämmtlicher Prestelscher Kupferstiche, welche in dem Etablissement der Prestelschen Kupferstecherey=Kunst in Cassel, einfärbig und illuminirt im Verlage sind, Frankfurt a. M. 1802.

Prestel 1806
Nouveau Catalogue d'Estampes, du Fonds de Jean-Theophile Prestel. Peintre et Graveur en Taille-Douce, Rue dite Allerheiligen-Gasse, No 173, à Francfort-sur-le-Mein; et en Commission chez Collignon, Libraire à Metz, Frankfurt a. M. 1806.

Prestel 1810
Verzeichnis der zur Verlassenschaft des Malers und Kupferstechers Herrn Johann Gottlieb Prestel in Frankfurt am Main gehörigen Kupferstiche, Gemälde und Kunstsachen welche durch die geschwornen Herrn Ausrüfer öffentlich versteigert werden, Frankfurt am Main 1810.

Prestel 1826
Nouveau Catalogue d'Estampes, du fonds de C. E. G. Prestel. Graveur et marchand d'Estampes et d'Objects d'Arts, à Francfort S/M. großen Sandgasse Lit. K. Nr. 84, 1826.

Prinz 1957
Wolfram Prinz (Hg.): Gemälde des Historischen Museums in Frankfurt a. M., Frankfurt a. M. 1957.

Raabe 1956
Paul Raabe: Der Verleger Friedrich Wilmans. Ein Beitrag zur Literatur- und Verlagsgeschichte der Goethezeit. Mit sechs ungedruckten Briefen an Goethe und zwei unbedruckten Briefen Wielands an Wilmans, in: Bremisches Jahrbuch, hg. v. d. Historischen Gesellschaft zu Bremen, Bd. 45, 1956, S. 79–162.

Rebel 1981
Ernst Rebel: Faksimile und Mimesis. Studien zur deutschen Reproduktionsgraphik des 18. Jahrhunderts (=Studien und Materialien zur kunsthistorischen Technologie, Bd. 2), Diss. Mittenwald 1981.

Robels 1989
Hella Robels: Frans Snyders: Stilleben- und Tiermaler 1579–1657, München 1989.

Rumpf-Fleck 1936
Josefine Rumpf-Fleck: Italienische Kultur in Frankfurt am Main, Köln 1936.

Sander/Brinkmann 1995
Jochen Sander, Bodo Brinkmann: Niederländische Gemälde vor 1800 im Städel, hg. v. Gerhard Holland, Frankfurt a. M. 1995.

Schembs 1989
Hans-Otto Schembs: Frankfurt wie es die Maler sahen, Würzburg 1989.

Schilling 1973
Edmund Schilling (Bearb.): Städelsches Kunstinstitut Frankfurt am Main. Katalog der deutschen Zeichnungen. Alte Meister, München 1973.

Schilling 1923
Rosy Schilling: Die Taunusreise beschrieben und gezeichnet von Peter Cornelius und Christian Xeller, München 1923.

Schmidt-von Rhein 2006
Georg Schmidt-von Rhein (Hg.): Napoleon und Nassau, Ramstein 2006.

Schmitt 1996
Michael Schmitt: Die illustrierten Rhein-Beschreibungen. Dokumentation der Werke und Ansichten von der Romantik bis zum Ende des 19. Jahrhunderts, Köln, Weimar, Wien 1996.

Schröter 1990
Elisabeth Schröter: Raffael-Kult und Raffael-Forschung. Johann David Passavant und seine Raffael Monographie im Kontext der Kunst und Kunstgeschichte seiner Zeit, in: Römisches Jahrbuch der Kunstgeschichte (Bibliotheca Hertziana Rom), 26. Bd., 1990, S. 303–397.

Schuchardt 1848/49
Christian Schuchardt: Goethes Kunstsammlungen, 3 Bde. Jena 1848–1849 (Nachdruck Hildesheim, New York 1976).

Schulz 2002
Andreas Schulz: Vormundschaft und Protektion. Eliten und Bürger in Bremen 1750–1880, München 2002.

Schuster/Gille 1999
Gerhard Schuster, Caroline Gille (Hg.): Wiederholte Spiegelungen. Weimarer Klassik 1759–1832. Ständige Ausstellung des Goethe-Nationalmuseums, München, Wien 1999.

Schwahn 2007
Wolfgang Schwahn: Wege und Irrwege – Technische Versuche einer Annäherung an die historischen Verfahren zur Erzeugung von Flächentönen im Tiefdruck, in: Ausst. Kat. Coburg 2007, S. 43–63.

Schwaighofer 2006
Claudia-Alexandra Schwaighofer: Die Kunst der Nachahmung. Dürer, Carracci und Parmigianino in den Reproduktionsgraphiken der Nürnbergerin Maria Katharina Prestel (1747–1794), Stuttgart 2006.

Schwaighofer 2007
Claudia-Alexandra Schwaighofer: „Eine tüchtige, ihrem Gatten helfende Frau"? Die Grafikerin Maria Katharina Prestel, in: Blickwechsel. Frankfurter Frauenzimmer um 1800, hg. v. Ursula Kern, Ausst. Kat. Historisches Museum Frankfurt a. M. 2007, S. 31–39.

Schwaighofer 2008
Claudia-Alexandra Schwaighofer: Von der Kennerschaft zur Wissenschaft. Reproduktionsgraphische Mappenwerke nach Zeichnungen 1726–1857, Diss. München 2006 (Publikation im Deutschen Kunstverlag 2008).

Simon 1929
Karl Simon: Christian Georg Schütz der Vetter: „Umriß meines Lebens", in: Archiv für Frankfurts Geschichte und Kunst, 4. Folge, Bd. 2, Frankfurt a. M. 1929, S. 126–146.

Thieme/Becker
Ulrich Thieme, Felix Becker: Allgemeines Lexikon der Bildenden Künstler von der Antike bis zur Gegenwart, 37 Bde., Leipzig 1907–1950.

Voelcker 1932
Heinrich Voelcker (Hg.): Die Stadt Goethes. Frankfurt am Main im 18. Jahrhundert, Frankfurt a. M. 1932 (Neuaufl. 1982).

Waldbrühl 1854
Waldemar von Waldbrühl: Anton Radl, in: Neuer Nekrolog der Deutschen, 30. Jg. 1852, I. Teil, Weimar 1854, Nr. 43, S. 141–145.

Weeke 1994
Wolfgang Weeke: Frankfurt, ein Theatermaler und die Antike, in: Marlene Herfurt-Koch (Hg.): Frankfurt und die Antike, Frankfurt a. M. 1994, S. 79f.

Weizsäcker/Dessoff 1907/09
Heinrich Weizsäcker, Albert Dessoff: Kunst und Künstler in Frankfurt am Main im neunzehnten Jahrhundert, hg. v. Frankfurter Kunstverein, 2 Bde., Frankfurt a. M. 1907/09.

Wiebel 2007
Christiane Wiebel: Geheimnis und Fortschritt – Die historischen Beschreibungen der Aquatinta-Verfahren, in: Aquatinta oder „Die Kunst mit dem Pinsel in Kupfer zu stechen". Das druckgraphische Verfahren von seinen Anfängen bis zu Goya, hg. v. Christiane Wiebel, Ausst. Kat. Kunstsammlungen der Veste Coburg, München, Berlin 2007, S. 29–41.

Wiederspahn/Bode 1982
August Wiederspahn, Helmut Bode: Die Kronberger Malerkolonie. Ein Beitrag zur Frankfurter Kunstgeschichte des 19. Jahrhunderts, 3. Aufl. Frankfurt a. M. 1982.

Wilmans 1929
Friedrich Wilmans: Der Führer auf der Wasserfahrt von Frankfurt a. M. bis Mainz, Ein unentbehrlicher Anhang zu dem Panorama des Mains nebst dessen nächsten Umgebungen, Frankfurt a. M. 1829.

Wilmans 1836
Friedrich Wilmans: Verlags-Catalog von Friedrich Wilmans in Frankfurt am Main, Frankfurt a. M. 1836.

Ziemke 1972
Hans-Joachim Ziemke: Städelsches Kunstinstitut Frankfurt am Main. Die Gemälde des 19. Jahrhunderts, hg. v. Ernst Holzinger, 2 Bde., Frankfurt a. M. 1972.

Abbildungs- und Photonachweis

Abb. 1: Kunstsammlungen der Veste Coburg. – Abb. 2: Wien Museum. – Abb. 3: Horst Ziegenfusz, Frankfurt a. M. – Abb. 4: Institut für Stadtgeschichte, Frankfurt a. M. – Abb. 5: Ausst. Kat. Frankfurt 1988, Titel. – Abb. 6: Wiederspahn/Bode 1982, S. 656. – Abb. 7: Ursula Seitz-Gray, Frankfurt a. M. – Abb. 8: David Hall, Frankfurt a. M. – Abb. 9: Ursula Seitz-Gray, Frankfurt a. M. – Abb. 10: Die Kunst 57, 1928, S. 42. – Abb. 11: Ursula Seitz-Gray, Frankfurt a. M. – Abb. 12: Photo Peter McClennan, Frankfurt a. M. – Abb. 13: Sander/Brinkmann 1995, Taf. 131. – Abb. 14: ebd., Taf. 47. – Abb. 15, 16: ALBERTINA Wien. – Abb. 17: Ausst. Kat. München 1983, Abb. 25. – Abb. 18: Sander/Brinkmann 1995, Taf. 148. – Abb. 19: Ed Restle, Wiesbaden. – Abb. 20: Brinkmann/Sander 1999, Taf. 58. – Abb. 21: Pietsch 1985, S. 64. – Abb. 22: Kunsthandlung J. P. Schneider jr., Frankfurt a. M. – Abb. 23: Ausst. Kat. Karlsruhe/Aachen 2002, S. 89. – Abb. 24: Frankfurt-Archiv, Bd. 3, F 01138. – Abb. 25: Kunsthandlung J. P. Schneider jr., Frankfurt a. M. – Abb. 26: Ed Restle, Wiesbaden – Abb. 27: Germanisches Nationalmuseum Nürnberg. – Abb. 28: Caspar David Friedrich. Die Erfindung der Romantik, Ausst. Kat. Museum Folkwang Essen, Hamburger Kunsthalle 2006/07, S. 250. – Abb. 29: Landesmuseum Mainz, Ursula Rudischer. – Abb. 30: Hans Geller: Carl Ludwig Kaaz. Landschaftsmaler und Freund Goethes 1773–1810. Ein Beitrag zur Erforschung der deutschen Malerei der Goethe-Zeit, Leipzig 1968, S. 13. – Abb. 31: Kunst in der Residenz. Karlsruhe zwischen Rokoko und Moderne, Ausst. Kat. Staatliche Kunsthalle Karlsruhe 1990, S. 121. – Abb. 32: Brigitte Trost: Domenico Quaglio, München 1973, nach S. 73. – Abb. 33: Jakob Fürchtegott Dielmann. Gründer der Kronberger Malerkolonie, Ausst. Kat. Museumsgesellschaft Kronberg 1985, S. 49. – Abb. 34: Ausst. Kat. Frankfurt 2000/01, S. 153. – Abb. 35: Privatbesitz. – Abb. 36: Akademie der Bildenden Künste Wien. – Abb. 37, 38: Photo Michael Kolod, Städel Museum, Frankfurt a. M. – Abb. 39: Photo Peter McCleannan, Frankfurt. a. M. – Abb. 40: David Hall, Frankfurt a. M. – Abb. 41: Kunstsammlungen der Veste Coburg. – Abb. 42, 43: Photo Peter McClennan, Frankfurt. a. M. – Abb. 44: David Hall, Frankfurt a. M. – Abb. 45, 46: Ursula Seitz-Gray, Frankfurt a. M. – Abb. 47: Photo Peter McClennan, Frankfurt a. M. – Abb. 48: Ed Restle, Wiesbaden. – Abb. 49: David Hall, Frankfurt a. M. – Abb. 50–52: Freies Deutsches Hochstift – Frankfurter Goethe-Museum. – Abb. 53: Ed Restle, Wiesbaden. – Abb. 54: Klassik Stiftung Weimar, Graphische Sammlung, Weimar. – Abb. 55: Alexander Wied: Lucas und Marten van Valckenborch (1535–1597 und 1534–1612), Freren 1990, S. 180. – Abb. 56: Ed Restle, Wiesbaden. – Abb. 57: Photo Gerhard Kölsch, Mainz. – Abb. 58: Landesmuseum Mainz, Ursula Rudischer. – Abb. 59: Bode 1985, S. 129. – Abb. 60: Petra Maisak: Johann Wolfgang Goethe. Zeichnungen, Stuttgart 1996, S. 29. – Abb. 61, 62: Photo Gerhard Kölsch, Mainz. – Abb. 63: Johann Friedrich Morgenstern: Malerische Wanderung auf den Altkönig, Frankfurt am Main 1803, Nachdruck, Kelkheim 1976, o. S. – Abb. 64: Kirchner 1818, Bd. 2, nach S. 180. – Abb. 65, 66: David Hall, Frankfurt a. M. – Abb. 67: Freies Deutsches Hochstift – Frankfurter Goethe-Museum. – Abb. 68: Photo Gerhard Kölsch, Mainz. – Abb. 69: Kunsthandlung J. P. Schneider jr., Frankfurt a. M. – Abb. 70: Anton Burger 1824–1905, Ausst. Kat. HAUS GIERSCH – Museum Regionaler Kunst, Frankfurt a. M. 2004, S. 84. – Abb. 71: Horst Ziegenfusz, Frankfurt a. M. – Abb. 72: Photo Peter McClennan, Frankfurt a. M. – Abb. 73: Horst Ziegenfusz, Frankfurt a. M. – Abb. 74, 75: Photo Michael Kolod, Städel Museum, Frankfurt a. M. – Abb. 76: Wien Museum. – Abb. 77: Photo Michael Kolod, Städel Museum, Frankfurt a. M. – Abb. 78: Ursula Seitz-Gray, Frankfurt a. M. – Abb. 79: Kunstsammlungen der Veste Coburg. – Abb. 80: Photo Michael Kolod, Städel Museum, Frankfurt a. M. – Abb. 81: Klassik Stiftung Weimar, Graphische Sammlungen, Weimar. – Abb. 82: Museum Wiesbaden. – Abb. 83: Christoph Irrgang, Hamburg. – Abb. 84: Ausst. Kat. Frankfurt 2003, S. 74. – Abb. 85: Horst Ziegenfusz, Frankfurt a. M. – Abb. 86: Privatbesitz. – Abb. 87: Photo Peter McClennan, Frankfurt a. M. – Abb. 88: Hessisches Landesmuseum Darmstadt. – Abb. 89: Ursula Seitz-Gray, Frankfurt a. M. – Abb. 90: ALBERTINA Wien. – Abb. 91: Privatbesitz. – Abb. 92: Ursula Seitz-Gray, Frankfurt a. M. – Abb. 93: Photo Peter McClennan, Frankfurt a. M. – Abb. 94: David Hall, Frankfurt a. M. – Abb. 95: Ursula Seitz-Gray, Frankfurt a. M. – Abb. 96: Horst Ziegenfusz, Frankfurt a. M. – Abb. 97, 98: Klassik Stiftung Weimar, Graphische Sammlungen, Weimar. – Abb. 99: Privatbesitz. – Abb. 100: The Museum for Foreign Art, Riga. – Abb. 101: David Hall, Frankfurt a. M. – Abb. 102: Ursula Seitz-Gray, Frankfurt a. M. – Abb. 103: Photo Peter McClennan, Frankfurt a. M.

Coburg, Kunstsammlungen der Veste Coburg: 33, 36, 37, 40, 53. – Darmstadt, Sina Althöfer: 72, 73. – Darmstadt, W. Kumpf: 23, 64. – Darmstadt, Wolfgang Fuhrmannek: 19, 61. – Darmstadt, Hessisches Landesmuseum: 4, 39, 41, 107, 127. – Frankfurt a. M., David Hall: 56–59. – Frankfurt a. M., Kunsthandlung J. P. Schneider jr.: 74. – Frankfurt a. M., Historisches Museum: 13, 16. – Frankfurt a. M., Städel Museum: 5, 7, 8, 10, 24, 25, 32, 34, 38, 43, 45–47, 54, 60, 62, 63, 75, 81b+c, 95, 112, 113. – Frankfurt a. M., Ursula Seitz-Gray: 14, 17, 18, 21, 22, 27, 29–31, 35, 42, 44, 52, 66, 76, 77, 79, 80a–d, 81a, 82a+b, 84, 86, 87, 90–94, 96, 100, 103–106, 108–110, 116, 117, 122–124, 128. – Frankfurt a. M., Margit Matthews: 119. – Frankfurt a. M., Horst Ziegenfusz: 1, 2, 9, 12, 15, 26, 48, 49, 55, 65, 67–70, 78, 85, 101, 102, 120, 121. – Gütersloh, Foto Ramhorst: 118. – Hamburg, Elke Walford: 129. – Koblenz, Mittelrhein-Museum: 99. – Konstanz, Antiquariat Patzer & Trenkle: 83a–d. – Mainz, Gerd Kölsch: 82c. – Mainz, Landesmuseum Mainz (Ursula Rudischer): 3, 114, 115, 126. – München, Kunstsalon-Franke: 20. – Nürnberg, Germanisches Nationalmuseum: 11. – Privatbesitz: 125. – Regensburg, Museen der Stadt Regensburg - Historisches Museum: 28. – Weilheim, ARTOTHEK: 111. – Weimar, Klassik Stiftung Weimar: 97, 98. – Wien, ALBERTINA: 6, 50, 51. – Wiesbaden, Museum Wiesbaden: 71, 88, 89.

Abkürzungsverzeichnis

Abb.	Abbildung	H.	Heft	O.	Ort
Anm.	Anmerkung	hg.	herausgegeben	r.	rechts, recto
Aufl.	Auflage	Hg.	Herausgeber	rs.	rückseitig
Aukt. Kat.	Auktionskatalog	insbes.	insbesondere	S.	Seite
Ausg.	Ausgabe, ausgewählt	Inv. Nr.	Inventarnummer	Sp.	Spalte
Ausst. Kat.	Ausstellungskatalog	J.	Jahr	Taf.	Tafel
Bd.	Band	Jg.	Jahrgang	u.	und, unten
bearb.	bearbeitet	Kap.	Kapitel	Unbez.	unbezeichnet
bes.	besonders	Kaps.	Kapsel	usw.	und so weiter
bez.	bezeichnet	Kat. Nr.	Katalognummer	v.	vom, von
Bl.	Blatt	l.	links	vgl.	vergleiche
Diss.	Dissertation	M.	Mitte, mittig, mit	zit.	zitiert
ebd.	ebenda	NF	Neue Folge	zw.	zwischen
f.	folgende	Nr.	Nummer		
frdl.	freundliche	o.	oben, ohne		

Personenregister

Aberli, Johann Ludwig 33
Achenbach, Andreas 12, 40, 52
Ackermann, Johann Adam 49, 53, 47, 145, 155, 247, 258
Adolph, Großherzog von Nassau 141, 154, 281
Albert, Herzog von Sachsen-Teschen 43, 57, 123, 265
Anton, Franz 87
Bager, Johann Daniel 47, 155
Ballenberger, Karl 276
Barnard, Georg 140, 154, 281
Becker, Jakob 12, 40, 276
Becker, Peter 12
Beer, Wilhelm Amandus 8, 10–13, 20, 22, 26, 27, 51–53, 94, 127, 216, 217, 220, 276, 278, 279, 281
Bethmann, Simon Moritz von 70
Blechen, Carl 50
Bleuler, Johann Ludwig 49
Brabeck, Friedrich Moritz Freiherr von 46, 95, 101–103, 203, 264, 278, 281
Braun, Georg Christian 17, 25, 27, 45, 88, 93, 100, 101, 117, 202, 282
Brederlo, Friedrich Wilhelm 274, 279, 281
Brentano, Clemens von 179, 270
Burger, Anton 7, 12, 23, 51, 152, 157, 281, 285
Burke, Edmund 156
Burnitz, Karl Peter 51
Bylaert, Johann Jacob 101

Carl August, Großherzog von Sachsen-Weimar-Eisenach 42
Carracci, Annibale 36, 100, 278, 284
Carus, Carl Gustav 50, 213
Christ, Johann Ludwig 142, 151, 153, 154, 157, 281
Cornelius, Peter 46, 136, 144, 155, 179, 180, 284
Cortiquiss, Dominik 8
Cortiquiss, Eva 8, 263
Dahl, Johann Christian Clausen 50, 213
Dalberg, Carl Theodor von 20, 36, 42, 43, 53, 64, 66, 96, 129, 266, 269, 278, 282
Desnoyers, Auguste-Gaspard-Louis 13
Dielmann, Jakob Fürchtegott 7, 19, 23, 50, 51, 152, 154, 285
Dietrich, Christian Wilhelm Ernst 33, 94, 155, 208, 209, 213, 214, 217
Dillis, Johann Georg 50
Dittmer, Georg Friedrich von 42, 55, 265
Dughet, Gaspard 36
Ehemant, Friedrich Joseph 12, 26
Elena, Großfürstin von Rußland geb. Prinzessin Charlotte von Württemberg 45
Elisabeth, Landgräfin von Hessen-Homburg geb. Prinzessin von Großbritannien und Irland 43, 96, 129, 130, 190, 284
Elsheimer, Adam 36
Ettling, Johann Friedrich 94

Everdingen, Allaert van 34, 35, 203
Felsing, Jakob 13
Finger d. J., Samuel Gottlieb 143
Friedrich II., Landgraf von Hessen-Homburg 229
Friedrich, Caspar David 22, 27, 46, 49, 213, 214, 247, 277, 282, 285
Fries, Ernst 140, 154
Fuchs, Joseph 137, 153, 282
Fuentes, Giorgio 16, 17, 20, 42, 91, 96, 98, 101, 129, 130–133, 269, 271, 278, 283
Geißler, Friedrich 98, 147, 156
Gerning, Johann Isaac von 39, 47, 52, 137, 138, 143, 148–157, 273, 279, 282
Goethe, Johann Wolfgang von 7, 8, 12, 14–16, 18–20, 24–26, 39–42, 47, 52, 53, 87, 92, 96, 100, 101, 104, 114, 129–133, 135–138, 144, 145, 148–150, 152–157, 179, 181, 247, 269, 270, 272, 273, 277–285
Golz, Graf von der 25
Gontard, Louis 8, 42, 273
Gontard, Rosa 12, 44, 276
Gontard, Sophia Augusta 44, 53, 275, 279
Grambs, Johann 14, 15, 19, 20, 34, 39–41, 46, 47, 53, 56, 59, 62, 101, 158, 160, 161, 214, 219, 270, 279
Gütle, Johann Conrad 101
Gwinner, Philipp Friedrich 8, 10, 11, 13, 14, 18, 26, 27, 29, 31, 51, 53, 59, 64, 77, 78, 90, 97, 100–108, 110, 118, 119, 130–133, 201,

205, 210, 212, 213, 215, 217, 248–252, 254–256, 258, 273, 274, 276–279, 282
Hackert, Jakob Philipp 36, 39, 51, 52, 150, 281, 283
Hagedorn, Christian Ludwig 214, 217
Haldenwang, Christian 13, 17
Hammer, Christian Gottlob 99, 139, 190, 192, 194, 198, 199
Hasselhorst, Johann Heinrich 12
Heerdt, Johannes Christian 12
Heinrich II., Graf von Nassau 168
Hessemer, Friedrich Maximilian 26, 276
Hessenberg, Johann Friedrich 276
Hirt, Wilhelm Friedrich 19, 37
Hobbema, Meindert 13
Hochschlitz, Johann Matthias 265
Hochschlitz, Rosina Margaretha 9, 10, 32, 88, 90, 264
Höfel, Blasius 263
Hoff, Johann Nikolaus 12, 26, 270
Hoffmann, Heinrich 26, 276
Hölderlin, Friedrich 156, 179
Holzhausen, Sophie von 12, 25, 44, 46, 53
Hübbe, Johann Heinrich 188, 189
Hüsgen, Henrich Sebastian 101, 142, 143, 147, 151, 153–156
Johnston 23, 135
Joseph II., Kaiser 263
Jügel, Carl 140, 155
Juncker, Justus 19, 47
Kaaz, Carl Ludwig 48, 49, 285
Karl Theodor, Kurfürst von der Pfalz-Bayern 20, 87
Kauffmann, Angelika 137
Kirchner, Anton 15–17, 26, 27, 52, 59, 104, 130, 131, 133, 141–143, 147, 148, 150, 151, 154–157, 181–183, 258, 271, 277–279, 283, 285
Klengel, Johann Christian 46, 49, 53, 213, 214, 217
Kobell, Ferdinand 155, 237, 240, 281
Kobell, Franz 33
Kobell, Wilhelm von 19, 50, 53, 117, 146, 155, 279
Koch, Joseph Anton 36, 52, 278, 281, 284
Kraus, Georg Melchior 148, 149, 156, 157, 247, 248
Kuntz, Carl 19, 48, 49, 154
La Roche, Sophie von 137, 153
Le Prince, Jean-Baptiste 89, 101, 131, 252
Lessing, Carl Friedrich 40, 52
Letronne, Louis 263
Lorrain, Claude 36, 39, 157, 237, 281
Louise von Nassau, geb. Prinzessin von Sachsen-Hildburghausen 42, 101
Ludwig I., Großherzog von Hessen-Darmstadt 43
Mayseder, Anna geb. Radl 8
Mayseder, Franz 8, 51, 263, 272
Mayseder, Joseph 8, 25, 26, 51, 263, 272, 276, 277, 283
Merian d. Ä., Matthäus 138, 140, 154
Meyer, Johann Lorenz 137, 154
Meyer, Karl Max 9, 10, 12, 85

Mirou, Anton 138, 154
Molenaer, Jan Miense 13
Morgenstern, Carl 12, 13, 51, 146, 148, 155–157, 247, 260, 280, 282
Morgenstern, Johann Ludwig Ernst 12, 22, 32, 34, 46, 53, 243, 247, 263
Morgenstern, Johann Ludwig Friedrich 19, 44, 146, 155, 201, 247, 249, 264, 272, 285
Mozart, Wolfgang Amadeus 129–131
Mulinari, Stefano 87, 89, 100
Müller, Johann Christian Ernst 137
Napoleon Bonaparte I. 270, 284
Neeffs, Jacobus 13
Neer, Aert van der 16–18, 35, 90, 94, 104, 264, 266, 271
Neuhof, Elias 137, 142, 143, 153, 154
Nothnagel, Johann Andreas Benjamin 19, 47, 247
Oppenheim, Moritz Daniel 26, 142, 276
Orth, Jeremias 136, 153
Overbeck, Friedrich 202
Paer, Ferdinando 129, 269
Passavant, Johann David 8, 10–14, 17, 18, 26, 27, 47, 52, 53, 59, 77, 87, 88, 100–108, 110, 119, 124–126, 130–133, 182, 184, 186, 188, 247, 257, 265, 273, 276–280, 283, 284
Peroux, Joseph Nikolaus 26, 138, 154, 276
Pforr, Franz 46, 202
Plath, Johann Christian 188, 189
Pose, Eduard Wilhelm 12, 40
Potter, Paulus 17, 18, 94, 102, 266, 280
Poussin, Nicolas 36, 39, 237
Praun, Paulus II. 87
Prestel, Christian Erdmann Gottlieb 39, 52
Prestel, Johann Adam 270
Prestel, Johann Gottlieb 7, 12, 14, 16, 17, 22–24, 31–33, 42, 46, 53, 87–108, 110, 114, 119, 179, 201–204, 213, 214, 217, 225, 247, 253, 263–266, 268, 271, 273, 277, 283
Prestel, Maria Katharina 13, 88, 90, 100, 217, 278, 284
Quaglio, Domenico 49, 285
Quarry, Regina geb. Schönecker 88
Reiffenstein, Carl Theodor 12, 51, 53, 135
Reinermann, Friedrich Christian 19, 146, 156, 250, 280
Reinhardt, Johann Christian 36
Reinheimer, Johann Georg 32, 42, 88, 92, 97, 98, 114, 249, 265, 278
Reinheimer, Ursula Magdalena geb. Prestel 14, 29, 31, 47, 88, 117, 119, 247, 253, 276
Rosenkranz, Johann Heinrich Christian 11, 12, 44, 247, 256, 272, 276, 279
Rottmann, Carl 140, 154
Ruisdael, Jacob van 17, 18, 94, 203, 213, 266
Rumpf, Friedrich 15
Rumpf, Philipp 7, 12, 23, 276
Runge, Philipp Otto 49, 53
Ruprecht, Graf von Nassau 168
Salieri, Antonio 129, 133
Scacciati, Andrea 87, 89, 100
Schäffer, Karl 152
Scheuchzer, Wilhelm 49
Schilbach, Johann Heinrich 51, 247, 259, 261, 280

Schiller, Friedrich 156, 179
Schirmer, Johann Wilhelm 40, 14, 52, 281
Schleiermacher, Ernst Christian Friedrich 268, 273
Schmidt von der Launitz, Eduard 12
Schmidt, Friedrich August 99, 141, 193, 195–197, 271
Schmitz, Adolf 144, 145
Schneider, Caspar 145, 155, 237,
Schneider, Georg 155, 237, 244, 245
Scholl, Gustav 143
Schütz d. Ä., Christian Georg, auch Schütz I. 7, 19, 35, 37, 44, 52, 140, 155, 237, 238, 242, 247, 283
Schütz d. J., Christian Georg gen. „der Vetter", auch Schütz II. 16, 17, 42, 47, 53, 98, 101, 140, 145, 154, 179, 181, 201, 247, 251, 269, 270, 272
Schütz, Heinrich Joseph 154
Schütz, Johann Georg 138, 154
Schwarz, Paul Wolfgang 88, 89, 101, 155, 179
Schwind, Moritz, von 12, 22, 27, 216, 277
Seekatz, Johann Conrad 14, 19, 33, 47, 202
Snyders, Frans 18, 95, 103, 266, 283
Sömmering, Thomas von 12
Sonntag, Johann Tobias 154, 155
Städel, Johann Friedrich 37, 129, 271
Städel, Johann Martin 279
Städel, Rosette geb. Willemer 12, 42, 53, 270, 279
Stalbemt, Adrian van 33
Steinle, Edward von 12, 216, 276
Storck, Adam 186, 187
Tacitus, Publius Cornelius 136, 153
Teniers d. Ä., David 33
Thiele, Johann Friedrich A. 213, 214
Thomas, Johann Gerhard Christian 279
Trautmann, Johann Georg 202
Ulbricht, Johann Philipp 47, 247, 252
Usener, Friedrich Philipp 248
Valckenborch, Lucas van 140, 154, 285
Veit, Philipp 12, 97, 146, 202, 216
Velde, Adriaen van de 37
Vinci, Leonardo da 13, 27, 100, 282
Wagner, Johann Georg 33, 213, 214, 217
Wagner, Joseph 87
Wagner, Ludwig Christian 12, 40, 44, 247, 254, 255, 272, 273
Waldmüller, Ferdinand 50
Weigl, Joseph 91, 129, 132
Wenner, Friedrich 155
Wertheim, Graf Asmus von 108, 111
Wille, Johann Georg 212, 213, 217
Willemer, Johann Jacob von 42, 129, 272, 283
Willemer, Marianne von 157, 223, 272
Wilmans, Friedrich 5, 24, 32, 38, 52, 87, 96–99, 101, 139, 141, 179–181, 184, 186, 188, 201, 204, 269, 271, 273, 278, 279, 283, 284
Xeller, Christian 144, 155, 284
Zeiler, Johann Jakob 87
Zietz, Heinrich Christian 184
Zingg, Adrian 214
Zunz, Heinrich 44, 201, 272

Personenregister **287**

Der Katalog erscheint zur Ausstellung „Anton Radl (1774–1852) – Maler und Kupferstecher" im MUSEUM GIERSCH in Frankfurt a. M. vom 16. März bis 15. Juni 2008.

IMPRESSUM

Herausgeber:
MUSEUM GIERSCH, Frankfurt a. M.

Konzeption und Organisation:
Dr. Birgit Sander

Mitarbeit:
Carina Matschke M. A.

Kataloggestaltung:
Dr. Manfred Großkinsky, Dr. Birgit Sander

Katalogredaktion:
Dr. Alexander Bastek, Dr. Manfred Großkinsky, Dr. Birgit Sander

Restauratorische Betreuung:
Anja Damaschke

Haustechnik:
Antonio Amaral dos Santos

Finanzierung: Katalog und Ausstellung
STIFTUNG GIERSCH, Frankfurt a. M.

Gesamtherstellung:
Michael Imhof Verlag, Petersberg
Henrich Druck + Medien GmbH, Frankfurt a. M.

©  Frankfurt a. M., und die Autoren

ISBN 3-935283-16-4

Umschlagabbildung:
Ansicht der Stadt Frankfurt vom Mühlberg (Detail), um 1820, Gouache, Historisches Museum, Frankfurt a. M., Graphische Sammlung, Kat. Nr. 17

© 2008
Michael Imhof Verlag GmbH & Co. KG
Stettiner Straße 25, D-36100 Petersberg
Tel. 0661/9628286; Fax 0661/63686
www.imhof-verlag.de

Printed in EU

ISBN 978-3-86568-360-1